Erläuterungen und Dokumente

Johann Wolfgang Goethe
Faust
Der Tragödie Erster Teil

Von
Ulrich Gaier

Philipp Reclam jun. Stuttgart

Goethes *Faust I* liegt unter Nr. 1 in Reclams Universal-Bibliothek vor. Die Seiten- und Zeilenangaben im vorliegenden Band beziehen sich auf diese Ausgabe.

Universal-Bibliothek Nr. 16021
Alle Rechte vorbehalten
© 2001 Philipp Reclam jun. GmbH & Co., Stuttgart
Gesamtherstellung: Reclam, Ditzingen. Printed in Germany 2001
RECLAM und UNIVERSAL-BIBLIOTHEK sind eingetragene Marken
der Philipp Reclam jun. GmbH & Co., Stuttgart
ISBN 3-15-016021-9

www.reclam.de

Inhalt

I. Kommentar, Wort- und Sacherläuterungen

Vers- und Zeilenangaben im folgenden Kommentar beziehen sich auf die unter Nr. 1 in Reclams Universal-Bibliothek vorliegende Ausgabe des *Faust I*. Die drei Bände der Ausgabe: Johann Wolfgang Goethe, *Faust-Dichtungen*, hrsg. von Ulrich Gaier (s. S. 294) sind als FD 1, 2 und 3 abgekürzt; zu weiteren Abkürzungen und Siglen s. Kap. VII »Literaturhinweise«, S. 293. – D 1 usw. markiert dialogische Beziehungen (Beziehungen des *Faust*-Textes zu anderen Dichtungen), diese sind in Kap. II (S. 209 ff.) näher erläutert; T 1 usw. verweist auf von Goethe zugrunde gelegte Passagen aus anderen Texten, sie sind in Kap. III (S. 243 ff.) abgedruckt. – BA steht für Bühnenanweisungen u. ä., UF bei Stellenangaben aus dem sogenannten *Urfaust*. – Übersetzungen fremdsprachiger Zitate stammen, wo nicht anders angegeben, von U. Gaier.

Zueignung

Tagebuchvermerk 24. Juni 1797: »Zueignung an Faust« (WA II,2, S. 75); vielleicht ist das Gedicht zugleich mit seiner geplanten Entsprechung *Abschied* (FD 1, S. 574 f.) entstanden. Jedenfalls besteht zeitliche Nähe zur Ballade *Der Zauberlehrling*, die als komische Version des *Faust* gelesen werden kann (frühere komische Version: *Hanswursts Hochzeit*, vgl. FD 3, S. 66 f.).

BA vor 1 *Zueignung:* Vgl. das Stanzengedicht *Zueignung* von 1784, welches das Epos *Die Geheimnisse* einleiten sollte und, nachdem dieses Fragment blieb, vor den 1. Band der *Schriften* 1787 mit *Werthers Leiden* gestellt wurde. Die Mehrfachbedeutung des Wortes »Zueignung« und die Entfaltung des hier sprechenden Ich in die drei Rollen und Verfasser des *Faust*-Textes im *Vorspiel auf dem Theater* macht das Gedicht zum Quellpunkt der ganzen folgenden Dichtung.

1 *schwankende Gestalten:* ähnlich V. 348 f., vgl. V. 6287 f.;
Schwanken als Metamorphose in der Zeitfolge zeigen
etwa die »Mäskchen« des Mephistopheles (V. 3539), die
Verwandlungen Fausts (z. B. Verjüngung), die Erscheinungsformen der »Helena« vom Zauberbild in *Hexenküche* über Margarete (V. 2604) bis zum 3. Akt des Zweiten
Teils. Schwanken als Ambivalenz, als mehrdeutig Gestal-
tetes in der Gleichzeitigkeit zeigen mehrdeutige Wörter
(wie »Zueignung«), Aussagen (z. B. V. 2604), Figuren
(Faust als Mensch der Renaissance / der Goethezeit / der
Neuzeit überhaupt). Die Figuren und Bedeutungen des
Faust-Stoffs ›schwanken‹ bereits in der Überlieferung
und in Goethes Befassung mit ihnen.

2 *trüben Blick:* Zentralbegriff in Goethes Farbenlehre und
Licht-Theologie (vgl. HA 10, S. 493; *Tag- und Jahreshefte*
1806). Nach platonisch-neuplatonischer Lehre wird das
Einwohnen der Seele im Leib als Trübung verstanden
(z. B. Platon, *Phaidon* 65b–67b, *Phaidros* 250b, *Politeia*
517d/e, Plotin, *Enneades* I,8,15,23 f.), vgl. V. 759, 4727,
12074. Psychologisch gewendet: »Lieben und Hassen,
Hoffen und Fürchten sind auch nur differente Zustände
unsres trüben Inneren, durch welches der Geist entweder
nach der Licht- oder Schattenseite hinsieht« (*Tagebuch*,
25. 5. 1807). Der Mensch entwickelt sich aus der naturtrü-
ben Verworrenheit der Jugend zur »Klarheit« (vgl.
V. 308 f., *Abschied*, FD 1, S. 574 f.); die Tränen (V. 29) des
sprechenden Ich stehen stellvertretend für die wiederge-
wonnene Erschütterbarkeit der Jugend und ermöglichen
überhaupt die Dichtung. Die Parallele zu V. 775–784 zeigt
den existenziellen Charakter dieser Situation für das
sprechende Ich der *Zueignung*.

10 *Schatten steigen auf:* Markierung des *Faust* als Odys-
seus-Drama (s. II, **D** 5). Im Buch XI der *Odyssee* beschreibt Odysseus, wie er in der Unterwelt opferte, um
Auskunft über den rechten Weg aus seiner Irrfahrt zu
erhalten: »Da versammelten sich aus der Tiefe die See-

len der Toten«, Freunde, Gefährten, der »Schatten« der
Mutter steigt aus dem »dunstigen Dunkel« (*Odyssee*
XI,37.57.206–208).

15 *nennt:* Die Folge »Bilder ... Sage ... Klage« bis zur
Nennung deutet Stationen des Werdens von Dichtung an.

17 *Gesänge:* Abschnitte großer epischer Gedichte wie *Ilias,
Odyssee, Aeneis* usw., so wie »Lied« (V. 21, 23) auf den
lyrischen, die sich zudrängenden Gestalten auf den
dramatischen Aspekt hinweisen. *Faust* soll alle »Naturformen der Dichtung« (HA 2, S. 187–189; Noten zum
West-östlichen Divan) zugleich verwirklichen. Auch die
verwendete Stanzenstrophe ist lyrisch (als wiederholte,
sangbare Strophe), episch als Form großer Epen wie
Ariostos *Orlando furioso* (s. II, **D 7**), und wird von Goethe dramatisch-dialogisch gebraucht.

21 *Lied:* In vielen Ausgaben schon zu Goethes Lebzeiten
Leid, obwohl Goethe *Leid* als Druckfehler für *Lied* bezeichnet hatte. In Erinnerung an *Torquato Tasso* 3432 f.
»Und wenn der Mensch in seiner Qual verstummt, / Gab
mir ein Gott zu sagen wie ich leide« mag er auch mit *Leid*
einverstanden gewesen sein.

28 *lispelnd:* flüsternd.

Äolsharfe: Über einen Schallkörper gespannte, auf einen
einzigen Ton gestimmte Saiten verschiedener Stärke,
Länge und damit Spannung werden vom Wind zum
Schwingen gebracht; außer dem Grundton werden wegen
der Verschiedenheit der Saiten verschiedene Obertöne erzeugt. Die ›Windharfe‹ deutet hier auf ›Naturpoesie‹.

29 *Träne:* vgl. Anm. zu V. 2.

Vorspiel auf dem Theater

Nicht genau datierbar; in der Forschung herrscht Einigkeit
darüber, dass das *Vorspiel* zwischen 1795 und 1800 entstand,
nicht jedoch darüber, ob es zur geplanten Fortsetzung der

Zauberflöte oder zur Neu-Eröffnung des Weimarer Theaters 1798 geschrieben wurde. Durch die Veröffentlichung mit dem *Faust I* 1808 anerkennt Goethe jedenfalls die Gültigkeit des *Vorspiels* auch für *Faust* und lässt es durch viele Anspielungen auf *Zueignung* Bezug nehmen. In der Premierensituation, in der üblicherweise noch nichts ganz fertig ist und stimmt, tragen die für das Theater Verantwortlichen vor wartendem Publikum grotesk übertreibend drei produktions-, werk- und rezeptionsästhetisch verschiedene Poetiken für das erst noch zu erarbeitende Stück vor: Aufgabenstellung durch den Direktor (V. 33–58), drei Gesprächsrunden. Während manche Forscher der Ansicht sind, die drei Ansichten liefen im Grunde auf dasselbe hinaus, bleiben näher betrachtet die Differenzen bestehen; die drei Poetiken werden sämtlich durch den *Faust*-Text eingelöst (vgl. FD 3, S. 760–768): nach den »Naturformen der Dichtung« (vgl. Anm. zu V. 17) soll der *Faust* eine Totalität der Poetik entfalten, wie er eine Totalität der Inhalte zur Erscheinung bringt (V. 239–242). Die Spaltung des Ich der *Zueignung* in die drei Funktionen wird im Helena-Akt im Zweiten Teil geistreich zurückgenommen. Dort sind Helena, Mephistopheles und Faust jeweils Dramaturg, Dichter und Schauspieler.

Vorspiele gab es in jeder Theatertradition; besonderen Bezug nimmt Goethe offenbar auf das Vorspiel von *Sakuntala oder der entscheidende Ring* des indischen Dichters Kālidāsa (4./5. Jh. n. Chr., übersetzt von Johann Georg Forster 1791), wo ebenfalls über das aufzuführende Stück diskutiert wird. Weitere Beziehung auf dieses Stück: Aus übermächtiger Liebe zu König Duṣjanta versäumt Śakuntalā, einen heiligen Mann zu ehren. Der bewirkt erzürnt, dass Duṣjanta Śakuntalā vergisst und sich erst beim Vorzeigen eines Rings an sie erinnert. Goethes Modernisierung ersetzt die Verfluchung und den magischen Ring Śakuntalās im Geschehen zwischen Faust und Margarete am Ende von *Faust I* und am Anfang des 4. Akts von *Faust II*.

BA vor 33 *Vorspiel ... PERSON:* vgl. die Schilderung der Situation von Wanderbühnen im 18. Jh. in *Wilhelm Meisters Lehrjahre*, Buch II–V; Wilhelm fungiert dort neben Melina als Direktor, Dichter und als Schauspieler. Die Lustige Person ist als Hanswurst-Figur einerseits traditionell der wichtigste Schauspieler, andererseits weist er im Gegensatz zum Ernst des Dichters auf die komische Seite des *Faust*.

35 *in deutschen Landen:* Anspielung auf die seit Gottsched, J. E. Schlegel, Lessing scheiternden Projekte eines deutschen Nationaltheaters, dem nach Lessing (*Briefe, die neueste Literatur betreffend*, 17. Brief, 1759) insbesondere der Faust-Stoff, in Shakespeares Manier bearbeitet, aufhelfen sollte.

37 *behagen:* Nach der Definition Moses Mendelssohns entsteht die Empfindung der »Behaglichkeit«, wenn »der ganze Grund der Seele, das ganze System ihrer Empfindungen und dunkeln Gefühle auf eine gleichmäßige Art bewegt, und in ein harmonisches Spiel gebracht« wird (*Ästhetische Schriften*, S. 136): diese sinnlich-affektive Form des ästhetischen Urteils (vgl. Kant, *Kritik der Urteilskraft*, § 15, S. 46–48) wird sogleich durch höhere Formen der Wirkungsästhetik gesteigert (s. Anm. zu V. 47 f., 57).

41 *Augenbraunen:* zu Goethes Zeit neben »Braue« gebräuchlich.

47 f. *frisch ... gefällig sei:* Poetik des Neuen, Überraschenden aus der auf die Einbildungskraft gegründeten Dichtungslehre der Engländer (Addison), sowie Poetik des Brauchbaren (»Bedeutung« bei Goethe oft: Anweisung, Verhaltensregel) und Angenehmen nach Horaz, *De arte poetica* 334 f.: »Aut prodesse volunt aut delectare poetae / aut simul et iucunda et idonea dicere vitae« (»Entweder wollen die Dichter nützen oder unterhalten / oder zugleich das Angenehme und das Brauchbare fürs Leben darlegen«). Verstand (V. 41), Einbildungskraft und praktische Sinnlichkeit sollen also ästhetisch ›versöhnt‹ werden.

51 f. *Wehen ... enge Gnadenpforte:* die Theaterkasse als
Ort einer Geburt und eines Todes beim Eingang ins
Himmelreich der Kunst (vgl. Mt. 7,13 f.; Lk. 13,24–30).
Wie die Wirkungsästhetik in ihrem Anspruch sich steigert
(vgl. Anm. zu V. 37, 47 f., 57), werden auch die Menschen
von der Menge (V. 37, 49) zum Volk (V. 43), nach Herders
Volksbegriff also zu natürlich-ursprünglichen Menschen
gesteigert und schließlich als neue Menschen wiedergebo-
ren.

57 *Wunder:* Die Wirkung der Kunst soll über die Behaglichkeit (V. 37) und Befriedigung (V. 43), die Weckung des
Interesses und die Vermittlung von Lebenskunst (V. 47 f.)
bis zur völligen Verwandlung des Rezipienten führen.
Der Direktor ist keineswegs nur der ökonomisch den-
kende Pragmatiker, als der er sich hier ebenfalls zeigt.

86–88 *Lasst Phantasie ... hören:* Mit der Phantasie übernimmt die Poetik der Einbildungskraft (s. Anm. zu
V. 47 f.) die Führung über alle anderen »Seelenvermögen«.
Das Närrische, Unberechenbare der Phantasie gewähr-
leistet anmutige Lebendigkeit (V. 209, 7403 f.). Das Hören
zielt auf Gleichstimmung zwischen Figur und Zuschau-
ern. Der Direktor zielt mit »sehn« auf stoffliche Fülle,
der Dichter mit »Lieb und Freundschaft« auf seelische
Vertiefung und Geborgenheit.

99 *Stück ... in Stücken:* In *Wilhelm Meisters Lehrjahre* verteidigt sich der Theaterdirektor Serlo: »Zu dieser ekelhaf-
ten Verstümmelung zwingen uns die Autoren, und das
Publikum erlaubt sie. Wieviel Stücke haben wir denn, die
nicht über das Maß des Personals, der Dekorationen und
Theatermechanik, der Zeit, des Dialogs und der physischen Kräfte des Akteurs hinausschritten? und doch sollen wir spielen, und immer spielen, und immer neu spielen. Sollen wir uns dabei nicht unsers Vorteils bedienen,
da wir mit zerstückelten Werken ebensoviel ausrichten als
mit ganzen? Setzt uns das Publikum doch selbst in den
Vorteil! Wenig Deutsche, vielleicht nur wenige Menschen

aller neuern Nationen, haben Gefühl für ein ästhetisches
Ganze« (HA 7, S. 294 f.). Neben dieser Zerstückelung,
also der Erscheinung auch des *Faust* mit Handlungs-
lücken und in Fragmenten, weist »in Stücken« auch auf
die von Goethe immer wieder betonte Selbstständigkeit
der Teile des Werks. Als Schiller »für eine so hoch aufquellende Masse« wie den *Faust* einen »poetischen Reif,
der sie zusammenhält« forderte (26. 6. 1797), antwortete
Goethe mit einem exakten Bild: »Es käme jetzt nur auf
einen ruhigen Monat an, so sollte das Werk zu männiglicher Verwunderung und Entsetzen wie eine große
Schwammfamilie aus der Erde wachsen« (1. 7. 1797).
Während die Einzelschwämme »Stücke« im Sinne des Direktors sind, hängen sie durch ein unterirdisches Myzel
unsichtbar zusammen und bestätigen die Poetik der Lustigen Person; die in manchen Fällen systematische An-
ordnung der Pilze (der sogenannte Hexenring) zeigt den
»poetischen Reif« und befriedigt den Vollendungswillen
des Dichters. Wie in der Natur lassen sich also im poetischen Werk diese drei verschiedenen Bau- und Hervor-
bringungsprinzipien vereinigen.

107 *Maxime:* handlungsorientierender Grundsatz.

120 *spielen ohne Gage mit:* nach Ovid, *Ars amandi* I,99:
»Spectatum veniunt, veniunt spectentur ut ipsae« (»zum
Schauen kommen sie, sie kommen, um selber geschaut zu
werden«). Bis weit ins 18. Jh. hatten die Schauspieler und
Schauspielerinnen für ihre Kostüme selbst zu sorgen (was
die Festlegung auf ein Rollenfach förderte) und verlang-
ten, wenn sie durch ein aufwändiges Kleid den Glanz der
Aufführung erhöhten, entsprechend höhere Gage.

121 f. *Was träumet Ihr ... froh:* Anrede an den Dichter (vgl.
V. 63) und die Lustige Person (vgl. V. 83).

131 *die Menschen zu verwirren:* Auch Mephistopheles
(V. 1860–62) befolgt die Methode des Überschwemmens
mit Stoff und des Durcheinanderwerfens (griech. *diabolē*).

134 *Knecht:* vgl. V.299. Im Blick auf die *diabolē* des Direktors (s. Anm. zu V.131) kündigt sich hier das Spannungsdreieck Herr–Faust–Mephistopheles an.

135 f. *das höchste Recht ... Natur vergönnt:* Die Naturrechtsdiskussion, die Rechtsnormen z. B. aus der Hilfsbedürftigkeit (lat. *imbecillitas*) und dem Gesellungstrieb des Menschen abgeleitet hatte, reicht bis in die Antike zurück (Aristoteles, Stoa); auf ihr fußend wurde 1776 vom amerikanischen Kongress die »Erklärung der Menschenrechte« angenommen (Gleichheit, Freiheit, Widerstandsrecht gegen eine ungerechte Regierung). Das Recht, auf das der Dichter hier sich beruft, ist ebenfalls Menschenrecht, jedoch nicht von der Natur gegeben – diese ist »gleichgültig« (V.143) –, sondern zugelassen und vergönnt, da der Mensch auf die Natur zurückwirkt. Die Kraft, die V.138–156 in ihren Wirkungen angesprochen wird, ist die Fähigkeit, Ordnung, Zusammenhang, Sinn und Bedeutung zu schaffen. Christian Wolff hatte den Menschen auf das von ihm so genannte Naturgesetz der Zusammenstimmung seiner Handlungen mit einander, mit den Handlungen anderer Menschen und mit der umgebenden Natur, mithin auf Sinn und Ordnung verpflichtet (*Vernünftige Gedanken von der Menschen Tun und Lassen,* ⁴1733, § 12–23). Herder sieht in »Religion die höchste Humanität des Menschen« und begründet, die »ewige Quelle alles Lebens, aller Wesen und Formen« habe den Menschen so erhoben, »daß er selbst ohne daß ers weiß und will, Ursachen der Dinge nachspähe, ihren Zusammenhang errate und *Dich* also finde, du großer Zusammenhang aller Dinge, Wesen der Wesen« (KHA 6, S. 160–162). Die Kraft des Menschen, Zusammenhang zu suchen, zu finden, zu setzen, ist also Religion, Gottesdienst, höchstes Recht und vom Höchsten verliehenes Recht, das sich im Dichter offenbart und zu sich selbst kommt.

139 *besiegt er jedes Element:* Anspielung auf die Dichter-Magier der griechischen Mythologie wie Amphion, der

mit den Tönen seiner Leier die Steine bewegte, dass sie
sich zur Mauer von Theben fügten, oder Orpheus, der
mit seinem Gesang Tiere zähmte und Bäume und Felsen
so entzückte, dass sie ihm tanzend folgten. Auch die
strengen Todesgötter im Hades bezauberte er derartig,
dass sie ihm Eurydike losgaben. Faust wird zweiter Orpheus (V. 7493 f.). »Element« ist insofern mehrdeutig bezogen auf alles, was Dichtung magisch beeinflussen und
verwandeln kann: die vier Elemente, aber auch die Bau-
steine der Materie (vgl. V. 6990) und das Lebenselement,
die »Sphäre« als Bedingung einer Existenzform (vgl.
V. 6943), auf die Dichtung verwandelnd einwirkt.

140–157 *der Einklang … offenbart:* Poetik des Dichters, an
antiken Vorstellungen von der magischen Kraft der Dichtung orientiert (vgl. Anm. zu V. 139); Poetik der *musikē,*
der rhythmischen Ordnung und mythischen Verbindung,
etwa bei Proklos (Kommentar zu Platons *Politeia* 68,15–
69,19). Vgl. auch *Torquato Tasso* 159–166. Die Poetik
wird in dreifacher Polarität und Steigerung aufgebaut
(Herders »Schöpfungshieroglyphe«): I. Einklang – rhythmische Differenzierung – harmonische Vereinigung;
II. (V. 150–155) fiktive Korrespondenzen Natur/Seele –
kommunikative Verfügung über Natur – Bedeutungsver-
leihung an Lorbeer durch Korrespondenz mit Ruhm und
kommunikative Instrumentalisierung; III. (V. 156) ord-
nende (I) und fiktiv-sinnverleihende (II) Leistung in der
Sicherung der Transzendenz und der Manipulation ihrer
Vorstellungsarten (»Götter«). Poesie schafft also nicht
nur sinnvolle Welt, sondern ist autopoetisch, sofern sie
sich im Sinne der Aufstufung der Schöpfung im Schöp-
fungsbericht selbst steigert. Hier wird vollends deutlich,
warum der Dichter vom »höchsten Recht« spricht, von
der Kraft des Menschen, die sich im Dichter offenbart
und zum Bewusstsein bringt.

143 *Spindel:* Assoziation an Parze/Schicksal (die Schick-
salsgöttin, die den Lebensfaden spinnt) und an das me-

chanische Bild der Natur bei vielen Philosophen der Aufklärung. Dagegen V. 147.

147 *Belebend ... rhythmisch regt:* Überlegungen zum Rhythmus als Kunst der Sukzession kannte Goethe aus Herders 1. und 4. *Kritischem Wäldchen,* Karl Philipp Moritz' *Deutscher Prosodie* (1786) und *Anthusa* (1791), Wilhelm Heinses *Hildegard von Hohenthal* (1795/96), Schillers *Der Tanz,* Schellings in Jena entstehender *Philosophie der Kunst* und, an die Naturphilosophie Friedrich Christoph Oetingers (1702–82) anknüpfend, aus eigenen Überlegungen zum Grundgesetz von Systole und Diastole (Zusammenziehung und Ausdehnung) in allen Bereichen des Lebens.

156 *sichert den Olymp:* Herodot (*Historien* II,52 f.) berichtet, Homer und Hesiod hätten den Griechen zu den von anderen Völkern übernommenen Götternamen Geschlechtsregister, Gestaltungsmerkmale und Zuständigkeitsbereiche der Götter gegeben. Der von den chaotischen Mächten der Unterwelt bedrohte Olymp wird durch die Tradierung der mythischen Zuordnungen ›gesichert‹.

158–183 *So braucht ... dankbar sein:* Diese Poetik der Lustigen Person ist ebenfalls dreifach dialektisch aufgebaut: I. (V. 158–165) Entwicklung poetischen Lebens aus der Dialektik von Kraftäußerung und Zielbewusstheit, deren Vereinigung einen Lebensroman erzeugt; II. (V. 166–179) Leistung der diesen Roman reflektierenden Dichtung zur Erweckung von Interesse, Erbauung und bildendem Interesse an sich selbst; III. (V. 180–183) Verbindung von Leben (I) und Lebensreflexion in der Dichtung (II) durch die Empfänglichkeit für Dichtung bei den Rezipienten. Dichtung ist hier Lebensmittel.

165 *Roman:* »Im Roman sollen vorzüglich Gesinnungen und Begebenheiten vorgestellt werden; im Drama Charaktere und Taten. Der Roman muß langsam gehen, und die Gesinnungen der Hauptfigur müssen, auf welche

Weise es wolle, das Vordringen des Ganzen zur Entwicklung aufhalten. Das Drama soll eilen, und der Charakter der Hauptfigur muß sich nach dem Ende drängen und nur aufgehalten werden. Der Romanheld muß leidend, wenigstens nicht im hohen Grade wirkend sein, von dem dramatischen verlangt man Wirkung und Tat« (HA 7, S. 307; *Wilhelm Meisters Lehrjahre*). *Faust* lässt sich in diesem Sinne auch als Roman lesen.

176 f. *zärtliche Gemüte … melanchol'sche Nahrung:* »zärtlich«, etwa in Gellerts Stück *Die zärtlichen Schwestern* (1747), heißt mit dem von Lessing erfundenen Wort »empfindsam« und ruft die Kultur der Empfindungen, d. h. der durch Reflexion und Selbstbeobachtung differenzierten, gemilderten, bewusst gemachten und zur Sprache gebrachten Gefühle auf. Die Emanzipation des bürgerlichen Individuums im 18. Jh. von den Zwängen weltlicher und kirchlich-geistiger Herrschaft war nur dadurch möglich, dass das Individuum auch die Aufsicht, den Zwang, die Begrenzung seiner selbst übernahm und Tugend nicht nur von andern, sondern von sich selbst forderte. Diese in vielen Fällen lähmende Ambivalenz von Selbstbefreiung und Selbstüberwachung erzeugte die Tränenflut der Empfindsamkeit und einen neuen Schub von Melancholie, der Krankheit der Renaissance und der Neuzeit überhaupt. Faust ist Melancholiker (vgl. V. 364 f., 1544–71 und öfter, vgl. auch J. Schmidt 1997); die Lustige Person ist Melancholiker und durch das von ihm erregte Lachen zugleich Therapeut der Melancholie.

197 *Gib meine Jugend mir zurück!:* Beziehung zur Verjüngung des Ich der *Zueignung* durch die Dichtung, insbesondere in der Interpretation durch den Direktor als Wunsch nach Gestimmtheit, Inspiration, Befreiung von Melancholie; gemessen an dieser Verjüngung durch künstlerisches Schaffen erscheint Fausts Verjüngung durch den Trank falsch, erschlichen, äußerlich und verheerend schädlich.

208 f. *Ziel … Irren:* Mit den Oppositionen Mut – Anmut
(V. 207), Ziel – Schweifen, selbstgesteckt – Irren ist auf die
Ästhetik der Grazie, der Anmut, des Reizenden angespielt (vgl. Schiller, *Über Anmut und Würde*); die ge-
wellte »Schönheitslinie« wird zwischen dem Geradeaus
der Prosa und dem Unkontrollierten der Phantastik gesucht – »Grazie ist das vernünftig Gefällige« (Winckelmann, *Ausgewählte Schriften und Briefe*, S. 46). Während
die grundlegende Opposition von Streben und Irren bei
Faust tragisch wird, lässt sie sich offenbar in der Kunst
versöhnen und fruchtbar machen. (Auch Faust ist dem
Glück am nächsten, wo er im 2. und 3. Akt des Zweiten
Teils dichtet.) Versöhnt ist sie auch in der Idee des wahren
Kindseins (V. 213).

221 *kommandiert die Poesie:* Der Sophist Protagoras warf
Homer (nach Aristoteles, *Poetik*, Kap. 19) vor, er kom-
mandiere die Muse, wenn er die *Ilias* beginne: »Singe,
Muse, den Zorn …«; der Kyniker Diogenes nannte die
Dichter Silbenkönige, weil sie Wörter und Silben da- und
dorthin kommandieren wie ein König oder General die
Soldaten. Der Direktor bringt mit seiner Aufforderung
die Oppositionen von V. 207–209 wie auch den Wunsch
des Dichters nach Inspiration und der Lustigen Person
nach Meisterschaft zur Synthese eines inspiriert konstru-
ierenden poetischen Schaffens.

234 *Prospekte … Maschinen:* Bühnenbilder mit Land-
schafts- oder Architekturgemälden; Bühnentechnik zur
Erzeugung von Spezialeffekten.

242 *Vom Himmel durch die Welt zur Hölle:* Anspielung
auf den umgekehrt verlaufenden Weg des Protagonisten
in Dantes *Divina Commedia* (s. II, D 6); unter dem Gesichtspunkt dieses intertextuellen Bezugs erklären sich 4.
und 5. Akt des *Faust II* als Hölle auf Erden.

Prolog im Himmel

Gegenüber dem Textbestand von *Faust. Ein Fragment* (1790) wird seit 1797 insbesondere die Lücke zwischen dem Wagner-Gespräch in *Nacht* und V. 1770 in *Studierzimmer II* geschlossen und Mephistopheles in Fausts Leben eingeführt; plausibel muss noch gemacht werden, warum sich nicht bloß ein von einem Magier zitierter Unterteufel, sondern hochrangige Mächte der unteren Hierarchie um Faust bemühen. Die *Hiob*-Intertextualbeziehung weist auf den Satan als Gegner in dieser Parallelgeschichte; der moderne Partner heißt mit Regienamen Mephistopheles, bezeichnet sich am Ende des *Prologs im Himmel* als »Teufel selbst«, wird auch in V. 2504 als »Junker Satan«, in V. 4023 als »Junker Voland« sichtbar, der auf dem Blocksberg »Hausrecht« anwenden kann (V. 4022, vgl. V. 3865). Mit dem Regienamen »Mephistopheles« an der Stelle des Satan wird zugleich auf die Geschichtlichkeit der unteren Macht abgehoben, die ihrerseits die Geschichtlichkeit der oberen Macht betont (V. 271, 278), wie auch mit Faust als »Doktor« die Modernität dieses Menschen an der Stelle des alttestamentlichen Herdenbesitzers betont wird. Dazu s. II, **D 3** Hiob, **D 19** religiöse Lesart, **D 25** anthropologische Lesart.

Der *Prolog im Himmel* entstand nicht lange nach der Zeit, als Goethe mit Schiller über *Wallensteins Lager* (das beide anfangs als »Prolog« bezeichneten) brieflich und mündlich diskutierte; die Selbstständigkeit, der musikalische Klangreichtum (frz. *prologue* bedeutet im 17./18. Jh. auch ·Kleinoper‹!), die komisierende und ironisierende (s. Anm. zu BA vor V. 243 und ff.) Bevorwortung des folgenden tragischen Geschehens gehen bei beiden Stücken auf diese Diskussion zurück. Metrum: nach den Engelstrophen (Vorbild »Die Himmel rühmen …« von Gellert; s. III, **T 7**) Madrigalverse. Zu Goethes Vorstellung vom Szenenbild vgl. Abb. 1.

Abb. 1 Goethe: Entwurf eines Bühnenbildes zum
Prolog im Himmel

BA vor 243 *Prolog ... HEERSCHAREN:* Aufgrund der von
der Antike bis in die Gegenwart reichenden Prolog-
Tradition hatte Lessing (*Hamburgische Dramaturgie*,
7. Stück) Unabhängigkeit des Prologs von der nachfol-
genden Handlung, vorwegnehmende Kommentierung,
Rechtfertigung des Stoffs und seiner Behandlung durch
den Dichter gefordert (in mehrfacher Weise durch Goethes drei Prologe geleistet) und burleske Epiloge im englischen Drama diskutiert (s. die Szene *Grablegung* im
Zweiten Teil). »Prolog« hieß auch »eine Art kleiner
Oper, die der großen vorausgeht, sie ankündigt und ihr
als Einleitung dient« (Rousseau, *Dictionnaire de musi-
que*, s. v. »Prologue«) und durch Glanz in Wort, Erschei-

nung und Musik charakterisiert sein sollte; Goethe hat zeitweise den *Faust* als Opernlibretto verstanden, wollte ihn durch Mozart, nach dessen Tod durch Meyerbeer komponieren lassen, hat den Schlussteil des 3. Akts als »opernartig« bezeichnet, hat jedenfalls mit den Liedereinlagen der Musik eine ständige Präsenz verschaffen wollen. – Einen Prolog im Himmel hat auch Molières *Amphitryon* (s. II, D 14). – Der »Herr« ist der gegenwärtige Machthaber; nachdem er sich das Lachen (das heitere der griechischen Götter und das hasserfüllte des alttestamentlichen Gottes) abgewöhnt hat, entspricht er dem neutestamentlichen Gott; auch braucht er einen Teufel, während im Alten Testament der Satan ein unabhängiger Widersacher des Gottes Israel ist. – Die himmlischen Heerscharen nach 1. Kön. 22,19; Ps. 103,21; Lk. 2,13; vgl. V. 4608 sind gemäß vorderorientalischer Vorstellung stark hierarchisch gegliedert gedacht; von den neun Rangstufen des Dionysius Areopagita verwendet Goethe die zwei obersten (vgl. Anm. zu V. 618) und die zwei untersten, Engel und Erzengel. Diese »Boten« (V. 265, s. Anm. zu V. 265 f.) sind von beschränkter Einsicht (vgl. V. 248 f., 268), jedoch trotz ihrer auf die Schöpfung gerichteten Aufgabe durch den Blick nach oben mit Liebe und Freude erfüllt und zufrieden (vgl. V. 344–347); ihr in den Liedstrophen nach unten gerichteter Blick und ihre Boten-Aufgabe, für die Schöpfung und den Herrn in ihr eine ergründende Sprache zu finden, führt sie an den Rand der Versuchung, über Gott »verschieden zu denken und zu argumentieren« (*disputare de Deo*), woraus Luther im Anschluss an 1. Mose 3,1–7 den Beginn der menschlichen Sünde abgeleitet hat.

243 *RAPHAEL:* wörtl. (hebr.) ›Heil Gottes‹; Schutzengel der Reisenden und Apotheker, Retter vor Ungeheuern und bösen Geistern, Interpret des göttlichen Willens, der »die Wahrheit offenbaren« kann (Tob. 12,11). Die Strophe ironisiert diesen Charakter.

243–246 *Die Sonne tönt ... Donnergang:* pythagoräisches Weltbild des Philolaos von Kroton (5. Jh. v. Chr.): Sonne und Planeten drehen sich auf Kugelschalen (Sphären), die im Abstand musikalischer Intervalle zueinander stehen, harmonisch »konzertierend« (»Konzert« wörtl. ›Wett-Gesang‹ um die feststehende Erde. Pythagoras hörte die Harmonie, minder Begabte nur Donnern, Unbegabte nichts. Raphaels Abstieg von Harmonie zu Donner zeigt schon die Richtung seiner Botenaufgaben an.

247 f. *Ihr Anblick ... mag:* Satz mit gleitender Bedeutung wer blickt an und mag nicht ergründen, was wird angeblickt bzw. zu ergründen gesucht? »mag« kann ›vermögen, dürfen, Lust haben‹ bedeuten. Welche Bedeutungen kann »wenn« hier haben? – Wenigstens Stärke, Teilhabe an der Allmacht gewinnen die Engel.

250 *herrlich:* wichtiger Begriff bei Goethe (mit abgeleiteten Wörtern 47mal im *Faust*), alt- und neutestamentlicher Begriff (Ps. 19,2; Röm. 1,19 ff.; Joh. 11,10) für die Erscheinung der göttlichen Macht als Fülle und Ordnung in ihren Werken (vgl. z. B. V. 4721, 4727). Gellerts Lied *Die Ehre* [= Herrlichkeit] *Gottes aus der Natur* (s. III, T 7; 6 vierzeilige Strophen, beinahe identisches Metrum, gleiche Reimordnung) wird durch die Engelstrophen ironisch korrigiert in dem, was dort Gott und die Natur verkünden.

251 GABRIEL: wörtl. (hebr.) ›Held Gottes‹; Erklärer von Visionen (Dan. 8,16; 9,21). Auch diese Charakterisierung wird in gewisser Weise dementiert.

252 *Dreht sich umher:* vermutlich nach dem kopernikanischen Weltbild; die entgegengesetzten Weltbilder erscheinen als historisch verschiedene vergebliche Ergründungsversuche. Gabriels Darstellungsweise widerspricht der Raphaels noch mehrfach.

255 *breiten Flüssen:* Brandungswogen.

258 *Sphärenlauf:* hier Drehung der Erde um sich selbst und ihre Bewegung auf einer Umlaufbahn.

259 *MICHAEL:* wörtl. (hebr.) ›der wie Gott ist‹; kämpfender Schutzengel des Volks Israel (Dan. 10,13.21; 12,1), verzichtet auf das Aussprechen von Urteilen, auch über den Satan (Jud. 9). Auch diese Charakterisierung wird massiv dementiert.

265 f. *Doch deine Boten, Herr … Tags:* Wie Gabriel in den Elementen Wasser und Erde, so beschreibt Michael bis V. 264 in Feuer und Luft Ordnungs- und Zerstörungsphänomene, vgl. »bilden wütend …« ; zur Herrlichkeit der Werke gehören Licht und Finsternis, Ordnung und Zerstörung. Jetzt, da erstmals der Herr als Herr, die Boten als Boten (griech. *ángelos* ›Bote‹) dem Herrn zugeeignet erscheinen, wird ein auf Verträglichkeit und Menschenfreundlichkeit, auf Ordnung, Funktionieren, Einhaltung der Abhängigkeiten und Rangunterschiede von den Boten reduziertes Bild des Herrn im Gegensatz zur ambivalenten Herrlichkeit verehrt. »Das sanfte Wandeln deines Tags« (1. Kön. 19,11–13) privilegiert die hauptsächlich bei Raphael beschriebenen Aspekte von Ruhe, Ordnung, Harmonie und die Paradieses-Helle bei Gabriel vor allen ebenso zur Herrlichkeit gehörigen Phänomenen von Finsternis und Zerstörung. Der »Herr« ist ein Interpretament der ihn preisenden Boten, die zwar selbst ihn nicht ergründen, aber doch ein verständliches Bild an die Menschen vermitteln sollen. V. 344 werden sie von dem (ihrer Interpretation gehorchenden) Herrn dafür gelobt: tiefsinnige Theologie-Kritik.

268 f. *dich … deine hohen Werke:* vgl. V. 248 f. und Anm. zu V. 265 f.

271 *MEPHISTOPHELES:* Teufelname, der nur in der Faust-Tradition verwendet wird; »Mephostophiles« in der *Historia von D. Johann Fausten* (1587). Goethe verwendet den Namen in der Form, die er als Kind in einem auf dem Frankfurter Markt gekauften Heftchen gefunden hatte, und beteuerte stets die Unkenntnis seiner Bedeutung (so noch im Brief an Zelter, 20.11.1829). Die Forschung denkt etwa an

hebr. *mephir* ›Zerstörer‹, *tophel* ›Lügner‹ (vgl. V. 1334),
aber Faust verzichtet auf Kenntnis des Namens (V. 1327–
1335), weiß ihn nur in Kurzform im Traum (V. 4183 einzige Nennung im gesprochenen Text!); nur der Rezipient
meint zu wissen, wer spricht, weil der Regiename gleich
bleibt und derselbe Schauspieler auftritt. Die Identität des
Wesens und Verhaltens sind keineswegs gegeben, definieren sich jedoch bei einem »Geist der stets verneint‹
(V. 1338, vgl. V. 338) immer erst aufgrund der Vorgabe des
Partners. So kommt Mephistopheles erst ins Da-Sein (vgl.
BA vor V. 243 »nachher«!), als die Engel den Herrn aus der
Totalität der Herrlichkeit in die Einseitigkeit reduzieren.
So ist der Teufel ebenfalls Konstrukt der hermeneutischen
Theologen. Der Negative setzt dem Herrn die ausgeblen-
dete Finsternis und Zerstörung entgegen, den verehren-
den, liebenden, nicht begreifenden, bejahenden Engeln
tritt er mit Respektlosigkeit, Lieblosigkeit, Betonung der
Erkenntnis, Negativität gegenüber. Wenn der Herr und
Faust einen Gegenspieler haben, der stets den zweiten Zug
tut, müssen beide, um das Spiel wenigstens nicht zu verlieren, einen Weg finden, den letzten zweiten Zug unwirksam zu machen. Faust leistet das, der Herr offenbar nicht.
– Im Hiob-Kontext (s. II, **D 3**) hat Mephistopheles die
Rolle des Widersachers Satan, im Faust-Kontext erfährt er
noch in dieser Szene eine deutliche Modernisierung.

271 *einmal wieder nahst:* Geschichtlichkeit des Herrn; bei
Hiob kommen die Kinder Gottes zu dem immer gegenwärtigen Herrn (Hiob 1,6). Ständige Präsenz des Herrn
in der Schöpfung wäre zu erwarten; der Hinweis auf
überwiegende Abwesenheit ist die erste von vielen frechen Provokationen.

274 *unter dem Gesinde:* Provokation für die Erzengel, als
›Hausdienerschaft‹ betrachtet zu werden. »unter« lässt
offen, ob Mephistopheles dazu gezählt werden will oder
sich nur unter sie mischt (es bleibt offen: V. 343, BA nach
V. 349).

278 *das Lachen abgewöhnt:* Geschichtlichkeit und Veränderlichkeit des Herrn wird unwidersprochen behauptet. Die griechischen Götter lachen homerisches unverlöschliches Gelächter; der Gott des Alten Testaments lacht gehässig über seine Feinde (Ps. 2,4; 37,13; 59,9), der des Neuen Testaments und Jesus lachen nie. Der um das Lachen reduzierte, auf sanfte Humorlosigkeit stilisierte Herr braucht deshalb einen Teufel und Schalk, an den er das Lachen delegiert und der »als Teufel, schaffen« muss (V. 343).

281 *Der kleine Gott der Welt:* der Mensch, den Gott nach der Meinung von Leibniz (*Theodizee,* § 147; s. III, T 6) wie ein Kind Gott spielen lässt.

284 *Schein:* Scheinen und Vorschein. Mephistopheles parodiert Michael Schirmers Kirchenlied (1640) *O heiliger Geist, kehr bei uns ein,* wo es heißt: »Du Himmelslicht, laß deinen Schein / Bei uns und in uns kräftig sein« (Arens 1982, S. 56, nach Buchwald).

285 f. *Vernunft ... tierischer als jedes Tier:* Den widervernünftigen und antihumanen Gebrauch der Vernunft beschreibt Schiller als Übergangsstadium von Tier zu Mensch (*Über die ästhetische Erziehung des Menschen,* 24. Brief). Mephistopheles möchte Faust in dieses Stadium zurückführen. Die Gefahr des Rückfalls begründet auch die Sorge bei Schiller.

291 f. *Und läg er nur noch immer ... Nase:* Bedeutung: Wenn es ihm nur genügte, nach gescheitertem Aufschwung im Gras zu liegen! Nein, er muss seine Nase noch in jeden Dreck stecken.

295 *ewig dir nichts recht:* Der Herr lässt sich nicht nur provozieren, sondern macht sich auch abhängig vom Urteil des Mephistopheles. Aus dieser ganz unheiligen Empfindlichkeit ergibt sich das Bedürfnis, dem Schalk etwas Rechtes zu zeigen: Faust, den Knecht Gottes.

299 *Kennst du den Faust? ... Meinen Knecht?:* »Der Herr sprach zu Satan: Hast du nicht acht gehabt auf meinen

Knecht Hiob? Denn es ist seinesgleichen nicht im Lande, schlecht und recht, gottesfürchtig und meidet das Böse« (Hiob 1,8). Die Stelle markiert die den ganzen *Faust* durchziehende Beziehung zu Hiob (s. II, **D** 3). Mephistopheles fragt ungläubig und höhnisch: »Den Doktor?« Hiob war kein Gelehrter, schon gar nicht scheint der glaubenslose Theologe Faust ein »Knecht Gottes« wie Moses, Jakob, Hiob, David, Jesus, die die Bibel als Knechte Gottes bezeichnet.

302 *Gärung:* Analogon für innere Unruhe, Getriebenwerden durch den Geist, vgl. schon Hiob 32,18–20, bei Goethe *Iphigenie* 1052 f., das Vorspiel *Was wir bringen* 119 f., *Faust* 6813 f.; »Gärung der Köpfe« ist »geradezu ein Codewort für die Illuminaten« (Schings 1993), einen Geheimbund mit der Intention einer Weltregierung, dem Goethe angehört hatte.

304 *fordert er:* Zu diesen Forderungen vgl. Schiller, 24. Brief *Über die ästhetische Erziehung des Menschen* (vgl. Anm. zu V. 285 f.), Goethe, *Torquato Tasso* 2118–39. Die Richtungen des Faustschen Strebens Himmel, Erde, Nähe, Ferne, Güter der Vorstellung, sinnliche Befriedigung, Unstillbarkeit werden hier schon programmatisch angedeutet.

308 f. *Wenn er ... verworren dient; / So werd ich:* Das Semikolon der Drucke 1808 und 1828 bewahrt die temporale (Wenn jetzt, dann ...), die konzessive (Wenn auch, so ...) und die konzessiv-modale Lesung (Wenn auch: auf diese Weise). Goethe macht über den Zusammenhang zwischen Lebensweise (verworrener Dienst) und Lebensziel (Klarheit, Frucht) keine deutliche Aussage.

309 *bald in die Klarheit führen:* »bald« bleibt unbestimmt; Klarheit ist entweder Gegenbegriff zu der (durch die Gärung entstandenen) Trübung (vgl. Anm. zu V. 2), oder Bezeichnung vollkommener sinnlicher Anschauung im Bereich der »verworrenen«, d. h. nicht begrifflich begründeten, Erkenntnis, oder »Klarheit des Herrn« (Lk. 2,9) im

Sinne der Herrlichkeit (vgl. Anm. zu V. 250). Auch über das Lebensziel lässt Goethe den Herrn keine deutliche Aussage machen. Der Herr führt und erlaubt Mephistopheles Führung (V. 314); Faust sucht beide Führungen selbst zu übernehmen. Nach Dante (s. II, **D 6**) bringt das gestaltende Prinzip der himmlischen Geistigkeit aus sich das Trübe und das Klare (»lo turbo e 'l chiaro«) hervor (*Paradiso* II,131–148); Goethe lässt den Menschen die beiden Weltgegensätze von Licht und Finsternis wieder in sich vereinigen.

317 *Es irrt der Mensch so lang er strebt:* »irren« lesbar als ›sich irren, herumirren, sich verirren‹. »so lang« ist zweideutig: Streben und Irren geschehen zeitgleich (Betonung auf »lang«); Streben ist selbst das Irren (Betonung auf »strebt«). Streben, d. h. der Vorsatz, durch Bemühung ein bewusst gewähltes Ziel zu erreichen, muss also im Gegensatz zu dem dunkeln Drang (V. 328 f.) gesehen werden, der unbedingten, unbewussten, den Menschen vorandrängenden inneren Triebkraft, die später Eros heißt (V. 8479) und vom Ewig-Weiblichen angezogen wird. Ein weiterer Spannungsbogen bildet sich zwischen Streben und Drang, Irren und Bewusstsein des rechten Wegs hier am Anfang und in den Versen 11936 f., in denen Erlösung demjenigen versprochen wird, der sich immer bemüht, also dem Drang folgt, auch wenn/obwohl/während er beim Streben irrt (und die größten Verbrechen begeht wie Faust). Das Verhältnis von unbedingtem Drang und perspektivischem Streben bildet das Verhältnis von Unbedingtem und Beschränktem ab, durch das nach Goethe (vgl. z. B. *Dichtung und Wahrheit*, 8. Buch, Ende) jedes Wesen unter der unbedingten und unbeschränkten Gottheit bestimmt ist. Das Verhältnis ist harmonisch bei den »echten Göttersöhnen« (V. 344–349), destruktiv bei Satan, Luzifer, Teufel, potenziell tragisch beim Menschen (vgl. V. 1780–84). Da Philosophen der Renaissance (Ficino, Pico della Mirandola) dieses Verhältnis gewisserma-

ßen erst bekannt machten, erfährt es Faust als Typus des neuzeitlichen Menschen tragisch (z. B. V. 364 f.) und versucht es in sieben Entgrenzungsversuchen (zwei Teile *Faust I*, fünf Akte *Faust II*), deren Richtungen Ficino beschrieb (*Platonica Theologia*, 14. Buch), mithilfe magisch-mephistophelischer Techniken vergeblich zu durchbrechen, im Prinzip dem »Drang« folgend, und sich rastlos bemühend, aber durch die strebende Konzentration auf eine Richtung irrend und scheiternd. *Faust* kann deshalb als Menschheitstragödie des Irrens und speziell als tragische Bilanz der Neuzeit betrachtet werden.

327 *steh beschämt:* Würde der Herr Mephistos Wettangebot explizit akzeptieren, würde er ihn voll als gleichrangig und unabhängig anerkennen. Implizit tut er das jedoch, wenn er nun, nachdem er durch Nennung Fausts in der Hiob-Situation das Wettangebot provoziert hat, einen Wetteinsatz formuliert. Denn die öffentliche Beschämung, die auch den Herrn treffen kann (V. 333), würde den Vorrang des bejahenden bzw. des verneinenden Prinzips bedeuten, die beide von den Engeln konstruiert wurden (vgl. Anm. zu V. 265 f., 271). Korrekt wird am Ende die Situation durch komische Beschämung beider Partner in der Schwebe gelassen: Mephistopheles lässt sich Fausts Seele entwenden, und der Herr ist nicht mehr aufzufinden (V. 11832 f.).

328 f. *guter Mensch ... bewusst:* Fasst man die Begriffe »gut« und »recht« hier im Sinne christlicher Tugendlehre, wird der Herr durch Fausts Untaten gewaltig beschämt werden; fasst man »gut« als ›wohlgelungen‹ und ›recht‹ als ›dem Drang entsprechend‹, so lassen sich die Aussagen des Herrn mit dem Beurteilungsmaßstab V. 11936 f. vereinbaren. Möglich ist auch, den von den Engeln interpretierten Herrn (vgl. Anm. zu V. 265 f.) hier die christliche Tugendlehre anlegen zu lassen, die dann durch Fausts Untaten dementiert wird, weshalb der beschämte Herr am Ende nicht mehr aufzufinden ist. Die Zweideu-

tigkeit von »gut« und »recht« macht dann nachträglich
die jetzige Aussage mit dem neuen Maßstab V. 11936 f.
kompatibel. – »dunkel« ist der unbedingte Drang, weil er
dem Menschen als Leben und Eros (Zentralbegriffe im
Faust!) unvordenklich gegeben ist und weil er zum Licht
(vgl. Anm. zu V. 2) drängt; »bewusst« bezeichnet das in-
stinktive Mit-Wissen der dem Kosmos eingeschriebenen
Richtung zurück zur Gottheit, von der nur das von der
beschränkten Erkenntnisfähigkeit angeleitete Streben ab-
weicht. Sehr exakt ist deshalb Riemers Aufzeichnung: »Es
gab noch manche andere, herrliche, reale und phantastische I r r t ü m e r, in welche der arme Mensch sich e d l e r,
w ü r d i g e r, h ö h e r, als im ersten gemeinen Teile geschieht, verlieren durfte« (zit. nach HA 3, S. 455, Kommentar; Hervorhebungen U. G.).

330 *nur dauert es nicht lange:* vgl. V. 1706 und 11592, obwohl auch das Zeitmaß des Mephistopheles unbekannt
ist.

334 *Staub soll er fressen:* nach 1. Mose 3, 14 f. Faust soll also
nicht nur in Versuchung geführt, sondern ganz eingeteufelt werden; aufgrund der Verfluchung der Schlange soll
er auch den Menschen schaden und ihr Feind werden; unter dem prophezeiten neuen Himmel und auf der neuen
Erde soll nach Jes. 65,25 die Feindschaft aufhören: als
Schöpfer der »neusten Erde« (V. 11566) will der eingeteu-
felte Menschenfeind Faust das am Ende selbst leisten.

335 *Muhme:* weibliche Verwandte.

336–343 *Du darfst ... schaffen:* doppeldeutig: ironische
Einladung, auch nach dem unwahrscheinlichen Sieg unge-
niert zu kommen, und: die Freiheit des Teufels ist auch
da nur scheinbar. – Der Herr befürchtet das Umkippen
des unbedingten Drangs (vgl. Anm. zu V. 328 f.) in den
Hang zur unbedingten Ruhe, den Mephistopheles dem-
gemäß bei Faust erzeugen will (V. 1690 f.); der humorlose
Herr braucht einen Funktionär, der als Schalk, Störer,
Teufel einen Reiz erzeugt, den Drang entzündet und

lebendig hält. Als »Schalk« (mhd. Bedeutung ›Knecht‹),
ja »Schelm« (mhd. ›Aas‹) bezeichnete Goethe den Darm-
städter Freund Johann Heinrich Merck, einen »gegen die
Welt erbitterten« Mann, der »die Menschen hämisch und
tückisch behandelte«, überall »verneinend und zerstörend
zu Werke« ging (HA 9, S. 506; *Dichtung und Wahrheit*,
12. Buch) und den die Freunde und Goethe selbst (an
Frau von Stein, 20.10.1780) »Mephistopheles Merck«
nannten. – Der Herr räumt ein, dass ihm andere verei-
nende Geister eher »zur Last« sind als der Schalk; über-
dies schränkt er sich ein, indem er dem verneinenden
Schalk eine bezüglich der Menschen zentrale Funktion
einräumt und sich damit von ihm abhängig macht; zugleich bezieht er damit den Mephistopheles in die geschichtliche Konstellation ein (vgl. Anm. zu V. 271, 278),
die er selbst am Ende des *Faust* verlässt, indem er für die
Einlösung der Wette nicht mehr verfügbar ist. Die Wette
beider Instanzen, wer Faust zu »führen« vermag, entscheidet also auch über das Religionssystem und die
»Weltregierung«. – Beide Instanzen versuchen, wie später
Faust selbst, beim Menschen »die unbedingte Ruh« zu
vermeiden, d. h. diejenige, die nicht durch geleistete oder
bevorstehende Tätigkeit (ausruhen, Kraft sammeln) oder
durch erschöpfenden Sinnengenuss bedingt ist. Es ist der
von Rousseau (*Les Rêveries du promeneur solitaire*, 5.
Promenade) beschriebene Zustand, wo man zum Augenblick sagt: »Möge dieser Augenblick immer andauern«
(vgl. V. 1700), »wo die Seele einen so festen Sitz findet,
daß sie vollständig zur Ruhe kommen und ihr ganzes
Wesen da versammeln kann ohne Vergangenes herbeiru-
fen oder auf Zukünftiges ausgreifen zu müssen«. Weder
der Herr kann daran interessiert sein, denn »solang dieser
Zustand dauert, genügt man sich selbst wie Gott«, noch
der Teufel, denn der auf diese Weise glückliche Mensch
hat kein Bedürfnis, das ihn auf des Teufels »Wege mit
herab« ziehen könnte.

345 *der lebendig reichen Schöne:* Fülle und schöne Ordnung als Erscheinungsformen des Lebens sind Hauptbe-
stimmungen der Herrlichkeit (s. Anm. zu V. 250), die
Fausts Magiebuch in die Zeichen von Erdgeist bzw. Makrokosmos auseinander nimmt und die Faust in Margaretes Zimmer vereinigt findet (vgl. V. 2692 f., 2702 f.).
Subjektiv entspricht ihnen das Verhältnis von Liebe bzw.
Erkenntnis, Drang bzw. Streben, in der satanischen Herrlichkeit entspricht ihnen Blut bzw. Gold (vgl. Szenenkommentar zu *Walpurgisnacht*, unten S. 184 f., 189).

346–349 *Das Werdende ... Gedanken:* Im Gegensatz zu
den verneinenden Geistern, die der Erkenntnis Vorrang
geben, ist bei den echten Göttersöhnen (nach neuplatoni-
scher Tradition) die Liebe umfassender als die Erkenntnis. Die angeredeten Erzengel werden ermuntert, dau-
ernde, d. h. zeitlich begrenzt gültige Theologien für das
Unergründliche, ambivalent Erscheinende zu entwerfen,
von denen einige sich bereits abgezeichnet haben: altte-
stamentliche Kosmotheologie (V. 243–246), Theologie des
irdischen Wechsels (V. 251–256), neutestamentlich die Offenbarung des Herrn in Sanftheit und Liebe (V. 265 f.),
physikotheologisch die Offenbarung in der Schönheit der
Schöpfung (V. 345), reflexiv im Denken des »Werdenden,
das ewig wirkt und lebt« (V. 346) nach Herders dynami-
sierter Spinoza-Interpretation.

BA nach 349 *Der Himmel schließt:* Ein Theatervorhang
schließt sich hinter Mephistopheles: Bühne auf der
Bühne, vgl. das Ende des 3. Akts im *Faust II*. Noch einmal wird die Geschichtlichkeit des Herrn, der Engel, der
Wette, der Funktionärsrolle Mephistos betont, seine
Nichtzugehörigkeit zum »Gesinde« deutlich. – Die durch
den Vorhang betonte Fiktionalität hebt die ganze Szene
gegenüber dem kommenden *Faust*-Text in den Status
einer der Fiktion angemessenen Unverbindlichkeit hinsichtlich der Aussagen des Herrn – Mephistopheles betont ja auch, dieser habe »menschlich« gesprochen.

350 f. *Von Zeit zu Zeit ... mit ihm zu brechen:* neben der gehörigen Respektlosigkeit Betonung des Alters und der baldigen Abdankung des Herrn. Wenn Mephistopheles mit ihm Schluss machen (»brechen«) könnte, zeigt er seine Unabhängigkeit, seine Zugehörigkeit zu den andern verneinenden Geistern (vgl. seine Rolle in der Gegenveranstaltung der *Walpurgisnacht*) und deutet den Vertrag mit dem Herrn als Zweckverbindung zu gegenseitigem Nutzen und Schaden, die in der Wette über Faust in ihre entscheidende Phase kommt.

353 *menschlich ... sprechen:* »Ich muß menschlich davon reden, um der Schwachheit willen euers Fleisches« (Röm. 6,19). D. h. hier ist menschlich, in verstehbaren Sätzen und Bildern von Unsagbarem geredet worden. Die Szene begann mit Unergründlichem, die Erzengel-Theologen konstruieren daraus den verstehbaren Herrn, der einen verstehbaren Partner/Gegner braucht, und der führt nun, nachdem die Theatralität der Himmelserscheinung sichtbar geworden ist, durch die Reflexion auf die »menschliche« Rede auch den Inhalt des Gesagten wieder ins Unergründliche.

Der Tragödie Erster Teil

Der *Faust* in früherer Fassung (der sogenannte *Urfaust*, veröffentlicht 1887) entstand, nachdem Goethe den Plan unter mehreren anderen Projekten seit 1769 verfolgte, wohl in den Jahren 1772–75; weitgehend ausgearbeitet war am Ende dieser Arbeitsphase das sogenannte Gretchendrama, lesbar als modernes Bürgerliches Trauerspiel, zugleich als Legendenstück über Margarete als Märtyrerin. Mit großer Lücke zwischen Wagnerszene (*Nacht*) und Schülerszene (*Studierzimmer II*) wegen der schwierigen Einführung des Mephistopheles, die erst im Zusammenhang mit dem *Prolog im Himmel* und der religiösen Gesamtkonzeption gelang, blieb das sogenannte Gelehrtendrama stehen, lesbar als Warndrama im Stil des 16. Jh.s und der Puppenspiele, aber zugleich als »ernsthafte Komödie« (Diderot) über den derzeitigen Zustand des Gelehrtenberufs. Wie das Gretchendrama zu dem schon geplanten Helena-Komplex stehen sollte, ist nicht erkennbar. – 1788–90 wurden in der zweiten Arbeitsphase neu ausgeführt die Verse 1770–1867, 2051–72, die Szenen *Hexenküche* und *Wald und Höhle* (ergänzt aus *Urfaust* V. 1408–35 und platziert nach *Am Brunnen*), umgearbeitet wurden die Schülerszene und *Auerbachs Keller* (Verse statt Prosa, politische Anspielungen). Der bis dahin vorliegende Bestand (ohne *Land Strase* und nur bis einschließlich *Dom*) wurde als *Faust. Ein Fragment* 1790 in Band 7 von *Goethe's Schriften* bei Georg Joachim Göschen in Leipzig veröffentlicht. – 1797–1803 entstand der Rest des *Faust I*: 3 Prologe, *Nacht* V. 598–601, 606–807, *Vor dem Tor*, *Studierzimmer I*, *Studierzimmer II* bis V. 1769, *Nacht* (Valentin, V. 3660–75), *Walpurgisnacht*, *Walpurgisnachtstraum*, *Kerker* (Umarbeitung in Verse). *Wald und Höhle* wurde vor *Gretchens Stube* gestellt und bildet nun den Prolog zu ihrer eigentlichen Verführung. Eine geplante Disputationsszene zwischen *Studierzimmer I* und *II* wurde nicht ausgeführt (vgl. Paralipomena 14–20; FD 3, S. 611–614). Nochmals durchgesehen, wurde

Faust I als *Faust. Eine Tragödie* als Band 8 der *Werke* bei J. G. Cotta in Tübingen wegen der Kriegswirren erst 1808 veröffentlicht. Vgl. auch Kap. IV »Goethes Faust-Dichtungen: Arbeitsphasen«, unten S. 265–267.

Mit jeder der Arbeitsphasen war eine Konzeptionserweiterung verbunden. Die Wahl einer Figur aus der Renaissance als der Wende zur Neuzeit bedeutete wie bei *Götz von Berlichingen*, *Egmont*, *Tasso* die Absicht einer Bilanzierung dessen, was in der Renaissance begonnen und erhofft, inzwischen aber nicht erreicht oder verspielt war – Goethe sah die Entwicklung der Neuzeit als einen tragischen Verlustprozess, in dem das versteinernde »Gorgonenhaupt [...] seit Jahrhunderten immer größer und breiter« werde (FD 1, S. 603). Auf die bei dieser Bilanzierung verglichenen Epochen weisen Renaissance- und Sturm-und-Drang-Züge bei Faust und den anderen Figuren; Faust kann betrachtet werden als Renaissance-Gelehrter, der seiner Zeit genialisch voraus ist, oder als Wissenschaftler von 1770, der an den alten Methoden und Zeichen hängt, oder als Repräsentant der Neuzeit überhaupt, die Goethe gekennzeichnet sieht durch »Menschen, die sich auf ihre eigenen Kräfte verlassen« und die den Fortschritt zugleich behindern oder durch Zeitgenossen gebremst werden. Ihr Geist »strebt nach Erfahrung und in ihr nach einer erweiterten reinern Tätigkeit, und dann bebt er wieder davor zurück, und zwar nicht mit Unrecht. Wie er vorschreitet, fühlt er immer mehr, wie bedingt er sei, daß er verlieren müsse, indem er gewinnt« (HA 14, S. 80; *Geschichte der Farbenlehre*). Ähnlich Margarete, aus ihrer Welt heraus strebend und doch in ihrer strengen Kirchlichkeit und Sittenzensur gefangen.

Die Darstellung dieses Widerspruchs von Progress und Retardation durch die Überlagerung jeweils einer modernen und einer Renaissance-Gattung haben wir erwähnt; im Gelehrtendrama steht das alte Warnstück, im Gretchendrama das moderne Bürgerliche Trauerspiel im Vordergrund, so dass schon im *Urfaust* eine Zeitverschiebung von der Renaissance bis ins Ende des 18. Jh.s spürbar wird. Die widersprüchliche Doppelung von Alt und Neu begegnet auf allen Ebenen, besonders folgenreich behindert Faust seinen eigenen Erfolg in der Magie durch Einblendung moderner Elemente in die alte Praxis.

Der neue Anlauf 1788 während der Italienischen Reise zeigt nach jahrelanger Zusammenarbeit mit Herder, der die Anthropologie seiner *Ideen zur Philosophie der Geschichte der Menschheit* auf die Philosophie der Renaissance (Ficino, Pico della Mirandola) gegründet hatte, Ansätze zur Gesamtkonzeption des *Faust*. Marsilio Ficino (1433–99) hatte im 14. Buch seiner *Platonica Theologia de immortalitate animarum* (1482) dargelegt, dass »die Seele strebt, Gott zu werden« und dies einem inneren Drang (Eros) zufolge auf sieben Wegen tut, die den Eigenschaften Gottes entsprechen. Sie will 1. »die höchste Wahrheit und das höchste Gut«, 2. »alle Dinge werden«, 3. »alles leisten und alles beherrschen«, 4. »überall und immer sein«, 5. »die vier Herrschertugenden der Voraussicht, Gerechtigkeit, Stärke und Mäßigung«, 6. »den höchsten Grad von Reichtum und Lust«, 7. »sich verehren wie Gott«. Es zeigt sich, dass diesem siebenfachen Drang entsprechend, dem der Mensch naturgemäß folgt wie der Vogel dem Drang zum Fliegen, ein religiöser, naturphilosophischer, magischer, historischer, soziologischer, ökonomischer und anthropologischer Diskurs durch den *Faust* durchgängig geführt wird und ebenso viele Lesarten des Ganzen und oft einzelner Stellen ermöglicht. Indem nun Ficino am Beginn der Neuzeit den Menschen auf diesen in ihm wirkenden »dunklen Drang« aufmerksam macht, ändert sich die Stellung des Menschen von einer bis dahin zentrischen, dem Drang naturhaft nach allen Seiten folgenden, zu einer »exzentrischen Positionalität« (Plessner), die sich der einzelnen Richtungen bewusst werden und sie zum Gegenstand konzentrierten Strebens machen kann (vgl. Anm. zu V. 317), wodurch der Mensch zwar weit in der eingeschlagenen Richtung kommt, aber wegen der Vernachlässigung aller anderen in das beschriebene Ungleichgewicht von Progress und Retardation gerät und jedes Mal scheitert. In seinen sieben Partien (zwei im Ersten Teil, fünf Akte im Zweiten Teil) probiert Faust in der durch Ficino angegebenen Reihenfolge jeweils eine Strebung aus und scheitert aus dem angegebenen Grund. Der Anfang ließ sich für die 1. Strebung verwerten. Die neuen Teile V. 1770 ff., *Hexenküche*, *Wald und Höhle*, die in Rom eingefügt wurden, dienen dazu, nach dem Scheitern der ersten Strebung die zweite, nämlich »alle Dinge zu sein«, vorzubereiten und dem weitgehend fertigen Gretchendrama einzuschreiben. Dass in Italien auch schon des Zweiten Teils gedacht wurde, zeigen die Schlussverse von *Hexenküche*, durch die Margarete zur Proto-Helena funktionalisiert wird. Die konsequente Gestaltungsidee, den Menschen bei seinen höchsten Bestrebungen sich selbst stets durch seine eigenen Beschränkungen zu Fall bringen zu lassen, macht aus *Faust* eine Tragödie aus sieben tragisch verlaufenden Versuchen, dem »unbedingten«, zum Streben denaturierten Drang folgend die Grenzen des »beschränkten« Menschseins zu durchstoßen (zur Geschöpflichkeit des Unbedingten und Beschränkten vgl. *Dichtung und Wahrheit*, 8. Buch, Ende):

> Fausts Charakter, auf der Höhe, wohin die neue Ausbildung aus dem alten rohen Volksmärchen denselben hervorgehoben hat, stellt einen Mann dar, welcher, in den allgemeinen Erdeschranken sich ungeduldig und unbehaglich fühlend, den Besitz des höchsten Wissens, den Genuß der schönsten Güter für unzulänglich achtet, seine Sehnsucht auch nur im mindesten zu befriedigen, einen Geist, welcher deshalb, nach allen Seiten hin sich wendend, immer unglücklicher zurückkehrt. Diese Gesinnung ist dem modernen Wesen [...] analog [...].
>
> FD 1. S. 605.

Scheitert Faust regelmäßig in dem, was er bewusst erstrebt, so gewinnt er regelmäßig in ganz anderer, im Moment jeweils unbeachteter Hinsicht das, was ihm letztlich hilft, z. B.

im Gretchendrama einen Augenblick ewiger Wonne, die
Liebe der Margarete und die Liebe zu ihr, die am Ende des
Stücks (vgl. V. 11938 f.) wichtiger sind als die Spur von seinen Erdetagen (vgl. V. 11583). (Zu dieser Ironie vgl. den
Schluss von *Wilhelm Meisters Lehrjahre*.)
Die dritte Arbeitsphase 1797–1803 – Schiller drängte seit
1794, das *Fragment*, diesen »Torso des Herkules«, zu vollenden – stand im Zeichen der übergreifenden Gesamtkonzeption. Ein Überblick über die ganze Dichtung (etwa
1800) ist erhalten (FD 1, S. 608), ein Fragment *Helena im
Mittelalter* (FD 1, S. 576–586) dokumentiert als »Satyr-
Drama« bereits die Konzeption, dass Faust und Mephistopheles auf der Suche nach ihr die mythische Heroine »ver-
barbarisieren« (Schiller an Goethe, 13. 9. 1800), d. h. zur
blutleeren modernen Abstraktion machen werden. In dieser
Phase wird vor allem die anthropozentrisch ausgerichtete
Römische Konzeption ergänzt um eine theologische Sinn-
schicht, die mit *Prolog im Himmel*, *Walpurgisnacht* im Ersten, den Müttern und Hadesgöttinnen sowie der Szene
Bergschluchten im Zweiten Teil ein System männlicher bzw.
weiblicher Himmels- und Unterweltsgottheiten entfaltet
und die Einführung der Mephistopheles-Figur mit Schlie-
ßung der Lücke zwischen Wagner-Gespräch und V. 1769 ermöglicht. Die anthropozentrische Römische Konzeption
wird dadurch nicht aufgehoben, sondern sogar bestärkt, da
Faust durch Wette und Pakt mit Mephistopheles das ganze
System der männlichen Gottheiten in sich aufnimmt, Herr,
Satan, Hiob für sich selber ist und damit einen bis zum
Ende unentschiedenen ›Wettkampf‹ zwischen Theologie
und Anthropologie, Göttern und Mensch einleitet.
Wichtige poetische Charakteristika des Erster Teils: Im
Gattungsbereich ist neben der besprochenen Doppelung alter und neuer Gattungen (Warndrama / *comédie sérieuse*
bzw. Legendenstück / Bürgerliches Trauerspiel) besonders
die »Tragödie« zu nennen, die man dem vermeintlich untra-
gischen Goethe nicht glauben mag. Nimmt man als Voraus-

setzung des Tragischen die gleichstarke Wirkung zweier einander ausschließender Verbindlichkeiten auf einen Menschen, so ist diese Voraussetzung mit der »unbedingten aber beschränkten« Geschöpflichkeit beim Menschen überhaupt gegeben. Wenn nun die geschichtliche Entwicklung mit dem Sich-Verlassen auf die eigenen Kräfte, dem Selbsthelfertum der Renaissance den dunklen unbedingten Drang, Gott zu werden, zum bewusst erstrebten und ungeduldig gewollten Programm macht, verschärft sich die tragische Voraussetzung zum tragischen Konflikt zwischen Streben und »den allgemeinen Erdeschranken«, insbesondere den »Grenzen der Menschheit«. »Und sehe, dass wir nichts wissen können!« (V. 364): z. B. der Drang, wie Gott zu wissen, erhoben zum Studium »mit heißem Bemühn«, stößt an die Unfähigkeit des Menschen, mit seiner begrenzten Fähigkeit überhaupt etwas vollständig und mit voller Deutlichkeit zu erkennen. Goethe hat schon in der Rede *Zum Shakespeares-Tag* behauptet, Shakespeares Stücke »drehen sich alle um den geheimen Punkt [...], in dem das Eigentümliche unsres Ichs, die prätendierte Freiheit unsres Wollens, mit dem notwendigen Gang des Ganzen zusammenstößt« (HA 12, S. 226) und diese Behauptung in *Shakespeare und kein Ende* 1813 bekräftigt und erweitert: »Vorherrschend in den alten Dichtungen ist das Unverhältnis zwischen Sollen und Vollbringen, in den neuern zwischen Wollen und Vollbringen«, wobei nun Shakespeare »das Alte und Neue auf eine überschwengliche Weise verbindet« (HA 12, S. 292 f.). Im *Faust* eifert Goethe Shakespeare nach, schon im *Urfaust* mit Erkennenwollen und Grenzen des Erkennenkönnens bzw. mit Margaretes Emanzipationswillen und den gesellschaftlichen Schranken, dann im *Faust* mit der in Rom gefassten neuen Anthropologie, dass dem Erkennenwollen als Streben im unbedingter Drang, also ein Sollen, zugrunde liegt: »Wollen und Sollen suchen sich durchaus in seinen Stücken ins Gleichgewicht zu setzen; beide bekämpfen sich mit Gewalt, doch immer so, daß das Wollen im Nachteile bleibt«

(HA 12, S. 293). *Faust* ist als Tragödie über die Bedingungen des Menschseins eine absolute Tragödie, als Tragödie über das spezifisch neuzeitliche Streben eine historische Tragödie, und verbindet in dem Kampf zwischen Sollen und Wollen, zwischen unbedingtem Drang, in allen Richtungen gleichzeitig Gott zu werden, und dem jeweils auf eine Richtung konzentrierten Streben, »das Alte und Neue auf eine überschwengliche Weise«.

Die Nähe zu Shakespeare wird im Ersten Teil durch eine Reihe intertextueller Beziehungen im Bewusstsein gehalten: *Macbeth*, *Othello*, insbesondere *Hamlet* und *Ein Sommernachtstraum* können z. T. über weite Strecken als Subtexte gelesen werden. Aber auch andere Stücke, z. B. Molières *Dom Juan* oder, unter Gattungsaspekten, Lessings *Minna von Barnhelm*, werden im *Faust* ins intertextuelle Gespräch gezogen. Eine Reihe von literarischen Einlagen, meist Liedern, verweisen auf Stileigentümlichkeiten bestimmter literaturgeschichtlicher Epochen (chronotextuelle Beziehungen) und geben, zusammen mit chronologischen Markierungen durch Erfindungen wie Fernglas oder Montgolfière, in ihrer Folge genommen eine Art chronologischer Leiste, die vom spätmittelalterlichen Osterspiel bis zu dem von Philipp Otto Runge aufgezeichneten (und später in die *Kinder-* und *Hausmärchen* der Brüder Grimm aufgenommenen) *Märchen vom Machandelboom* führt.

Poetische Mittel sind die Prologe – drei Prologe zu Beginn, *Hexenküche* als ›Prolog‹ des Gretchendramas; *Walpurgisnacht*, *Walpurgisnachtstraum* als höllische ›Epiloge‹ zu *Faust I* –, die Goethe im Ersten Teil aufgrund der langen Entstehungszeit mit ihren Konzeptionsänderungen einführte, um fertigen Teilen weitere Sinnschichten ›vorzuschreiben‹. So wird die Margareten-Handlung durch die Präparation Fausts in der erst in Rom gedichteten *Hexenküche* entscheidend umgedeutet, ohne dass sich am Textbestand allzu viel ändert. Poetisches Mittel par excellence ist die variable Behandlung des Metrums von der Prosa bis

zum Liedvers, von den bestimmte Epochenstile markieren-
den Versarten bis zum flexibel dem jeweiligen Inhalt ange-
passsten Rhythmus, zu dem sich besonders der Madrigalvers
eignet. – Nicht zu vergessen: *Faust* ist durchzogen von gesungenen Partien und sollte einmal einem Singspiel als Li-
bretto zugrunde gelegt werden; *Faust* verwendet Kupferstiche und Gemälde als szenische Vorlagen und hat eine be-
deutungsgeladene Licht- und Raum-Regie in der Szenen-
folge.

Gelehrtendrama

Mit dem Faust-Stoff hat Goethe einen bis ins 18. Jh. mit
Faszination und Schauder rezipierten Gegenstand vieler
Puppenspiele und Prosabearbeitungen der *Historia von
D. Johann Fausten* (1587) gewählt, den Lessing im 17. Lite-
raturbrief (1759) mit Hinweis auf die allgemeine Beliebtheit
als shakespearischen Stoff für einen deutschen Dramatiker
bezeichnet hatte (vgl. Anm. zu V. 35); als Anreiz hatte er sogar ein Fragment aus eigener Bearbeitung nach einem Puppenspiel beigefügt. Für den Schauder sorgten die unter
Fausts und seines Famulus Wagner Namen kursierenden
Zauberbücher und Höllenzwänge, mit deren Hilfe man
gute und schädliche Geister beschwören, sich dienstbar zu
machen, fliegen, Schätze auffinden zu können glaubte.
Noch im 18. Jh. verbot manche Stadt die Aufführung des
Faust-Puppenspiels. Für die Faszination sorgten die Wun-
dertaten, die man dem historischen Magister Georg Sabelli-
cus, »Faustus junior« (so die früheste Erwähnung durch
Johannes Trithemius, 20. 8. 1507), aus antiken, mittelalter-
lichen und neueren Magiersagen andichtete und für die der
Scharlatan zu seinen Lebzeiten (etwa 1485–1540) kräftig
Reklame machte. Man konnte ihn und seinen Umgang mit
Geheimlehren und einem schwarzen Hund, der der Teufel

war, vor allem aber sein sagenhaft schlimmes Ende sehr gut
mit all dem anreichern, was heimlich gewünscht, aber verboten war und wogegen sich vor allem die Kirchen wehrten
angesichts des wachsenden Selbstbewusstseins der Wissenschaftler und ihrer Skepsis gegenüber dem Wahrheitsan-
spruch von Theologen, die sich über Textauslegungen stritten. Magie war eine Universalwissenschaft über die Wirkung kosmischer Kräfte in der Welt und im Menschen, über
die Möglichkeit der Beschleunigung und Bremsung natürlicher Vorgänge zur Erreichung bestimmter Zwecke, über
die Selbststeigerung des Magiers z. B. durch Bildmeditation
(Faust und das Makrokosmoszeichen), über die Herbeirufung und Dienstbarmachung von Geistern aus der Hierarchie der Naturdämonen (Faust und der Erdgeist) oder aus
der entsprechenden Hierarchie der höllischen Dämonen
(Faust und Mephistopheles). Diese Wissenschaft unterschied sich von der fast ausschließlich auf Buchtradition
konzentrierten Wissenschaft des Mittelalters durch einen
starken Anwendungsbezug und durch Experimente, die die
Wirkung bestimmter Mittel und Prozeduren z. B. unter den
Bedingungen einer anderen Weltregion und ihrer spezifischen Kräftekonstellation erweisen mussten. Erforschung
von Wirkungen aufgrund von Erfahrung und Experiment,
Praxisorientierung, »Besiegen der Natur, indem man ihr gehorcht« (Francis Bacon), das sind die Prinzipien neuzeit-
licher Naturwissenschaft, deren Wurzeln in der Magie liegen. Faust wird von Goethe als schlechter Magier gezeichnet, der sich nicht richtig vorbereitet (Verwechslung des
Erdgeists) und sich selbst aus der Bahn einer spirituellen
Steigerung wirft (Makrokosmos-Meditation), um sich danach zu beklagen, dass das Ziel nicht erreicht ist, usw.; die
von Goethe studierten ›richtigen‹ Magier im Sinne dieser
Proto-Naturwissenschaft waren Marsilio Ficino (1433–99),
Heinrich Cornelius Agrippa von Nettesheim (1486–1535)
mit seinen Werken *De occulta philosophia sive de magia*
(1531) und *De incertitudine et vanitate scientiarum atque*

artium (1530), und Paracelsus (Theophrastus Bombastus von Hohenheim, 1493?–1541) mit einer ganzen Anzahl von Werken. Von Agrippa hat Faust bei Goethe wahrscheinlich den Vornamen Heinrich erhalten; auch Agrippa soll einen schwarzen Hund besessen haben, der der Teufel war und der sich bei Agrippas Tod ins Wasser stürzte.

Faust als Wunsch- (und deshalb Warn-)Figur der Spätrenaissance ist durch zwei Charakteristika faszinierend und verdammungswürdig: erstens theoretische Neugier und Sinnlichkeit in der Zuwendung zur Welt, zweitens Selbstbestimmung, Missachtung der kirchlichen Strafandrohung wenigstens für 24 Jahre fesselloser Lebenszeit. Faust »name an sich Adlers Flügel / wollte alle Gründ am Himmel vnd Erden erforschen / dann sein Fürwitz / Freyheit vnd Leichtfertigkeit stache vnnd reitzte jhn also« (*Historia*, Kap. 2). Die freche Selbstständigkeit (»Freyheit«), die sich in der eigenen Beobachtung und eifrigen Ausspähung der Naturzusammenhänge (»die Elementa zu speculieren«) »am Himmel vnd Erden« in theoretischer Neugier (»Fürwitz«) der Welt zuwendet, ist eigentlich des Teufels, der ja schon im Paradies unerlaubtes Wissen versprochen hat. Die Zuwendung zur Welt bringt nicht nur Erfahrung als Wissensquelle, sondern auch Sinnenlust, die die *Historia* entsprechend als Epikureertum verteufelt. Besonders ungeheuer ist Fausts Anspruch, im Bereich der Erkenntnis, der Lebenspraxis und der Religion selbst darüber zu entscheiden, was ihm genügt oder nicht. Er stellt fest, dass er für sein Vorhaben, »die Elementa zu speculieren / [...] auß den Gaaben / so mir von oben herab bescheret / vnd gnedig mitgetheilt worden / solche Geschicklichkeit in meinem Kopff nicht befinde / vnnd solches von den Menschen nicht erlehrnen mag« (*Historia*, Kap. 6). Die Gaben Gottes und das Wissen der Menschen genügen ihm nicht, also entscheidet er sich für den Teufel. Faust ist mithin in seinen Grundtendenzen das Paradigma des neuzeitlichen Menschen, in dem sich in der Tat noch das Zeitalter der Aufklärung gespiegelt finden konnte. Die dramatische Version, insbesondere das Selbstbewusstsein des *magician* als *a mighty god* noch weiter pointierend, lieferte Christopher Marlowe mit *The Tragicall History of D. Faustus* (1592), einem der vielen protestantischen und vor allem jesuitischen Warndramen für Gelehrte; die englischen Komödianten brachten den Stoff in einer bald zum Puppenspiel transformierten Version von Marlowes Stück zurück aufs Festland. (Vgl. das Kapitel »Geschichte des Faust-Stoffs« in FD 3, S. 19–45).

Faust kann bei Goethe als genialischer Gelehrter des 16. und als an seinen alten Büchern und Methoden hängen bleibender Gelehrter des 18. Jh.s betrachtet werden – Goethe studierte z. B. mit Georg von Wellings (1652–1727) *Opus Mago-cabbalisticum et Theosophicum* (1735) ein zeitgenössisches Werk, das die alte magische Universalwissenschaft transportierte –; die Geschichtlichkeit des ersten Gesichtspunkts bestätigt die Teufelfigur des Mephistopheles, die in ein Original-Stück des 18. Jh.s nicht mehr passen würde; damit bleibt der Charakter des alten Warndramas erhalten. Aber mit dem Teufel wird kein Honorarvertrag auf Zeit (24 Jahre) mehr geschlossen, vielmehr eine Wette wie zwischen dem Herrn und dem Satan bei Hiob, ob es dem Teufel überhaupt gelingt, Faust von einer bestimmten selbstgewählten Lebenshaltung abzubringen. Durch diese die Zeitgenossen irritierende Umstellung auf ein selbstständiges gottähnliches menschliches Subjekt ist das Warndrama entschieden modernisiert.

Fausts zeitgenössische Ansicht – der Wissenschaftler, der nicht vom Hergebrachten loskommt –, manifestiert sich gleich in *Nacht* in der Verfluchung der beengenden Hilfsmittel seiner Wissenschaft und dem empfindsamen Wunsch »Flieh! Auf! Hinaus ins weite Land!« (V. 418) einerseits und dem Hängenbleiben an dem Nostradamus-Buch andererseits. Dieser zeitgenössischen Sicht entspricht eine zeitgenössische Dramengattung, die ernsthafte Komödie (*comédie sérieuse*), die Denis Diderot theoretisch begründet und mit zwei Musterstücken vorgestellt hatte (*Le Père de famille, Le Fils naturel*); sie sollte nicht Handlungen oder Typen ins Zentrum stellen, sondern die gesellschaftlichen Bedingungen oder Probleme bestimmter Berufsstände oder sozialer Lagen. Lessing hatte beide Stücke in *Das Theater des Herrn Diderot* übersetzt und mit *Minna von Barnhelm oder Das Soldatenglück* (1767; Goethe wirkt sogleich in einer Liebhaber-Aufführung mit, vgl. HA 9, S. 699, Kommentar) die verzweifelte Lage der in Preußen nach dem Siebenjährigen Krieg entlassenen Soldaten dargestellt. Goethe übertrug nun das Soldatenquartett Tellheim, Werner, Just, Riccaut in sein Gelehrtenquartett Faust, Wagner, Schüler, Mephistopheles (als Studienberater), um wie Lessing eine »aus dem bedeutenden Leben gegriffene Theaterproduktion, von spezifisch temporärem Gehalt« (HA 9, S. 281; *Dichtung und Wahrheit*, 7. Buch) zu liefern. Denn alle vier Figuren, die ja im 2. Akt des *Faust II* wiederkehren und in *Auerbachs Keller* in den vier Saufbrüdern travestiert sind, stellen zeitgenössisch eingeschränkte Wissenschaftshaltungen dar (im Gegensatz zum Universalismus der Renaissance): Faust »Ideales Streben nach Einwirken und Einfühlen in die ganze Natur«, Wagner »Helles kaltes Wissenschaftliches Streben«, der Schüler »Dumpfes warmes Wissenschaftliches Streben« (FD 1, S. 608), Mephistopheles zynischen Materialismus, der die Wissenschaft nur als Vorwand nimmt, um Geld zu machen. In den »spezifisch temporären Gehalt« dieser Gelehrten-Figuren, die die Erkenntnis-Krise der Spätaufklärung spiegeln, ragt Mephistopheles der Teufel als Märchen aus uralten Zeiten hinein und dokumentiert wie Fausts alte Geräte und Bücher die Unfähigkeit, sich von der Vergangenheit, den alten Methoden und Glaubensvorstellungen zu trennen. Wie in das alte Warndrama ein modernes Element, so ist in die moderne ernsthafte Komödie ein antiquiertes Element eingeschoben. Die doppelte Verschränkung des Alten und des Neuen erzeugt dann die synkretistisch gemischte Gattungsgestalt, unter der das

Gelehrtendrama dem Rezipienten entgegentritt. Dieselbe Wechselwirkung zwischen Alt und Neu begegnet auch in den Magie-Formen und den Formen der Religiosität.

Die erste Strebung, auf die Faust sich konzentriert, ist, »die höchste Wahrheit und das höchste Gut« zu erlangen (vgl. Kommentar zu *Der Tragödie Erster Teil*, oben S. 33), d. h. die Erkenntnis und die Schaffenskraft Gottes, die ihn zum »Übermenschen« (V. 490) machen würde, und tatsächlich fühlte er sich in der Erdgeist-Begegnung »nah [...] dem Spiegel ew'ger Wahrheit« und vermaß sich, »schaffend, Götterleben zu genießen« (V. 615–621). Sein Weg führt, nach der misslungenen Anmessung an die Ordnungs- und die Schaffenskräfte der Welt (Makrokosmos, Erdgeist), in den Kompromiss des unvollständigen Wissens (V. 1582) und der technischen Naturbeherrschung (vgl. V. 1091 mit V. 2069), die neben seiner religiösen und anthropologischen Bedeutung Mephistopheles verkörpert. Schon zu Ende des Gelehrtendramas ist Faust durch die Auskünfte Mephistos hinsichtlich seiner ersten Übermenschen-Strebung so demoralisiert (wie auch der Schüler nach der Studienberatung), dass er »vom Wissensdrang geheilt ist« (V. 1768) und sich von Mephistopheles in und durch die Welt führen lässt, mit *Auerbachs Keller* und den paar Illusionistentricks als erster Station – ein wahrer Absturz von der großen Magie der Szene *Nacht*. Die Abhängigkeit von Mephistopheles nimmt kontinuierlich zu: am Ende von *Faust I* haben Herr und Hund die Rollen gewechselt (vgl. V. 1166 mit V. 4611).

Im Gelehrtendrama wird, anhand der chronologischen Markierungen, die Neuzeit von ca. 1500 bis zu den Anspielungen auf die vorrevolutionäre Zeit ca. 1785 geführt. Historische Daten und Entdeckungen: Faust (1485–1540), Nostradamus (1503–66) V. 420, Fernglas (1608) V. 530–532, Elektrisiermaschine (seit 1661) V. 669, Tabak (seit 1620) und Türken (bis 1683) V. 830, 862 f., Blutzirkulation (1628) angewandt auf Allgemeinphänomene seit Mitte 18. Jh. V. 1372, mechanischer Webstuhl ab Mitte 18. Jh., *Encyclopédie*

(1751–72) V. 1922–33, »Encheiresis naturae« um 1770
V. 1940, Heißluftballon (1783) V. 2065–71, endlich die bei
der Versifizierung in der Römischen Umarbeitung der
Szene *Auerbachs Keller* eingefügten politischen Anspielungen auf die vorrevolutionäre Stimmung. – Die Epochen
werden auch poetisch gekennzeichnet: Der Knittelvers
Fausts im ersten Monolog und das spätmittelalterlich-früh-
neuzeitliche Osterspiel am Ende von *Nacht* weisen ins
16. Jahrhundert; Gesellschaftsrevue/Maskenzug am Beginn
von *Vor dem Tor* stammen aus der Renaissance, das Soldatenlied ist einem Muster aus dem 16./17. Jh. nachgebildet,
das Schäferlied weist auf die Schäferdichtung des 17. Jh.s
und ihre Travestie im 18. Jh.; die gesungenen Einlagen von
Studierzimmer I verweisen auf Gellert und Anakreontik,
also die Mitte des 18. Jh.s; *Studierzimmer II* spielt auf Goethes Frankfurter Oden und Rousseaus *Rêveries* (1772) an;
die Volksliedtravestien in *Auerbachs Keller* erinnern an
Herders *Volkslieder*-Projekt (1774, 1778/79) und die Paro-
dien Nicolais. – Beide chronologischen Linien sind also offensichtlich sorgsam eingezeichnet, führen vom Spätmittelalter bis ungefähr 1780 und werfen Licht auf die Wissen-
schaftsgeschichte, die von Magie über alchimistische und
paracelsische Medizin, Flugwunsch als Beispiel für Zuwendung zur technischen Naturbeherrschung, Textkritik bei
der Bibelübersetzung, anthropomorphe Naturbetrachtung
in Physikotheologie und Physiokratie, kopernikanische
Wendung der Erkenntnistheorie mit melancholischer
Selbstergreifung des Subjekts und Wissenschaftsskepsis bis
hin zur Scharlatanerie läuft. Goethe sah also die Entwicklung der Gelehrsamkeit von der Renaissance bis zu seiner
Zeit (die der verspottete Wagner mit seinen Fragen und Interessen in *Nacht* schon methodisch vorwegnimmt!) ambivalent als Geschichte zunehmender Naturbeherrschung,
abnehmender Einsicht in das, »was die Welt im Innersten
zusammenhält«, und zunehmend unglücklichen Bewusstseins.

Die Dramaturgie der szenischen Räume ist wichtig. Nach der transzendenten Himmelsweite des *Prolog im Himmel*, die jedoch bühnenhaft schließt, folgt die Enge des gotischen Studierzimmers, das jedoch durch die Erdgeisterscheinung und die Glocken/Chöre am Ende transzendent geöffnet wird. *Vor dem Tor* zeigt die weite Landschaft und endet mit der Rückkehr durch das Tor; *Studierzimmer I* bringt wieder das enge Zimmer, das durch Mephistos Künste (Rattenzahn) den unteren Mächten geöffnet wird. Wenn Faust dreimal »Herein!« sagen muss, gibt er willentlich dieser unteren Transzendenz freien Zutritt zu seinem Zimmer, das am Schluss für die lange Zeit der Weltfahrt verlassen wird. In die Enge von *Auerbachs Keller* kommen Faust und Mephistopheles nach einer Ballonfahrt herunter und reiten auf einem Fass wieder hinaus.

Ebenso signifikant ist die Dramaturgie von Licht und Finsternis. Nach der strahlenden Helle des *Prologs*, die am Ende durch einen Vorhang ausgeblendet wird, beginnt *Nacht* in Finsternis mit Mondschein und Fausts einsamer Studierlampe, die unter der (Licht-)Erscheinung des Erdgeistes verlöscht und nach dessen Verschwinden Faust in Dunkelheit zurücklässt, bis Wagner mit seiner Lampe kommt und danach der Morgen anbricht. *Vor dem Tor* geht umgekehrt vom Tageslicht in die Abenddämmerung und durchs finstere Tor (V. 918). *Studierzimmer I* verbindet die in der engen Zelle freundlich brennende Lampe mit dem inneren Licht (V. 1194–97) und ruft den Urmythos von Licht und Finsternis auf (V. 1350–58); innere Verfinsterung bringt das bei Tageslicht spielende *Studierzimmer II* für Faust und Schüler. *Auerbachs Keller* ist ein Gewölbe, wohl mit Lampen an den Wänden, das plötzlich vom Höllenfeuer des verschütteten Weins blendend erleuchtet wird, womit auch die untere Transzendenz ihr Licht zeigt, das dann die Walpurgisnacht erhellt.

An all diesen durchgehenden Linien erkennt man, dass Goethe bei den drei Arbeitsphasen des *Faust I* die besonders im Gelehrtendrama offenen Lücken mit Sorgfalt und Umsicht geschlossen hat. Durchaus denkbar in diesen Linien wäre allerdings noch die geplante Disputationsszene zwischen *Studierzimmer I* und *II* gewesen, von der einige Paralipomena zeugen (Nr. 14–20; FD 1, S. 611–614).

Nacht

Entstehung: V. 354–605 in der ersten Schaffensphase, wohl 1772/73. V. 598–601 als Vorbereitung auf das Osterspiel am Ende von *Nacht* und auf den Osterspaziergang, ferner: V. 606–807 wurden 1797–1801, vermutlich 1798 geschrieben. Bei der Überarbeitung des *Urfaust* wurden wenige Verse in der Aussage und der Formulierung geändert.

Die Szene besteht aus mehreren dramatisch voneinander unterscheidbaren Teilszenen: (1) V. 354–385 Selbsteinführung der Figur »ad spectatores« nach dem Muster der Dramen aus dem 16. Jh.; Faust geht in seiner Verzweiflung als Wissenschaftler durch die Unterwerfung unter die Magie ein Experiment mit sich ein, dessen Scheitern jeder Magiekenner voraussieht. (2) V. 386–429 Monolog mit Selbstanrede nach dem Muster des von Rousseau in *Pygmalion. Scène lyrique* (s. II, **D 16**) neu geschaffenen Monodramas; Gespaltenheit zwischen ersehnter lebendig-unmittelbarer und zeichenvermittelter Erkenntnis wird zugunsten der Zeichen entschieden, aber ohne dass die notwendige geduldige Lektüre und Entzifferung (»trocknes Sinnen«) erfolgt. (3) V. 430–459 Steigerungsversuch in spiritueller Magie mittels des Makrokosmos-Zeichens, monologisch reflektiert; gerade die reflektierenden Meldungen über den inneren Zustand und der Wunsch nach Belebung vereiteln die Endstufen der ekstatischen Magie. (4) V. 460–521 Versuch der Annäherung an den Erdgeist durch Belebung zur Sichtbarkeit und zum Dialog; der verfehlte Wunsch, durch Schau und Erkenntnis zu »begreifen«, und die Fehleinschätzung des Weltschöpfers als Erddämon vereiteln den Versuch. (5)

V. 522–605 Wagners Versuche, sich durch Benennung von Forschungsgebieten vom wirkenden Wort der Renaissance bis zur Subjektproblematik des 18. Jh.s weiterzufragen, werden hämisch von Faust kritisiert. (6) V. 606–685 Melancholische Bilanz über das mehr und mehr von Sorge und nutzloser Habe belastete, keine Hoffnung befriedigende Menschenleben und speziell über die eigene Unfähigkeit, den Augenblick der Erleuchtung und Schaffenskraft festzuhalten und ungehemmt »Übermensch« zu sein. (7) V. 686–807 Dialog mit dem Gift und den Tönen des Osterspiels; der Versuch, sich vom hemmenden Körper und der geschöpflichen Individualität zu befreien und in reine Tätigkeit oder ins Nichts hinüberzufließen, scheitert wiederum am Gedanken an das Beispiel Jesu als eines Sterblichen, der »Schaffender Freude nah« ist (V. 790) und damit erreicht hat, was Faust vergeblich versuchte, und an der Erinnerung an die Kindheit, in der Hoffnung, Liebe und Glaube noch in ihm waren und von außen beantwortet wurden.

Es ist in diesen sieben Versuchen, den Göttern zu gleichen (V. 652), immer die Grundopposition von »Wirkenskraft und Samen« (V. 384), von Schaffensfähigkeit und Ordnung, Energie und Erkenntnis/Gestaltung, die durch verschiedene Verbindungen und Reflexionsstufen hindurchgeführt wird. Den ersten, objektiven Stufen genügt Faust nicht – er ergibt sich der Magie, statt sie zu beherrschen; er meint, bei Benützung von Zeichen durch die Natur belehrt zu werden; er verlangt Leben vom Ordnungszeichen; er verlangt Sichtbarkeit und Erkenntnis vom Schaffenszeichen. Die Erdgeist-Stufe ist zugleich ein subjektives Desaster: Faust vermag ihn zu rufen, erträgt und begreift ihn aber nicht. Auch andere menschliche Realisationen der Grundopposition genügen ihm nicht – weder Wagners systematische Wissenschaft noch die momenthaft aufblitzende innere Erleuchtung und schaffende Freude, der sich das irdische Leben mit seiner Zeitlichkeit und notwendigen Instrumentalität bleigewichtig anhängt. Objektive und zugleich menschliche Realisa-

tion ist Jesu Christi Leben und Tod, sowie das Erinnert-
werden durch die Magie der Töne und der subjektiven
Kindheitsgefühle: hier schmilzt die Entschlossenheit des
Übermenschen ironischerweise zum Genuss des kindlichen
Gefühls, der Träne der körperlichen Erschütterung herunter. Sofern Faust sich »vom letzten, ernsten Schritt« nur zu-
rückhalten (V. 781 f.) lässt, ist die Szene offen für weitere
Entwicklung; in gewissem Sinn aber vollzieht sich in ihr
schon die ganze anthropologische Tragödie Fausts, wie sie
ja auch mit den Motiven der Sorge, der Grablegung und
Auferstehung, der Selbsttötung, der Gottebenbildlichkeit,
der Ironie wesentliche Elemente des Schlusses von *Faust II*
vorwegnimmt.
Die Siebenzahl der Szenenteile wie der Stropheneinteilung
einiger davon (sieben Reden Wagners, Strophen in Teil 6
und in Teil 7) ist nicht zufällig; Goethe folgt damit der
Schöpfungshieroglyphe Herders, dem dreifach triadischen
Bauprinzip der Gedankenentwicklung und Selbstaufstu-
fung (vgl. Anm. zu V. 140–157) in metrischer Unterscheidung: (1) freier Knittelvers, Anklang an alte Fastnachts-
und Faust-Puppenspiele; (2) jambische Vierheber mit
wenigen affektbetonten Daktylen; (3) Madrigalvers; (4) Madrigalvers, reimloser freimetrischer Vers, Gesangsstrophe (?,
V. 501–509); (5) Madrigalvers; (6) Madrigalvers; (7) Madrigalvers und Gesangsstrophen, die auf das Ende von *Faust II*
vorausweisen. Die literarische Zitatenreihe (s. II, **D 26**) wird
durch das spätmittelalterliche Osterspiel eröffnet.

BA vor 354 *Nacht ... am Pulte:* Neben der Lichtregie der
Szene von Nacht bis in den Ostermorgen ist die Nacht
konnotiert mit Melancholie; die Melancholie der Renaissance entstand am Ausgang der ›Nacht‹ des Mittelalters
(gotisches = mittelalterlich-barbarisches Zimmer) aus der
von Goethe analysierten Ambivalenz von Progressivität,
Sich-Verlassen auf die eigenen Kräfte (vgl. Selbsthelfertum Götz von Berlichingens) und dem Zurückschrecken

davor, der Retardation, dem Kleben am Hergebrachten. Die Melancholie der Goethezeit ist vorgedacht von Edward Young in *The Complaint: or, Night Thoughts on Life, Death, and Immortality* (1742–45), wo der über die Ewigkeit und Unsterblichkeit Nachdenkende sich als »Gefangener der Erde und unter dem Mond eingepfercht« findet (*Night Thoughts*, V. 137), »ein Wurm! ein Gott!« (ebd., V. 81, vgl. *Faust* V. 653). Während Young die irdische Existenz im Blick auf späteren Glanz der Ewigkeit elegisch beklagt, sucht Faust beides zugleich. Auch zu Goethes Zeit gab es die Ambivalenz des Aufklärungsfortschritts und des Hängenbleibens an veralteten Vorstellungen, so etwa bei dem Geisterseher Emanuel Swedenborg (1688–1772), einem erfolgreichen Naturwissenschaftler, der seine besondere körperliche, seelische und geistige Fühlfähigkeit mithilfe einer veralteten Dämonologie darstellte. – Die Ambivalenz von Progressivität und Retardation erzeugt die Unruhe als Zeitphänomen wie die Melancholie.

354–356 *Philosophie … Theologie:* Die oberen Fakultäten, deren eine als Fachstudium gewählt wurde (V. 1968), nachdem die Sieben Freien Künste mit der Magisterprüfung abgeschlossen waren. Faust hat alle Fakultäten, mithin alle im Spätmittelalter angebotenen Disziplinen, »durchaus studiert«, d. h. vollständig und bis zum Ende, und die Theologie mit dem Doktorat (»D.«) abgeschlossen. Die Reihenfolge der vier Fakultäten erscheint schon bei Marlowe, wird also durch eines der Puppenspiele transportiert worden sein.

359 *so klug als wie zuvor:* vgl. Molière, *Dom Juan* III,1: »Nach vielem Studieren ist man meistens weniger klug« (s. II, **D 13**).

364 *sehe, dass wir nichts wissen können:* anthropologische, auf die beschränkte Erkenntnis des Menschen überhaupt bezogene Verschärfung des von Sokrates überlieferten Satzes »Ich weiß, dass ich nichts weiß«. Radikale Skepsis

fand schon das Kind Goethe bei Agrippa von Nettesheim, *De incertitudine et vanitate scientiarum atque artium* (1530), wo dieser die Unzuverlässigkeit alles Schulwissens darlegte und Goethe »in ziemliche Verwirrung
setzte« (HA 9, S. 162; *Dichtung und Wahrheit*, 4. Buch);
Agrippas gleichzeitig erschienenes Werk *De Philosophia
occulta, sive de magia* (1531), das Goethe als eine der ausführlichsten Darstellungen der Magie sicher ebenfalls las,
konnte als Ausweg aus der Krise des Schulwissens verstanden werden: Faust weicht wie Agrippa in die Magie
aus, allerdings mit folgenschweren Abweichungen von
dessen Vorschriften. Auch die Aufklärung wurde von
mehr oder minder radikaler Skepsis begleitet. Herder
hielt auch die Verstandesbegriffe für im Kern »sinnlich«
und deshalb »unzergliederlich« (KHA 1, S. 11 f.), »Wahrheit, Schönheit und moralischer Wert« waren ihm »ein
wahrer Proteus, der durch einen Zauberspiegel, immer
verwandelt, und nimmer als derselbe sich zeigt« (ebd.,
S. 149). Alternativen wurden gesucht, »hermetisches«
Wissen anderer Art, das auch mit der alten Magie erlangt
werden konnte, wenn man sie nicht wie Faust und die
Neuzeit überhaupt als Lieferantin für Verfügungswissen
missverstand. – »nichts« steht hyperbolisch für ›nichts
Rechtes, nichts bis auf den Grund‹, »wissen« emphatisch
für das Wissen eines übermenschlichen Intellekts, »wir …
können« emphatisch für die Gattung Mensch: diese anthropologische Radikalität der Skepsis, die Faust »schier
das Herz verbrennen« will, dokumentiert die erste Strebung, Gott zu werden im Sinne des Besitzes der höchsten
Wahrheit und des höchsten Guts (s. Einführung ins Gelehrtendrama, oben S. 43), denn hier sollen die dem Menschen gesetzten Grenzen überschritten werden. Das deutet auf die anthropologische Absolutheit der Tragik: das
in Verzweiflung brennende Herz zeigt den zum Streben
nach höchster Wahrheit verschärften dunklen Drang zu
Gott, der sich an den von Gott gesetzten »Grenzen der

Menschheit« wundstößt. Daraus ergibt sich auch eine neuzeitliche Umdeutung der Versuchung Adams und Evas im Paradies (s. II, **D 1**): nicht ein Wissen und Sein wie Gott wird vom Versucher versprochen, sondern der Drang dazu liegt von Gott gegeben immer schon im Menschen; der macht sich allerdings unglücklich, wenn er sich strebend ausschließlich auf Wahrheit und Schaffenskraft konzentriert. Aber auch das ist kein zufällig-individueller ›Fehltritt‹ (*hamartía*), sondern eine mit der Reflexivität und Selbstständigkeit des neuzeitlichen Menschen mit historischer Konsequenz eintretende Verschärfung des Drangs zum irrtumsbehafteten Streben.

366 *Laffen:* eitle, alberne Menschen.

368 f. *Mich plagen keine … Hölle noch Teufel:* Aufgrund seiner Skepsis meint Faust auch keine Unsicherheit im Gewissen (Skrupel), im Denken (Zweifel), im Handeln (Furcht) kennen zu müssen. Gewissen gegenüber Margarete (V. 3347), Zweifel an seinen Zielen (V. 1763), Vorsicht vor dem Teufel (V. 1655) lernt er später. Die Stelle zeigt, dass die im Herzen brennende Verzweiflung umgeschlagen ist in Trotz, luziferischen Hochmut, voradamische Ursünde, mit der er sich durch Gleichgültigkeit gegenüber den Vorschriften der Magie (V. 377, 426 f. u. ö.) selbst mit Misserfolg bestraft. Intertextuell wieder Molière, *Dom Juan* (s. II, **D 13**); der ist nach Sganarelle »der größte Verbrecher, den die Erde jemals getragen hat, ein Tollwütiger, ein Hund, ein Teufel, ein Türke, ein Ketzer, der nicht an Himmel noch Hölle noch Werwolf glaubt« (I,1).

370 *alle Freud entrissen:* Himmelsfreuden nach Röm. 14,17 (vgl. V. 436, 738, 790, 3345), denen Mephistopheles höllische Freude (V. 3543) und die ambivalenten Freuden der Erde (V. 1663, 1765, 1819, 1859, 2053, 2648, 2670, 9903) gegenüberstellt. Faust, durch die Radikalität seiner Skepsis, durch Verzweiflung und Trotz in schwärzeste Melancholie gestürzt, kennt keine dieser Freuden und will sie nicht kennenlernen (V. 1765).

374 *weder Gut noch Geld:* Beleg für das ökonomische Interesse (s. II, **D 24**), das beim Faust des Ersten Teils meist unterschlagen wird. – Im Zusammenhang der Versuchungsgeschichten, auf die hier geballt angespielt wird (Luzifer, Adam, Jesus), lässt sich die Versuchung Hiobs (s. II, **D 3**) durch Wegnahme materieller Güter erkennen.

375 *Herrlichkeit der Welt:* Anspielung auf die Versuchung Jesu durch den Teufel; der führte ihn »auf einen sehr hohen Berg und zeigte ihm alle Reiche der Welt und ihre Herrlichkeit und sprach zu ihm: Das alles will ich dir geben, so du niederfällst und mich anbetest« (Mt. 4,8 f.). Das Angebot, das Faust später (V. 10131) ausschlägt, weil er sich diese Herrlichkeit (Herrschafts- und Machterscheinung, vgl. Anm. zu V. 250) selbst verschaffen möchte, würde er hier gern annehmen.

377 *der Magie ergeben:* magische Lesart (s. II, **D 21**). Faust kehrt sich vom Bücher- und Schulwissen ab, um von dem Geheimwissen, der dämonischen Unterstützung und dem Anwendungsbezug der Magie zu profitieren. Im Unterschied zu Agrippa von Nettesheim, der denselben Schritt vollzog (vgl. Anm. zu V. 364) und wohl bis in den Vornamen »Heinrich« (V. 3414, 4612) in vielem Vorbild für Goethes Charakterisierung des Faust war, studiert Faust die Universalwissenschaft der Magie nicht, um sie zu beherrschen, und bereitet sich nicht z. B. nach Agrippas Vorschrift auf jedes Experiment durch Kenntnisnahme und Glaubensrüstung mit Askese und Gebet vor, sondern überlässt sich dem Zufall und damit jedes Mal dem Misserfolg. Faust wird von Goethe als schlechter Magier gezeichnet, als Zauberlehrling (die Ballade wurde als komische Version des *Faust* um den 19. Juli 1797 geschrieben, gerade als Goethe sich in der dritten Arbeitsphase wieder an den *Faust* machte); auch Faust wird die Geister, die er ruft, nicht mehr los (insbesondere Mephistopheles), sondern wird durch seine fehlerhaft und leichtsinnig betriebene Ma-

gie immer abhängiger. »ergeben« nimmt diese Unterwerfung vorweg.

378 *Ob mir, durch Geistes Kraft und Mund:* spirituelle Magie und geniale »Schöpfungskraft« in »Geistes Kraft«, Dämonenmagie des 16. und des 18. Jh.s (Swedenborg) in »Geistes ... Mund«. Beide Magien wirken hier zusammen. Das »Ob« weist darauf hin, dass Faust die magische Praxis noch nicht erprobt hat.

382 f. *Dass ich erkenne ... zusammenhält:* In V. 382–385 stehen Erkennen – Tun in der durch die Magie zu eröffnenden Steigerungsreihe Verstand – Zentralschau, die den Magier innerlich in das Geschaute transformiert (vgl. Oetinger, *Swedenborg*, S. 223) und ihm ein Handeln nach seinem Zweck aus dem Innersten der Natur heraus ermöglicht. Wenn Faust dieses Ziel erreichen würde, hätte er höchste göttliche Wahrheit und höchstes Gut, nämlich göttliche Schaffenskraft, erlangt; deshalb warnen die Magie-Lehrer immer vor der Gefährlichkeit dieser potenziell luziferischen, wenngleich die menschlichen Grenzen in notwendiger Weise erweiternden Tätigkeit – Faust stürmt unbekümmert drauf los. – Die Formulierung »was die Welt / Im Innersten zusammenhält« hebt sich signifikant ab von Albrecht von Hallers Spruch: »Ins Innre der Natur dringt kein erschaffner Geist, / Zu glücklich, wenn sie noch die äußre Schale weist!« (*Die Falschheit menschlicher Tugenden*, 1730, V. 289 f.), den Goethe in seinem Gedicht *Allerdings* (HA 1, S. 359) als philiströs abgetan hat. Für Goethe gibt es keine Opposition Kern – Schale in der Natur, er konzipiert nach Oetingers Lebenstheologie und Naturphilosophie »Himmelskräfte« (V. 449), die die Welt als »Herrlichkeit« (s. Anm. zu V. 250) konstituieren, gestaltend-umgestaltend erhalten und deshalb »geheimnisvoll-offenbar« (HA 1, S. 52; *Harzreise im Winter*) wirken. Die beiden ersten dieser in der Sefirot-Lehre der Kabbala und bei Jakob Böhme konzipierten Kräfte habe Newton (der in der Tat Böhme studiert hatte) als Zentri-

petal- und Zentrifugalkraft seiner Weltmechanik zugrunde gelegt: »Die centralischen Kräfte sind die aus Zu-
sammen-Ordnung Gottes vereinigten widrigen Kräfte,
da die eine zum Centro, die andere vom Centro weg
geht; durch diese wird die Natur erhalten« (Oetinger,
Swedenborg, S. 199). Newton habe »durch Experimente
gefunden, daß die anziehende Kraft die ganze Natur zu-
sammenhalte« (ebd., S. 212). Goethe selbst hat diese
Lehre in einer vom Abstrusen gereinigten Form zeitlebens beibehalten; sein Systole/Diastole-Begriff (nach
Oetinger, ebd., S. 231), die Begriffe von Polarität und
Steigerung gehen auf diesen Anschauungskomplex zurück. – Hallers zitiertes Gedicht enthält weitere auf Faust
beziehbare Stellen: »Versenkt in tiefen Traum nachfor-
schender Gedanken, / Schwingt ein erhabner Geist sich
aus der Menschheit Schranken. / [...] Sein stets gespann-
ter Sinn verzehrt der Jahre Blüte, / Schlaf, Ruh und Wollust fliehn sein himmlisches Gemüte. / [...] Du hast nach
reifer Müh und nach durchwachten Jahren / Erst selbst,
wie viel uns fehlt, wie nichts du weißt, erfahren!«
(V. 255 f., 259 f., 291 f.)

384 *Schau alle Wirkenskraft und Samen:* nach Agrippa, *De
occulta philosophia* I,5: »Aller Elemente Grund und Fundament ist *terra*: sie ist nämlich Ziel, Unterlage und Ge-
fäß aller himmlischen Strahlen und Einflüsse: sie selbst
enthält die Samen und in den Samen tätigen Wirkungskräfte [*semina seminalesque virtutes*] aller Dinge in sich«.
Samen sind die in der Natur enthaltenen aus göttlichen
Ideen heruntertransponierten Ordnungs- und Gestal-
tungsformen, *inward forms* bei den Cambridger Platoni-
kern und Shaftesbury, innere Formen noch bei Goethe.
Die *virtutes*, Wirkungskräfte, die die Samen in wachs-
tümliche, materiale Dinge und Organismen entfalten,
bringen mithin die göttlichen Ideen in materiale leibliche
Wirklichkeit bzw. durchformen und durchgeistigen die
Materie. Das Urelement, in und aus dem dies alles ge-

schieht, heißt *terra*, Erde; den Dämon, der die ganzen
Prozesse durchführt und anleitet, nennt Goethe in dem
Nostradamus-Buch (V. 420) »Erdgeist«, in seinem eigenen Schema »Welt u Taten Genius« (FD 1, S. 608), denn er
ist der Demiurg, der Weltschöpfer, dessen erstes Geschäft
es ist, die vier Elemente, darunter die Erde, aus dem
Urelement heraus zu schaffen. Zu den vier Elementen gehören wiederum Dämonen (V. 1473–76), mithin ein Erdgeist, den Faust offenbar mit dem Weltschöpfer verwechselt. – In dem Bild von den Samen mit ihrer Gestaltinfor-
mation und den sie verwirklichenden Kräften ist die
Beziehung von Ordnung und Kraft durch das organische
Bild des Samenkorns hergestellt; wie die Kräfte im Einzelnen wirken, wird oft noch einmal durch einen Dämon
(Archaeus) vorgestellt. Moderner ist das Verhältnis von
Ordnung und Kraft in V. 383 formuliert, nämlich mittels
eines Systembegriffs von Kräften, die einander in labilem
Gleichgewicht halten und damit die Himmelsmechanik
Newtons ermöglichen. Oetinger definierte Leben als in
Gott unauflösliches, in den Kreaturen auflösliches System
(»Band«, vgl. V. 1939) von Kräften. Mit dem Samen/Wir-
kungskraft-Modell fällt Faust also hinter seine erste For-
mulierung zurück; das Buch operiert mit noch antiquier-
teren Vorstellungen.

385 *tu nicht mehr in Worten kramen:* Handel treiben mit
(leeren) Worten (vgl. die Wörter »Krämer«, »Kramla-
den«). Vielmehr, wenn der Magier durch Zentral-Schau
(s. Anm. zu V. 382 f.) sich in die Ordnung und Energie
des Kosmos transformiert hat, kann er sie nutzen und
wie der Welt- und Taten-Genius schöpferisch zu seinem
Zweck einsetzen.

388 f. *Den ich ... herangewacht:* den ich durch Wachen her-
beiführte. Typische Formulierung der Geniezeit. Der
deutliche Tonwechsel vom frühbürgerlich kraftvollen
Knittelvers zum empfindsamen Jambus und zu Mond-
scheinschwärmerei wurde etwa noch von Gustav Roethe

1932 als poetisch unbewältigtes Flickwerk betrachtet; die systematische Gegenüberstellung von 16. und 18. Jh. wurde nicht erkannt.

394–397 *Um Bergeshöhle ... gesund mich baden:* Von der Antike, die weissagende Geister in Höhlen vermutete, bis zu Ossian, den Werther mit »halb verwehtem Ächzen der Geister aus ihren Höhlen« zitiert (HA 6, S. 82), sind Höhlen Orte des Kontakts mit der Transzendenz, von der sich das moderne, sentimentalische Subjekt ausgeschlossen fühlt. Gelänge es deshalb, die Distanz im direkten Bezug zur Natur zu überwinden, wäre Gesundheit als »zentrische Positionalität« (Plessner) gewonnen. Diese ist Voraussetzung für gelingende Magie.

398 *Kerker:* wichtiges Bild in *Faust I*, vgl. V. 2688–2708, wo Faust ebenfalls eine Epiphanie von Fülle und Ordnung (analog Erdgeist und Makrokosmos) hat, und die Szene *Kerker* mit Margaretes Epiphanien am Ende. Vgl. den Schluß von *Egmont* (Vision Egmonts im Kerker).

401 *Trüb durch gemalte Scheiben bricht:* vgl. Anm. zu V. 2; die Trübung durch die farbigen gotischen Glasbilder ist hier noch rein negativ gesehen, vgl. dagegen V. 4727.

403 *Würme:* zu Goethes Zeit noch gebräuchlicher Plural.

405 *angeraucht Papier umsteckt:* Auch Goethe pflegte unfertige Schriften und Zeichnungen, die dann durch Kerzenrauch gebräunt wurden, an die Wand seines Zimmers zu heften (s. HA 10, S. 50; *Dichtung und Wahrheit*, 15. Buch).

410 *dein Herz:* »Herz« ist einer der wichtigsten und häufigsten Begriffe von *Nacht.* In V. 365 erweist es sich als Sitz und Indikator des dunklen Drangs zurück zur Gottheit, der durch das Streben entzündet und durch die menschlichen Grenzen gehemmt und frustriert ist. Das Herz hält damit eigentlich Fausts Welt »im Innersten zusammen«; nimmt man die Lehre der Magie hinzu, dass der Mensch aus dem Urelement *terra* von Gott gemacht und sein Herz nach Paracelsus »der Samen des Men-

schen« ist, dann steht im Fall der »Gesundheit« das
menschliche Herz im unmittelbaren substanziellen Zusammenhang mit dem, was die Welt im Innersten zusammenhält, ist nur die subjektive Seite davon. Hier brennt
es nicht mehr, sondern ist schon gespalten; wie Faust sich
mit »du« anredet, klemmt sich sein Herz selbst im Busen,
denn es ist für die beklemmende Enge verantwortlich,
steht zu sich selbst in Distanz und hemmt sein eigenes
Leben als Seinsweise dessen, was die Welt im Innersten
zusammenhält (vgl. Anm. zu V. 384). »Leben« als Kate-
gorie, in der alle Lesarten des *Faust* von der theologischen
bis zur ökonomischen und anthropologischen verbunden
sind, ist ein Zentralbegriff im *Faust*.

420 *Von Nostradamus' eigner Hand:* Michel de Nôtredame
(1503–66), französischer Astrologe, königlicher Leibarzt.
Erhalten sind von ihm visionäre Weissagungen (*Les Cen-
turies*, 1558), jedoch kein magisches Werk mit Zeichen,
wie Faust sie betrachtet. Faust will ja auch ein handge-
schriebenes, nicht im Druck veröffentlichtes Buch besitzen. Wichtig ist hier, dass Faust trotz seiner Sehnsucht
nach Naturerfahrung (V. 392–397) und seines Selbstbe-
fehls zu fliehen (V. 418) doch bloß wieder sitzen bleibt
und statt Natur ein Buch, statt Erfahrung Zeichen, statt
Unmittelbarkeit mittelbare Tradition wählt und von seiner verfluchten Lebensform nicht loskommt. (So schädlich Mephistopheles für Faust ist: er bringt ihn endlich
weg von seinem Sessel am Pulte.) Die Interpreten konnten den »geradezu albernen Widerspruch« nicht ertragen,
das »Und« (V. 419) nicht mit der Nebenbedeutung ›doch‹
lesen, und hielten Goethe für unfähig, den Widerspruch
zu erkennen, oder für zu faul, ihn zu beseitigen. Nein,
Faust meint, das Buch sei »Geleit genug« für die V. 410–
417 genannten lebenshemmenden Probleme. Er entscheidet sich hier zwischen dem Zugang zu den Geheimnissen
und zum Leben über die Erfahrungen der Natur und das
Herz als Fühlorgan einerseits und über den Geist und die

als Technik aufgefasste Magie andererseits. Er macht sich
von einer Präsentation von »Wirkenskraft und Samen« in
einer Zeichenform abhängig, die ihm dieses Buch bietet,
die ihn nicht befriedigt und zur Selbststörung seiner magischen Experimente veranlasst. Vom Gesichtspunkt des
16. Jh.s zeigt er sich als ungeduldiger, unvorbereiteter, die
Magie nur als Technik betrachtender und entsprechend
erfolgloser Zauberlehrling; vom Standpunkt des 18. Jh.s
aus fällt er zurück in die Vermittlung durch Buch und
Zeichen, statt der Unmittelbarkeit der Natur- und Men-
schenphysiognomik zu vertrauen, und wird mit einem
Teufel belastet, an den er nicht glaubt und vor dem er sich
nicht in angemessener Weise fürchtet.

423–425 *Und wenn Natur ... Geist:* Engel und Geister
sprechen zueinander durch zeichenlose Gedanken-, Bild-
und Empfindungsübertragung. Menschen haben dies
auch als ursprüngliche Anlage, müssen sie aber durch
konsequente Übung ausbilden, um untereinander und
mit Geistern auf diese Weise verkehren zu können, wie
sowohl Agrippa als auch Swedenborg lehren. Faust weiß
also auch hier nicht Bescheid und muss z. B. beim Erdgeist zeichenvermittelte Sprache verwenden.

426–429 *Umsonst ... mich hört:* Dass gute und böse Geister ständig um den Menschen schweben, ist Überzeugung
der Magier in Renaissance und 18. Jh. Ungeduldig will
Faust sich nicht informieren, mit wem ihn das Buch in
Verbindung bringt, und will nicht einmal die Unterwei-
sung durch die Natur abwarten. Das Experiment muss
unter diesen Bedingungen misslingen.

BA vor 430 *Zeichen des Makrokosmus:* Beide Figuren, Ma-
krokosmos- und Erdgeist-Zeichen, sind von Goethe erfunden; in der magischen Literatur gibt es nur Annähe-
rungen. Makrokosmos (griech., ›große Ordnung‹) ist der
Begriff für das geordnete Ganze der Schöpfung, das geo-
zentrisch (bis zur Annahme der kopernikanischen Lehre)
aus Kugelschalen (Sphären, vgl. Anm. zu V. 243–246) auf-

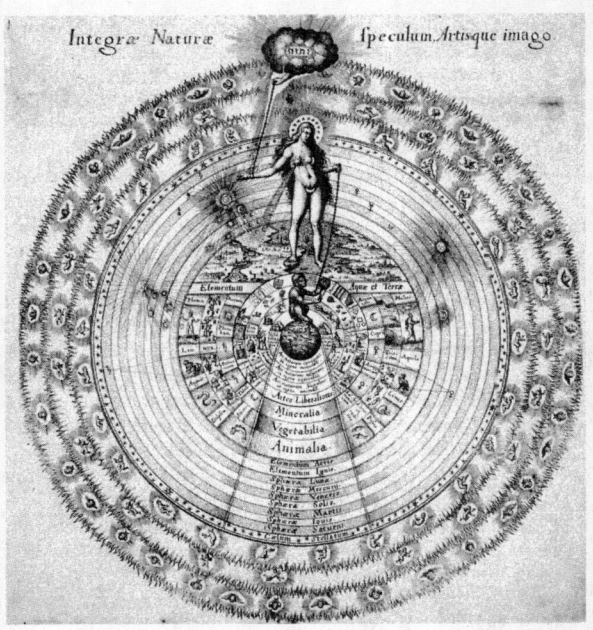

Abb. 2 Beispiel einer Makrokosmos-Darstellung, 1619

gebaut gedacht war; um die Erde als Naturbereich legten
sich die Sphären der Planeten und der Fixsternhimmel
(das sogenannte *primum mobile*, das die Planetensphären
anschiebt), um diese die Sphären der Engelshierarchien
von den Engeln und Erzengeln bis zu den Cherubim und
Seraphim um den Thron Gottes. Darstellungen dieser
Weltordnung gibt es von der Renaissance bis ins 18. Jh.
(vgl. Abb. 2), aber das magische Zeichen soll nicht wie

diese Darstellungen informieren, sondern wirken, spirituell magisch wie das Makrokosmoszeichen, oder spirituell und dann dämonenmagisch wie das Erdgeistzeichen. Die spirituell magisch verwendeten Zeichen sollen als Meditationsbilder nach Agrippa Konzentration der inneren und äußeren Sinne auf die durch sie wirkenden Engelgeister, dann Staunen, religiöse Verehrung, ekstatische Andacht, wunderwirkenden Glauben, erkenntnissichere Hoffnung und lebendig machende Liebe bewirken (zitiert FD 2, S. 120). Statt sich auf diesem Weg der Ekstasis, des Außersichgeratens Energie und Einsicht zu verschaffen, bleibt Faust ständig bei sich, reflektiert über seinen jeweiligen Zustand und dessen Veränderung (nur dadurch können wir den Fortschritt und Misserfolg des Experiments verfolgen) und schwächt sich damit durch eine Form der Introversions-Magie. Diese erscheint im 18. Jh. etwa bei Swedenborg und bei den für die Moderne charakteristischen Experimenten der Erziehung und Selbsterziehung, wo man sich ständig unter Kontrolle halten muss und den erreichten mit dem idealen Zustand vergleicht, um sich selbstmagisch weiter steigern zu können. Diese moderne magische Technik, sich bewusst mental ›aufzubauen‹, läuft der Renaissance-Technik, möglichst restlos außer sich zu geraten (griech. *ék-stasis*, wörtl. ›Aus-sich-heraus-Treten‹) und subjektlos an kosmischer Ordnung und Fülle teilzuhaben (genau: V. 614–620), diametral entgegen. – Ordnung und Fülle (griech. *plērōma*), Wahrheit und Schaffenskraft bilden zusammen die »Herrlichkeit Gottes« (vgl. Anm. zu V. 250) mit ihrer Ersterscheinung im Urelement *terra* (vgl. Anm. zu V. 384) und von da aus in der Natur als »Wirkungskraft und Samen« jedes Dings; die Differenzierungen der Dinge werden auf innere Dialektiken der Gottheit zurückgeführt (Vater, Sohn, Geist; sieben schaffende Intelligenzen, vgl. FD 2, S. 120 f.). Problematisch ist deshalb die Trennung, die Fausts Magie-Buch zwischen den Ordnungs- und den

Energieaspekt durch zwei Zeichen legt, zu deren Betrachtung man das Buch »umschlagen« muss. Von der Intention des Buches her handelt es sich um zwei Zugänge zur
selben Ganzheit, die Faust mittels der Steigerungswege
(*furores*, vgl. Anm. zu V. 430–454) auch hätte erreichen
können. Da er aber als Zauberlehrling unvorbereitet und
zwischen älterer und neuer Magie schwankend herangeht,
fehlt ihm beim Ordnungs-Zeichen der Lebens- und
Schaffensaspekt, beim Energiezeichen die Begreifbarkeit.
Der Fehltritt (griech. *hamartía*), sich der Magie zu ergeben statt sie zu beherrschen, entfaltet hier seine ersten
Folgen, indem Faust modern ungeduldig den alten ekstatischen Steigerungsweg stört oder rückständig für einen
Weg der modernen Introversionsmagie veraltete Zeichen
verwendet.

430–454 *Ha! Welche Wonne ... ein Schauspiel nur!:* Das
Zeichen wirkt sofort, und zwar nach dem Schema der
»Musenbegeisterung«. Platon hatte im *Phaidros* vier Formen des »Wahnsinns« (*manía*) unterschieden, die über
Neuplatoniker in die Spekulation der spirituellen Magie
kamen und mit den Musen, dem Dionysos, dem Apollon
und der Aphrodite/Venus und den von ihnen ausgehenden Formen der inspirierten Begeisterung (Enthusias-
mus) in Verbindung gebracht wurden. Faust wird von der
Musenbegeisterung ergriffen, die gemäß der Zahl der
Musen neun Stufen hat. (1) – (3) sinnliche Befriedigung,
körperliche Belebung (V. 430–433); (4) seelische Beruhigung und Erhebung (V. 434 f.); (5) heftige Phantasien und
Gemütsbewegungen (V. 436 f.); (6) höhere göttlich inspi-
rierte Einsichten (V. 438 f.); (7) bewundernde Betrachtung
der »Schauspiele der Weisheit« (V. 440 f., 454). Nach
Agrippa (Zitate FD 2, S. 122 f.) folgen noch (8), wo sich
der Magier der Kräftekonstellationen der Gestirne bedient, und (9), wo der Magier die Formkräfte der Schöpfung und die über die Gestirne und Elemente gesetzten
Dämonen anlocken und sich in das Leben des als großer

Organismus gedachten Universums einschwingen kann. Faust könnte also genau das Leben und die Schaffenskraft erlangen, die ihm bei dem vermeintlich bloß intellektuellen Schauspiel fehlt. Durch seine Reflexion auf sich selbst, seinen Zustand, seine Veränderung schwächt er seine Ekstasis und wird schließlich durch eine gelehrte Reminiszenz (V. 442–446) aus der Bahn geworfen.

433 *Nerv':* Sehne; Lebenskraft.

438–449 *Kräfte der Natur ... Himmelskräfte:* Faust steigert sich auch hinsichtlich dessen, was er erschaut: Kräfte der Natur, die wirkende Natur selbst, die sie beaufsichtigende Geisterwelt (die ihn an das Zitat erinnert), die einwirkenden Himmelskräfte, die Engelwelten, die sieben schaffenden Intelligenzen der Gottheit, die eigentlichen »Quellen alles Lebens« schaut er nicht. Dass sein Schauen nicht nur Erblicken, sondern Zentralschau mit Übergang des Schauenden ins Erschaute ist, zeigt neben der Enthüllung der Naturkräfte in seiner Umgebung der »Trieb«, der sich in ihm regt und der ihm »geheimnisvoll« bleibt, weil er diese Kräftigung nicht erwartet.

440 *reinen Zügen:* Linienführung der Zeichnung.

442 *der Weise:* Swedenborg, den man als »Geisterseher« hier angesprochen vermutet hat, betrachtete die »ird'sche Brust« nur als Hindernis für den Verkehr mit Geistern (Oetinger, *Swedenborg,* S. 254), kann also nicht gemeint sein. Dagegen schrieb Herder in der *Ältesten Urkunde des Menschengeschlechts:* »Komm' hinaus, Jüngling, aufs freie Feld und merke. Die urälteste herrlichste Offenbarung Gottes erscheint dir jeden Morgen als Tatsache, großes Werk Gottes in der Natur. [...] Und siehe! diese Entzückung, dies unnennbare Morgengefühl, wies scheint alle Wesen zu ergreifen [...] – wehe dem Fühllosen, der diese Szene gesehen und Gott nicht gefühlt hat! Es ist das Bild jenes Naturweisen« (KHA 5, S. 239–241); Herder zeigt damit auf den Verfasser der Schöpfungsgeschichte 1. Moses 1 als einen hinter ihm stehenden Weisen, den er

nun jedoch durch die Anregung zu unmittelbarer Erfahrung und Öffnung der Sinne für die in der Schöpfung wirksame Ordnung und Kräfte Gottes weiterschreibt. – Faust aber wird durch die moderne gelehrte Reminiszenz mitten in einem Renaissance-magischen Experiment aus der Bahn geworfen und kommt trotz genaueren Studiums (*»Er beschaut das Zeichen.«*) nicht wieder hinein.

447–453 *Wie alles … durchklingen:* »Denn gleicher weise wie auff derselben [der Jakobsleiter, 1. Mose 28,12 f.] die Engel GOttes auff und nieder steigen / also steigen die wesentlichen lebendigen Kräffte oder geistlichen Leiber der himmlischen Lichter unabläßlich von oben herab durch die ätherische Lufft zu dieser untern Welt / als von dem Haupt zu den Füßen / und hernach / wann sie ihre Auswirckung vollbracht / so steigen sie [...] wieder von unten auffwärts zu dem Haupt« (Franciscus Mercurius van Helmont 1691, zit. nach: DjG 5, S. 471). Analyse der höchst komplexen, nach der Schöpfungshieroglyphe geordneten, lebendiges Chaos (1. Triade) und personhaftes Wirken von Himmelskräften (2. Triade) im Klingen und Erklingenlassen aufhebenden Betrachtung in FD 2, S. 128 f.; das Bild der Eimerkette, wo die Personen nicht von der Stelle gehen, aber das Getragene wandert, ist bei einem Weltbild korrekt, wo an den Transport von Formen und Kräften von Gott bis in die Materie durch mehrere Seinsstufen hindurch gedacht wird, wobei die Formen und Kräfte immer materialer und konkreter werden. Das scheinbar profane Eimerbild ist wohl nach Klopstocks Ode *Die Frühlingsfeier,* Str. 2 (Erde als »Tropfen am Eimer« in der »Hand des Allmächtigen«), oder Milton, *Paradise Lost* VII,364 f. (»golden Urns« für die Sterne) konzipiert – Fausts Beschauung schafft komplexen gedanklichen Aufbau, nicht aber zusammenhängendes Vorstellungsbild und nicht leibliche Belebung. Deshalb nach dem Griff an den Baum der Erkenntnis nun Sehnsucht nach dem Baum des Lebens.

Abb. 3 Goethe: Szenenentwurf zur Erscheinung des Erdgeistes
in Apollons-Gestalt

Abb. 4 Vorstufe zu 3, getuschte Federzeichnung Goethes
(von Witkowski fälschlich als Beschwörung des Pudels bezeichnet)

Abb. 5 Jupiter (Zeus) von Otricoli (Rom, Vatikanische Museen),
von Goethe für die Darstellung des Erdgeists erwogen

455 f. *unendliche Natur ... Brüste ... Quellen alles Lebens:*
gängige Vorstellung der Natur nach dem vielbrüstigen
Kultbild der Diana/Artemis von Ephesos. Die in der Natur wirkenden Himmelskräfte und die in diesen gefassten
sieben schaffenden Intelligenzen (Jakob Böhme nennt sie
auch »Quallitäten«, daher Goethes »quellt«) heißen ebenfalls »Mütter« (Zitate FD 2, S. 131); das ist für die weiblichen Religionsvorstellungen (s. II, **D 19**) des *Faust II*
wichtig.

BA vor 460 *unwillig ... Zeichen des Erdgeistes:* Fausts Un-
willigkeit ist für den Übergang zum Erdgeist-Zeichen
eine ebenso ungünstige Vorbereitung des Magiers wie die
anfängliche Unruhe. – Auch das Zeichen des Erdgeistes
und sein Dämon ist von Goethe erfunden, wiewohl sich
die Elemente dazu in der Magie-Literatur finden. Grundlage ist die Annahme des Urelements *terra* (s. Anm. zu
V. 384) und die Annahme, dass ein Dämon damit beauf-
tragt ist, alles auszuführen, was mit diesem Urelement
nach der Schöpfungsidee der Gottheit geschehen soll,
d. h. in diesem Fall die Schöpfung des Himmels und der
Erde. Der Dämon des Urelements *terra* kann »Erdgeist«
heißen und muss dann vom Dämon des erst von ihm geschaffenen Elements Erde unterschieden werden. Goethe
hat wahrscheinlich den Namen gewählt, um Faust wieder
einmal als unvorbereitet erscheinen zu lassen, wenn er
den Dämon anredet: »Du, Geist der Erde, bist mir näher« (V. 461). Goethe nennt ihn später »Welt u Taten Genius« (FD 1, S. 608) und lässt Faust sich bis zum »unendlichen Geist« korrigieren (V. 511, 3217, *Trüber Tag. Feld,*
Z. 16 f.). Die Vorstellung eines dämonischen Herrschers
im Leib des Kosmos, der alle Veränderung darin veranlasst, findet sich in der Vorstellung der Magie vom *spiritus
mundi,* der dort die Namen »Apollo« oder »Jupiter« als
Lebensgeist trägt. Abb. 3 zeigt einen umstrahlten Apollo-
kopf als Handzeichnung Goethes für eine *Faust*-Insze-
nierung 1812, Abb. 5 den Jupiter von Otricoli, der bei ei-

ner Aufführung in Weimar 1829 einer Kolossalzeichnung des Erdgeists zugrunde gelegt wurde; Goethe suchte also durch die Nachbarschaft zum Makrokosmos-Zeichen und dann durch die Erscheinung eines allmächtigen Gottes als Erdgeist den aufmerksamen Zuschauer über Fausts selbstverschuldete Fehleinschätzung aufzuklären. – Dem Licht-Prinzip des Makrokosmos und seiner schönen Ordnung (V. 439) stellt die Magie-Tradition innerhalb der »Herrlichkeit« ein finsteres Feuer-Prinzip des Schaffens und der Zerstörung gegenüber (vgl. V. 468–471, BA vor V. 482); der Weg der Gottheit und der Schöpfung läuft vom zornig-finsteren Vater zum sanften und hellen Sohn und von da in die sichtbare Herrlichkeit (Nachweise FD 2, S. 136 f.). Kehrt die Kreatur luziferisch diese Richtung um, wird sie »böse«. Indem Faust die lichte Ordnung verschmäht und sich dem finsteren Beweger zuwendet, öffnet er dem »Teufel« einen »Zugang zu der Seele« (Oetinger, *Swedenborg*, S. 291) und schafft sich so aus der lebendigen Kraft sein eigenes Böses: Mephistopheles.

460–480 *Wie anders ... mein Herz dir hingegeben!:* Das Zeichen bewirkt zunächst wieder spirituell magische Veränderung, nun nicht mehr nach der Musen-Begeisterung (V. 459), sondern offenbar nach drei anderen Wegen in rascher Folge. Der von Dionysos ausgehenden Begeisterung entsprechen in den V. 461–463 das Bewusstsein gestärkter geistiger Kräfte, die zum nahen freien Umgang mit göttlichen Geistern befähigen, und die Beglückung mit treibender Lebensenergie »wie von neuem Wein«. Apollo, der »Weltgeist«, erhebt V. 464–476 die Seele über das Menschenmaß, »vereinigt sie mit himmlischen Wesen und Dämonen« und verleiht ihr Mut und Fähigkeit, unvorstellbare Gefahren seherisch zu antizipieren und zu bestehen. Faust verhält sich wieder falsch: er reflektiert wieder ständig auf seinen Zustand, beobachtet V. 468–476 die mit dem Orakel der Pythia verbundenen Feuer-Erscheinungen und erwartet eine Enthüllung dessen, was er nun als »Weltgeist« und als übermächtig vermuten könnte, wo er doch vor kurzem die Enthüllung der Naturkräfte (V. 438) als bloßes Schauspiel abgetan hatte. Die glühende Liebe der Venus-Begeisterung (V. 477–480) verwandelt die Seele mit Sinnen, Gefühlen, Vorstellungen, Gedanken vollständig, macht sie Gott ähnlich, bringt sie in innerste Berührung mit der Gottheit. (Zitate FD 2, S. 139 f.) Faust hat Hingabe (V. 480), aber keine Liebe; deshalb übt er Zwang auf den Geist aus, zu erscheinen, wo doch eigentlich die innere Berührung weit mehr ist als äußere Sichtbarkeit. So schraubt er, wie den Makrokosmos auf ein »Schauspiel«, den Weltgeist auf das Maß eines erscheinenden Dämons zurück, den er subjektiv nicht begreift, weil er die Liebe nicht hat, objektiv nicht, weil er in der sichtbaren Vision einen unendlichen Geist als endlichen missversteht.

470 *Die Lampe schwindet!:* wird verdunkelt oder erlischt, denn das vom Erdgeist ausgehende Feuer ist unirdische Erhellung. Im Zusammenhang der Lesung Fausts als eines »neuen Hiobs« (s. II, D 3): »Auch wird das Licht der Gottlosen verlöschen, und der Funke seines Feuers wird nicht leuchten. Das Licht wird finster werden in seiner Hütte, und seine Leuchte über ihm verlöschen. [...] Das ist die Wohnung der Ungerechten; und dies ist die Stätte des, der Gott nicht achtet« (Hiob 18,5 f. 21). In der Verkehrung der Wirkung des Erdgeistes durch Faust selbst (vgl. Anm. zu BA vor V. 460) wird klar, dass die Versuchung für den modernen Menschen er selbst ist (nicht Wegnahme von Gütern und Gesundheit wie bei Hiob, oder Angebot von Macht wie bei Jesus).

471–474 *Es zucken ... fasst mich an!:* Analogie zum Pfingstwunder Apg. 2,2–4.

475 f. *erflehter Geist. / Enthülle dich!:* »Er aber sprach: So laß mich deine Herrlichkeit sehen. Und er sprach [...]: Mein Angesicht kannst du nicht sehen; denn kein Mensch wird leben, der mich sieht« (2. Mose 33,18–23). Faust als »neuer Moses« (s. II, D 2).

BA vor 482 *spricht das Zeichen ... rötliche Flamme,* DER
GEIST *erscheint:* Damit geht Faust von der spirituellen, nur
den Geist des Magiers verändernden Magie zur Dämonenmagie über. Wie die spirituelle Magie der Renaissance etwa
in der Genielehre des 18. Jh.s ihre Neuformulierung findet, so die Dämonenmagie etwa bei Emanuel Swedenborg,
dessen *Arcana coelestia* (1749–56) neben anderen Werken
bei der Frankfurter Pietistengruppe um Susanna von Klet-
tenberg (1723–74) und deren Berater Oetinger Beachtung
fanden; Oetinger schrieb eine von Goethe geschätzte Zu-
sammenfassung der *Arcana coelestia* und beurteilte sie von
der Naturphilosophie Jakob Böhmes her. Nach Swedenborg zeigt die rötliche Flamme einen verkehrten und bösen Geist des Betrachters an (Oetinger *Swedenborg,* S. 36):
Fausts Verkehrung zeigt sich. Goethe lässt deshalb auch
den Geist im *Urfaust* (nicht mehr im *Fragment*) in »wie-
derlicher«, abstoßender Gestalt erscheinen; seine Herrlichkeit wird durch den verkehrten Blick, in den der Zuschauer einbezogen wird, verkehrt. Später, bei den Apol-
lon- oder Jupiter-Erscheinungen (vgl. Anm. zu BA vor
V. 460), entnimmt der distanziertere Zuschauer Fausts Verkehrung aus seinem Ausruf »Schreckliches Gesicht!«.

482 *Schreckliches Gesicht!:* nicht im heutigen Wortsinn als
›Angesicht‹, sondern als Vision (vgl. V. 520). Goethe orientiert sich, wohl auch schon hinsichtlich der beschriebenen vorbereitenden Erscheinungen V. 468–474, an den
Visionen des Propheten Hesekiel (Ez. 1 und 10).

484 *An meiner Sphäre lang gesogen:* Swedenborgs Geister-
lehre ist zugleich eine Lehre von deren Wirkungskreisen
oder *sphaerae activitatis:* »Es ist nemlich der Wirkungs-
Kreis gleichsam ein außer der Seele ausgebreitetes Bild«
(Oetinger, *Swedenborg,* S. 41); mit seinem Wirkungskreis
voll Sehnsucht saugt Faust an dem des Erdgeistes, dessen
Wirkungskreis ihn vertreibt (V. 496–498); Mephistopheles wirkt auf den Schüler, auf Faust, auf Margarete (vgl.
Anm. zu V. 2671).

486 *eratmend:* Faust hat sich durch die Apollo-Begeisterung (vgl. Anm. zu V. 460–480) dem Weltgeist, *spiritus mundi* (›Atem der Welt‹) angenähert, sich damit einen übermenschlichen Seelenstand erworben und kann versuchen, seine Brust »den Geistern gleich zu heben« (V. 493).

488 *Mich neigt:* Damit macht der Erdgeist darauf aufmerksam, dass er freiwillig, nicht durch Zauber gezwungen erscheint; das hätte Faust über seine Übermacht aufklären können.

490 *Übermenschen:* Durch die Venus-Begeisterung (vgl. Anm. zu V. 460–480) hat Faust sich über das Menschenmaß hinaus erhoben, allerdings nur in Geist und Seele. So ist er zwar fähig, den Makrokosmos im Geist zu rekonstruieren (V. 491, vgl. Anm. zu V. 447–453), aber nicht, mit seiner irdischen Existenz den Wirkungskreis dieses sichtbar gewordenen Gottes zu ertragen.

498 *Wurm:* vgl. V. 605, 653–655; außerdem Hiob 25,4–6: »Und wie mag ein Mensch gerecht vor Gott sein? [...] ein Mensch, die Made, und ein Menschenkind der Wurm!« (s. II, **D** 3), sowie Molière, *Dom Juan* (s. II, **D** 13), den angesichts seiner Verachtung des Ehesakraments der Diener Sganarelle implizit beschimpft: »das sieht Euch gleich, kleiner Erdenwurm, kleine Ameise die Ihr seid [...], Euch auch noch lustig zu machen über das, was alle Menschen verehren!« (I,2).

501–509 *In Lebensfluten ... lebendiges Kleid:* Gemäß der biblischen, von der Magie aufgenommenen Tradition beschreibt der Erdgeist sich als weltschöpferisches und -zerstörerisches Prinzip (»Tatensturm« – vgl. »Windwirbel«, Ez. 1). Dem entspricht ein bei Vergil, *Aeneis* VI, 724–751 beschriebenes Prinzip: »Von Anfang an nährt den Himmel und die Länder und die flüssigen Flächen und die leuchtende Kugel des Mondes und die Sonne inwendig ein Atem, und ein Geist, durch die Glieder strömend, bewegt die ganze Masse und vereinigt sich mit dem großen Leibe. Daher rührt das Geschlecht der Menschen und

Tiere und das Leben der Vögel und was das Meer [...] an
Monstren enthält. Jenen ist feurige Lebenskraft gegeben
und den Samen [vgl. V. 384!] himmlischer Ursprung«;
»Von Jupiter ist alles voll, er sorgt für die Erde« (Vergil,
Ecloga III,60 f.). Die Magie sieht diesen Weltgeist vermit-
telnd; er materialisiert, verkörpert und entkörpert die
Formideen, er verhält sich der Materie gegenüber als see-
lisch-geistiges Wesen und trägt deshalb den Zeugungs-,
Lebens- und Herrschaftsnamen »Jupiter« und den Licht-,
Ordnungs- und Harmonienamen »Apollo«. (Nachweise
FD 2, S. 147 f.) Ziel der Venus-Begeisterung wäre es gewe-
sen, *toto pectore capere Jovem*, den Jupiter mit ganzem
Gemüt zu begreifen und sich seine Doppelmacht anzu-
eignen; aber Faust hat nur intellektuelle Hingabe, nicht
Liebe der Venus-Begeisterung, will sehen und reflektie-
ren und nicht sich innerlich mit dem Weltgeist vereinigen
(vgl. Anm. zu BA vor V. 460).

503 *Webe hin und her!:* In dieser Zeile bedeutet »weben«
wie im Mittelhochdeutschen ›hin und her fahrend sich
bewegen‹.

508 f. *Webstuhl der Zeit ... lebendiges Kleid:* Mit dem Jupiter hätte Faust auch den (schon in der Antike so verstan-
denen) »Vater der Zeit« begriffen und über seine eigene
Lebensdauer entscheiden können; durch seine Wette mit
Mephistopheles, mit dem er sich ja auch statt des Erdgeistes begnügen muss, gelingt ihm zwar diese Entscheidung
über die Dauer seines Lebens (s. Anm. zu V. 1699 f.), aber
nur um den Preis der Vermeidung von Ruhe, Glück und
Freude. – Die Gewand-, Kleid- oder Schleiermetapher
für die Welt hat vielfältige Tradition (Belege FD 2, S. 149).

510 f. *die weite Welt umschweifst, / Geschäftiger Geist:* Ge-
schäftigkeit ist im 18. Jh. eine unbesonnene, entfremdende
Aktivität; sie steht der mühsamen, aber zielführenden Arbeit und der schöpferischen, freien Tätigkeit gegenüber.
Nach der Selbstbeschreibung des Erdgeists im »Tatensturm« ist »geschäftig« eine sträfliche Verkennung: Faust

meint immer noch den für die vegetativen Vorgänge auf der Erde zuständigen Dämon vor sich zu haben, nach Paracelsus' Terminologie einen Sylphen, dessen sich dann der Teufel für die Mephistopheles-Maske bedient (s. Anm. zu V. 1257 f.) und dem Faust in der Tat näher gewesen wäre. Das folgenreiche Missverständnis ist nicht Teil einer Privattragödie des Individuums Faust, sondern wie immer wieder betont auf die Unruhe, das unglückliche, zwischen Progress und Retardation schwankende Bewusstsein des neuzeitlichen Menschen zurückzuführen, der sich zum frommen Studium der Magie nicht die Zeit nimmt, sondern in der Verzweiflung über seine menschliche Begrenzung im Erkennen und Handeln nach ihr wie nach einem bereitliegenden Werkzeug greift, von dem er sich gleichwohl beherrschen lässt. Die erste tragische Entwicklung – Missverständnis, unangebrachte Hybris, Verkehrung zum Bösen, luziferischer Sturz – ergibt sich aus den konstitutiven Bedingungen des historisch gegebenen Bewusstseins und ist damit unausweichlich.

512 f. *Du gleichst dem Geist den du begreifst:* Zum Begreifen als *capere toto pectore* vgl. Anm. zu V. 501–509; es umschließt ein erkennendes, geistiges, wie ein durch innere Liebesberührung ergreifendes und ergriffen werdendes seelisches Erfassen. Zum letzteren ist Faust aufgrund seiner reflektierenden Distanz, seines unablässigen Beisichseins nicht fähig und gleicht deshalb dem aus der Ganzheit seiner Doppelnatur heraus handelnden Erdgeist nicht: »exzentrische Positionalität« des neuzeitlichen Menschen.

516 *Ich Ebenbild der Gottheit!:* In den Begriffen Spinozas sieht die Magie Gott (oder hier den Erdgeist) als *natura naturans*, einheitliches Schöpfungsprinzip aller Dinge, den Menschen als Auszug aus der *natura naturata*, also aller Dinge in ihrer Vielheit. Diesen strukturellen Unterschied in der Ebenbildlichkeit sucht die Magie mit ihrer höchsten (Venus-)Begeisterung zu überwinden. Daran ist

Faust gescheitert; sein »nicht einmal dir« (V. 517) hätte für
geringere Dämonen gegolten.

518 *mein Famulus:* der Assistent, meistens ein älterer Student.

519 *Es wird mein schönstes Glück zunichte!:* im *Urfaust:*
»Nun werd ich tiefer tief zu nichte« (UF 166). Seit dem
Fragment 1790 gibt Faust nicht zu, dass er selbst vernich-
tet ist; wenn schon, will der moderne Mensch sich durch
Selbstmord selbst vernichten (V. 719).

522–597 WAGNER. *Verzeiht! ... besprechen:* Der Assistent
gehört schon zur Faustsage; 1593 erschien das erste Wag-
ner-Buch, das ihn ebenfalls als Magier beschreibt. Bei
Goethe wird er durch »Helles kaltes Wissenschaftliches
Streben« dem genialisch vorpreschenden Faust (FD 1,
S. 608) gegenübergesetzt; seine sieben Fragen, vorange-
trieben durch Fausts mürrisch-destruktive Kritik, behandeln deshalb systematisch und chronologisch die wichtigsten Interessen der Gelehrsamkeit vom Humanismus
(wirkendes Wort) bis zur Anthropologie und dem subjektiven Idealismus des 18. Jh.s (vgl. FD 2, S. 154 f.) Wagners methodisches Fortschreiten leistet also die Verbindung zwischen den beiden Epochen, die bei Faust einander nur störend im Weg sind.

530 *in sein Museum gebannt ist:* Seit Anfang des 17. Jh.s
(markiert durch das Fernglas, 1609 aus einem holländi-
schen Modell von Galilei weiterentwickelt) zieht sich die
sich methodisch und wissenschaftstheoretisch (Francis
Bacon) formierende Wissenschaft in ihre Studierstube
(Museum) zurück und überlässt das Volk zunächst seinen
Vorurteilen, mittels derer es rhetorisch zu lenken ist.

536 *Behagen:* vgl. Anm. zu V. 37. Hauptsatz der zwei
»Wenn«-Sätze V. 535 f. ist »ihr werdet's nicht erjagen«,
nämlich die Lenkung der »Welt« (wie frz. *le monde* ›die
Welt‹ / ›die Leute‹) zum Guten (V. 531, 533).

546 *Allein der Vortrag:* Allein: aber, jedoch (vgl. V. 586).
Nach dem wirkenden Wort und dem Wort im Dienste

des Guten stimmt Wagner sein Ziel hier auf das Wort herunter, das durch seinen barocken rhetorischen Glanz dem Redner Geld und Ansehen bringt.

549 *schellenlauter Tor:* nach 1. Kor. 13,1 und der Schellenkappe des Narren.

555 *Schnitzel kräuselt:* nach Cicero, *Brutus* 75. § 262 kräuseln geschmacklose Schriftsteller schlichte Fakten mit Brenneisen in prächtige Locken. Dies habe Wagner mit den Spänen vor, die bei der Bildung der Menschheit abgeschnitzelt werden.

558 f. *die Kunst ist lang ... Leben:* nach einem Aphorismus des Hippokrates.

560 *kritischen Bestreben:* zunächst meint Wagner Textkritik, wie sie mit den Verfahren der Recensio und Emendatio mithilfe bestimmter Instrumente (»Mittel«, V. 562) seit Ende des 17. Jh.s auf der Suche nach dem ursprünglichen Wortlaut auf die lateinischen und griechischen Texte, dann auf die Bibel und schließlich mit Bayles *Dictionnaire historique et critique* 1697 auf jedes tradierte Wissen angewandt wurde. Mit dem kritischen Blick auf die Geschichtlichkeit des Wortlauts (statt bisher Sinn und Wirksamkeit des Wortes) kommt die Geschichtlichkeit des Menschen in den Blick.

571–573 *in den Geist ... gebracht:* Die Diskussion der ersten Hälfte des 18. Jh.s, ob die Alten den Modernen überlegen seien oder umgekehrt (»Querelle des anciens et des modernes«, vgl. V. 572 und 573) warf auch massiv Probleme des Verstehens auf (Hermeneutik, V. 571, 578 f.).

576 *Buch mit sieben Siegeln:* nach Offb. 5,1, dort auf die Zukunft bezogen.

582–585 *Kehrichtfass ... ziemen:* Die vergangene Epoche wird durch den Historiker und Archäologen aus Resten (»Kehricht«), durch den Philosophen aus veralteten Denkgebäuden (»Rumpelkammer«) verstanden, durch den Dichter als Stoff für veraltete Theaterstücke benutzt: Selbstbespiegelung. Haupt- und Staatsaktionen waren

Stücke im ausgehenden 17. und beginnenden 18. Jh. über spektakuläre historische Fälle; sie wurden mit Vorspiel vorgeführt (daher »Hauptaktionen«) und dienten oft dem seit dem 17. Jh. eingeführten Marionettentheater als Vorlage. Pragmatische Maximen sind vermeintlich überhistorische handlungsorientierte Sätze.

597 *mit euch mich zu besprechen:* dreifach interpretierbar: (1) gestelzt für ›diskutieren‹; (2) das Ich Wagners als Thema: nach der Anthropologie als neuem Wissenschaftsgegenstand seit etwa 1750 (V. 586 f.) jetzt die Frage nach dem Ich, dem Subjekt als Bedingung der Möglichkeit des Erkennens; (3) besprechen als magischer Akt, vielleicht Kommentar zu dem schon von Herder kritisierten »magischen« Idealismus der Subjektphilosophie. Jedenfalls ist Wagner, der mit seiner Diogenes-Laterne einen Menschen suchte (vgl. BA vor V. 522), auf den Menschen gestoßen, und wäre er ein »Wurm« (V. 605, 498, 653, 707).

598–601 *Doch morgen ... möcht ich alles wissen:* Die Zeitangabe Ostern zur Motivierung von Osterglocken, Osterspiel und Osterspaziergang wurde erst in den *Faust I* eingefügt. Das Streben Wagners, »alles« zu wissen, steht dem Streben Fausts, das Höchste oder Innerste zu erkennen (V. 382–385) komplementär gegenüber: Pansophie gegen Magia naturalis in der Terminologie der Renaissance.

614–621 *Ich ... muss ich's büßen!:* Interpretation der Makrokosmos-Vision, wo Faust sich der Weisheit Gottes, dem (schaffenden) Spiegel nah, und der Erdgeist-Vision, in der er eine der schaffenden Intelligenzen Gottes (vgl. Anm. zu V. 438–449) zu sein meinte. Deshalb auch die Betonung der Gottebenbildlichkeit (vgl. V. 516).

618 *mehr als Cherub:* Die Cherubim haben in der Engelhierarchie den zweiten Rang, darüber stehen die Seraphim um den Thron Gottes; vielleicht meint Faust auch die sieben schaffenden Intelligenzen (vgl. Anm. zu V. 614–621).

622 *Donnerwort:* wahrscheinlich Anspielung auf das Kirchenlied *O Ewigkeit, du Donnerwort* von Johann Rist (1642); wie der Mensch in diesem Lied wurde Faust auf die Begrenzung und Zeitlichkeit des Menschen mit einem »Schwert, das durch die Seele bohrt« hingewiesen.

624 *besessen;:* Das Semikolon der Drucke 1808, 1828 hat hier den Wert vom Ausrufezeichen über den Doppelpunkt bis zum Komma.

631 *jenem Drang:* vgl. Anm. zu V. 328 f.; Faust hat zwar das Gespräch im Himmel nicht gehört, kennt aber die platonische und neuplatonische Lehre vom Eros als dem unbedingten Drang, Gott zu werden oder zu ihm zurückzukehren, und fasst jetzt damit alles zusammen, »was dazu ihn trieb« (vgl. V. 3585). In die menschlichen Schranken zurückgewiesen, wird er sich jetzt des tragischen Konflikts zwischen Unbedingtheit und Beschränkung (vgl. Anm. zu V. 364) bewusst.

644 *Sorge:* Anerkennung der Sorge als »Menschenlos«, *condicio humana,* auf die Faust nach dem »Donnerwort« zurückgeworfen ist. Im Gespräch mit der Sorge V. 11432–498 verweigert Faust diese Anerkennung und leugnet, dass sein Leben insbesondere nach der Wette mit Mephistopheles auf Sorge gegründet war. Wichtig für Goethe in diesem Zusammenhang war Herders Gedicht *Das Kind der Sorge* (1787; KHA 3, S. 743 f.), aus dem er die Ambivalenz der prometheischen Tat (V. 632) kannte; Herder überträgt Prometheus als den (wörtl.) ›Vorausdenkenden‹ in »Sorge« (wichtig auch für Heidegger).

664–667 *Was grinsest du … geirret:* vgl. in Shakespeares *Hamlet* V,1 (s. II, D 9) Hamlets Anrede an den Schädel des Spaßmachers und Hofnarren Yorick.

668–671 *Ihr Instrumente … Riegel:* Zunächst werden Teile einer Influenz-Elektrisiermaschine (seit Guericke 1643), dann ein komplizierter Schlüssel beschrieben.

673 *Lässt sich Natur des Schleiers nicht berauben:* vgl. Anm. zu V. 382 f. und 501–509.

682–685 *Was du ererbt ... nützen:* V. 11459 f. macht die
Sorge klar, dass der von ihr Besessene sich nicht in den
Besitz seiner Habe setzen, also sie nicht nutzen kann.
Könnte, wie es der Erdgeist im Kosmos leistet, die Energie des Drangs das Vorhandene – Besitz, Erbe, Tat – in jedem Augenblick vollständig sich aneignen, ein- und um-
schmelzen, hemmten keine Last und Sorge den Eros; Zeit
und Existenz wären auf den Augenblick und seine Bewäl-
tigung konzentriert, Faust wäre Gott. Jeder Eindruck, einen solchen Augenblick zu erleben, wäre Täuschung
(deshalb wettet er dann darauf, ihn nie zu erleben); dennoch macht er ihn hier zum Ziel seines Strebens.

690 *Phiole:* bauchiges Glasgefäß der Chemiker und Apotheker.

692 *Menschenwitz:* menschliche Intelligenz (»Witz« in der
älteren Bedeutung des Wortes: Verstand).

696 *Ich sehe dich, es wird ... gelindert:* Allein durch den
Anblick des hochkonzentrierten Opiums tritt schon die
schmerzlindernde Wirkung ein. Auch die folgenden Wirkungen der Beruhigung und der Halluzinationen V. 699–
703 stellen sich spirituell magisch nur durch die Imagination der Einnahme des Opiums ein.

700 *Spiegelflut:* vgl. V. 614–617 und 1076–89.

702 *Feuerwagen:* ambivalent; entweder der Feuerwagen,
mit dem der Prophet Elia in den Himmel gehoben wird
(2. Kön. 2,11), ebenso triumphierend Jesus bei Milton
(*Paradise Lost* III, VI, VII), oder derselbe Feuerwagen,
der in Ariostos *Orlando Furioso* XXXIV,68 ff. (s. II, **D 7**)
den Grafen Astolfo zum Mond bringt, wo er allegorische
Darstellungen des menschlichen Wahns, der Vergeblich-
keit alles Strebens, der Eitelkeit aller irdischen Größe zu
sehen bekommt: die Feuerwagen-Vision kann zur Erfüllung oder zur Sinnlosigkeit führen.

708 f. *kehre nur ... Rücken zu:* Situation wie am Anfang
von *Faust II*, wo Faust allerdings nicht entschlossen, sondern vom Augenschmerz gezwungen der Sonne den

Rücken kehrt. Beide Situationen widersprechen der Anfangssituation von Dantes *Divina Commedia* (s. II, D 6;
auch Astolfos Feuerwagen ist eine Parodie von Dantes
Dichtung); damit wird eine vor allem für den Zweiten
Teil wichtige intertextuelle Beziehung markiert.

713 *Manneswürde nicht der Götterhöhe weicht:* Kaum
durch das Donnerwort »hinweggerafft« (V. 622), ist Faust
wieder obenauf und sieht in der Freiheit der Selbsttötung
eine Möglichkeit, Würde zu beweisen (vgl. Schiller, *Über
das Pathetische*, 1793), auch gegen den Erdgeist, den er
(zu spät, aber schon hier) in den Rang der Götter setzt.

715 *Phantasie zu eigner Qual verdammt:* Nach Swedenborg bereiten sich die toten Seelen durch ihre eigenen
Phantasien und Begierden die Hölle (Oetinger, *Swedenborg*, S. 66–97), die nicht in abgesondertem Raum, sondern hier auf Erden ist und durch magische Grenzüber-
schreitung betreten werden kann (wichtig für *Walpurgisnacht* und den Zweiten Teil).

719 *Und, wär es mit Gefahr, ins Nichts dahin zu fließen:*
Durch das Komma (so 1808, 1828) entstehen zwei Lesarten: (1) ›und wenn ich dabei auch möglicherweise ins
Nichts gehe‹ (statt in die erhoffte Tätigkeit); das Komma
zeigt dann nur eine Pause des Nachdenkens an (2) ›und
auf jeden Fall ins Nichts zu gehen, wenn auch auf gefahr-
volle Weise‹. Fausts Gedanke, durch Selbsttötung »den
Erdensohn« (V. 617) und auf diese Weise
»schaffend, Götterleben zu genießen« (V. 620, 705), also
die nicht erreichten magischen Ziele gewaltsam zu erreichen und durch Tod Gott zu werden, bringt ihn mit der
Alternative des Nichts und der Ungewissheit darüber in
die Nähe des *Hamlet*-Monologs »To be or not to be«
und eröffnet damit eine für den *Faust* entscheidende intertextuelle Beziehung (s. II, D 9). Bei Faust ist allerdings
zwischen »unbedingtem« Drang und individueller »Beschränkung« nicht die Gesellschaft eines Staates, sondern
der Mensch selbst »out of joint« und macht *Faust* zur ab-

soluten Tragödie. Bereits mit dem Pokal als Erinnerungsstück und dann der Kindheitserinnerung kündigt sich der Weg durch die Geschichte (s. II, **D 22**) als in kleineren Tragödien verlaufender Kompromiss als ›Lösung‹ an.

729 *Erinnert mich:* Beginn der Selbsterlösung (vgl. V. 11805 f.) durch den Blick auf und den Weg in die eigene Geschichtlichkeit. – Die Praxis des Gesellschaftsspiels der Bilderklärung, an die Faust sich anhand des kunstvoll geschliffenen Pokals erinnert, lässt sich im 17. Jh. nachweisen (Warncke 1982).

737 *Christ ist erstanden!:* erste Zeile des aus dem 12. Jh. stammenden Osterlieds, das in den spätmittelalterlichen Osterspielen als Gemeindelied (nicht wie hier Lied der Engel) gesungen wurde. Mit dem Besuch der Marien am Grab, dem Jubel der Engel und der Bestätigung der Auferstehung durch die herbeigeholten Jünger hat Goethe die Kernszenen dieser Spiele aufgenommen, lässt aber Faust die Botschaft nach einer »pelagianischen« Auffassung des Christentums ›zurechthören‹, die keine Erbsünde annimmt (»erblichen / Mängel«! V. 740 f.) und deshalb keine Erlösung durch transzendente Einwirkung braucht, sondern den Menschen vor die Aufgabe der Selbsterlösung vom Bösen (V. 11805 f.) stellt. Jesus wird deshalb als erhabener Mensch (V. 787) und »Meister« (V. 796, 806) gesehen. Die Verse erscheinen wieder am Ende des 5. Akts im Zweiten Teil. Zu Goethes Pelagianismus vgl. HA 10, S. 43 f. (*Dichtung und Wahrheit*, 15. Buch).

743 *Zieht mit Gewalt:* Magie des christlichen Rituals tritt den anderen Magien dieser Szene wirkungsvoll gegenüber. Erste Erscheinung des Ziehens, das sich mit vielen Varianten als Gegenprinzip zum Drang und Streben durch den *Faust* hindurch manifestiert und sich mit dem drängenden Prinzip (»hinan«!) am Ende (V. 12110 f.) zur Synthese verbindet.

750 *Hatten wir:* Einbalsamiert (mit »Spezereien« wie Myrrhe, Weihrauch, Harzen, Ölen) und in Tüchern bestattet

wurde der Leichnam Jesu nicht von den Marien; diese kamen erst am folgenden Tag mit Salben.

759–761 *betrübende ... Prüfung:* Leben als Trübung, vgl. V. 12074 und Anm. zu V. 2 und 309. »Übung« ist ein pietistischer Begriff zur Rechtfertigung hiesigen Leids als seelische Kräftigung und Persönlichkeitssteigerung. »Prüfung« ebenfalls pietistisch zur Rechtfertigung des Leides zwecks Prüfung der Standfestigkeit des Glaubens (vgl. das Wort »leidgeprüft«).

765 *Botschaft:* wie »holde Nachricht« V. 768 Umschreibung von »Evangelium« (griech. *euangélion* ›frohe Botschaft‹). Die Glaubenslosigkeit Fausts ist von Anfang an klar, nur wird sie statt des Trotzes hier sentimentalisch als Fehlen des Glaubens besprochen und den Erinnerungen an die Jugend entgegengesetzt, wo Glaube und Gebet, Himmelsliebe und Liebe des Kindes, Ahnung und Sehnen (also Glaube, Liebe, Hoffnung) noch gegeben waren. Jetzt fehlt der Glaube, die beiden andern werden sentimentalisch erinnert.

779 *Dies Lied:* das Osterlied »Christ ist erstanden«.

780 *Frühlingsfeier:* vielleicht Anspielung auf Klopstocks Ode *Die Frühlingsfeier* und ihre Naturfrömmigkeit.

790 *Schaffender Freude nah:* Jesus, der schon als Mensch Erhabene, steigert sich in seiner Auferstehung weiter und ist schon dem nahe, was Faust in seiner Magie vergeblich versuchte: Schaffen des Erdgeistes, Freude (V. 436) des Makrokosmos, vgl. V. 614–621. Insofern ist er auch »Meister« Fausts.

793 f. *Ließ er ... zurück:* Bedeutung: ließ er uns, die Seinen, hier schmachtend zurück.

796 *Meister:* häufige Anrede Jesu in den Evangelien, Luthers Übersetzung von »Rabbi« (hebr., wörtl. ›mein Lehrer‹); gemeint ist der auf Erden Lebende und Lehrende.

Vor dem Tor

Entstehung zwischen 1798 und 1801 wohl im Zusammenhang der Diskussion um *Wallensteins Lager* mit Schiller, das ein »Charakter- und Sittengemälde« werden sollte, »um auch wirklich eine gewisse Existenz zu versinnlichen, und [...] über der Menge der Figuren und einzelnen Schilderungen dem Zuschauer unmöglich [zu machen], einen Faden zu verfolgen und sich einen Begriff von der Handlung zu bilden, die darin vorkommt« (Schiller an Goethe, 18.9.1798). Wie es dort dem Zuschauer erst hinterher klar wird, dass die Stimmung im Lager Wallenstein in seiner Handlungsfreiheit entscheidend einengt, so soll es auch bei Goethe dem Zuschauer erst in *Studierzimmer I* klar werden, dass das Volk mit seiner ›Auferstehung‹ zum »Mensch«-Sein in der vom Eise befreiten Natur sich tatsächlich das »ins Haus« holt (V. 1655), was bisher als der Teufel gefürchtet und gemieden war. Faust, der sich zu diesem Mensch-Sein ebenfalls bekennt, nimmt dann als Repräsentant des Volks den Pudel, die dressierte Natur und das darin lauernde Böse, mit sich in die Stadt. Die Szene ist damit auch skeptische Parodie von Schillers kulturphilosophischem Optimismus in dem Epigramm *Das Tor* (»Schmeichelnd locke das Tor den Wilden herein zum Gesetze, / Froh in die freie Natur führ' es den Bürger heraus«), das im *Musen-Almanach für das Jahr 1798* veröffentlicht worden war. Goethes »Charakter- und Sittengemälde« zeigt zunächst die Bürgerwelt in ihrer sozialen Schichtung von den gutsituierten Bürgern bis zu den Mägden, der Hexe, dem Bettler; mit den Soldaten ist das diese Ordnung durchkreuzende und potenziell zerstörende Element einbezogen. Mit dem Besuch im Dorf ›regrediert‹ Faust kulturhistorisch in das, was ihm »des Volkes wahrer Himmel« zu sein scheint, wo aber das Schäferlied der Bauern von einem »wahren Himmel« sexueller Freizügigkeit auf einer noch »natürlicheren« Kulturstufe träumt.

Die Szene ist aus mehreren Teilszenen aufgebaut: (1) Die hinausstrebenden Bürger; (2) Faust und Wagner; (3) Bauern unter der Linde, Faust und Wagner dazu, Verehrung; (4) Rast auf dem Stein; (5) Heimweg, unterwegs der Hund. Die Umkehrung der Raum- und Lichtregie gegenüber *Nacht* ist deutlich. Der ›Auferstehung‹ der Bürger aus mittelalterlicher Enge entsprechend wird die literarische Zitatenreihe (s. II, **D 26**) chronologisch fortgesetzt: Gesellschaftsrevue (Gattungszitat des Maskenzugs der italienischen Renaissance), Soldatenlied nach einem Muster des 16./17. Jh.s, Schäferlied nach der Schäferdichtung des 16./17 Jh.s.

809 *Jägerhaus:* mit Gerbermühle, Wasserhof, dem Dorf Bergen (»Burgdorf«), dem Main und den Höhen des Taunus identifizierbar als Umgebung Frankfurts am Main, das auch wegen seiner »Straßen quetschender Enge« berüchtigt war. Frankfurt, schon von Luther als »sylber und gollt loch« bezeichnet, eignet sich auch als Paradigma für die Emanzipation in die Neuzeit und für die Einholung eines Mephistopheles, der insbesondere mit Kapital assoziiert wird (vgl. Anm. zu V. 2510).

824 *Plan:* geebneter (Tanz-)Platz.

828 *Dirnen:* Mädchen (vgl. Anm. zu V. 2619).

829 *Herr Bruder:* studentische Anrede im 18. Jh.; der erste Schüler (d. h. Student) ist durch Redeweise und Geschmack noch als »Renommist«, angeberischer, duell- und trinkfreudiger Studententypus bis ca. 1790, gekennzeichnet, der zweite gehört einer empfindsam-romantischen jüngeren Generation an.

837 *niedlich:* im Sinne von ›zierlich, reizend‹ ein Wort des 18. Jh.s

845 *karessieren:* nach frz. *caresser* ›liebkosen‹; ironischer Bezug zwischen feinem Wort und rauer Hand der Magd (vgl. V. 3081 f.).

857 *Nur der ist froh, der geben mag:* vgl. 2. Kor. 9,7: »Einen fröhlichen Geber hat Gott lieb.«

872 *das schöne junge Blut!:* auffälliger Wort- und Reiman-
klang an die Hexenrede bei Margarete V. 2798 f.; da deren
Stadt erst nach einer Reise Fausts erreicht wird, ist sie natürlich nicht eins der Bürgermädchen in *Vor dem Tor*:
hier wie dort deutet »Blut« auf Kraft und Jugendfrische,
zugleich auf den »Erdgeist«-Aspekt des Satansreichs.

878 *in Sankt Andreas' Nacht:* Nach altem Volksglauben
kann man in der Andreasnacht (vom 29. auf den 30. November) im Zauberspiegel (»im Kristall«) oder auf andere
Weise das Bild des künftigen Geliebten erblicken.

884–902 *Burgen ... davon:* Muster dieses Soldatenlieds ist
vielleicht der bei Herder, *Volkslieder* I,2,18 (KHA 3,
S. 152 f.) abgedruckte *Schlachtgesang* von 1626; inhaltliche
Nähe zum Reiterlied am Ende von *Wallensteins Lager*.
Auch Molières *Dom Juan* I,2 setzt Eroberung von
Frauen und Festungen gleich und bekennt seinen »Ehr-
geiz der Eroberer«.

905 *grünet Hoffnungs-Glück:* Das Vorfrühlings-Grün wird
durch dieses artifizielle Bild nicht nur mit Hoffnung,
sondern gleich mit dem Glück über deren Erfüllung assoziiert. In dieser Rede entfesselt sich auch Fausts Phantasie und wird überschwänglich: Sonne als Gärtnerin, die
Menschen als Blumen verwendet; »Auferstehung« aus
räumlichen und gesellschaftlich-intellektuellen Fesseln;
triebhafte Motivationen der Spaziergänger und tobenden
Dorfbewohner als wahres Menschsein.

938 *des Volkes:* Dass Faust hier wie Herder mit den *Volksliedern* den Volksbegriff mit wahrem Menschsein identifiziert, verkennt die tatsächlichen Motivationen der Bürger und Bauern und entlarvt Herders Humanitätsreligion
als weltfremde Schwärmerei.

939 f. *Zufrieden jauchzet ... darf ich's sein:* Weder die Anführungszeichen, in die manche Ausgaben V. 940 setzen,
noch der Punkt nach V. 939 entsprechen der Textvorlage,
die nur Doppelpunkt hat. Daraus ergeben sich zwei Lesungen: (1) das Volk jauchzet: »Hier bin ich Mensch ...«;

(2) das Volk jauchzt; Faust bekennt im Blick auf alles, was er jetzt erlebt: »Hier bin ich Mensch ...«. Nach dem Bestreben in *Nacht*, »Übermensch« zu sein, sind seine Ansprüche damit deutlich gesunken und bleiben angesichts der Exemplare der Gattung Mensch sogar ›unter Niveau‹.

949–980 *Der Schäfer ... Fiedelbogen:* Die erste Zeile dieses Liedes wird bereits in *Wilhelm Meisters theatralische Sendung* IV,13 und in *Wilhelm Meisters Lehrjahre* II,11 zitiert, wo Philine das Lied singt; der Erzähler teilt es den Lesern nicht vollständig mit, »weil sie es vielleicht abgeschmackt oder wohl gar unanständig finden könnten« (HA 7, S. 130). Die Bauern sind nicht »Volk« im idealen Sinne, sondern Glieder einer strengen sozialen Hierarchie, die sich in der Untertänigkeit dem (schlechten) Arzt Faust gegenüber ausdrückt und von der sie sich durch arkadisch-freizügige Vorstellungen und »Getümmel« (V. 937) imaginär emanzipieren.

1021 *Venerabile:* die in der katholischen Prozession mitgeführte Monstranz mit geweihter Hostie.

1037 *Mit grillenhafter Mühe:* Faust betrachtet hier schon die theoretischen Grundannahmen der Alchimie seines Vaters als »Grillen«, d. h. wissenschaftlich haltlose Vorstellungen, wo er noch in *Nacht* in die Grundannahmen der Magie plötzlich ohne seinen radikalen Skeptizismus zurückgefallen war. Die Rezepte der Alchimie waren metaphorisch verschlüsselt und oft anthropomorph vorgestellt (vgl. den Begriff »Wahlverwandtschaften«); ohne genaue Vorstellung der chemischen Vorgänge wollte man nicht Verbindungen von Elementen herstellen oder auflösen, sondern Eigenschaften wie Goldfarbe und Unangreifbarkeit durch Säuren von einer neutral gedachten Trägermaterie ablösen und entweder in konzentrierter Form gewinnen (Tinktur, Elixier, Auszug, vgl V. 694) oder auf andere Stoffe übertragen. In Fausts Beispiel wird rotes Quecksilberoxyd mit weißer Salzsäure durch verschiedene Verfahren zur Verbindung angereizt, aus der dann mit bunt schillerndem Niederschlag an der Wand des Glaskolbens ein neuer Stoff mit Heilwirkung hervorgehen soll.

1038 *Adepten:* die in eine Geheimwissenschaft (hier: Alchimie) Eingeweihten.

1050 *Latwergen:* dick eingekochte Flüssigkeiten (z. B. Lakritze).

1055 *die frechen Mörder:* In Agrippa von Nettesheims *De incertitudine et vanitate omnium scientiarum et artium* (Kap. 23) heißen die Ärzte »teure Mörder«; Goethe kannte das Buch schon als Kind (vgl. Anm. zu V. 364).

1057–63 *Tut nicht ... gelangen:* vgl. V. 682–685. »In den Wissenschaften ist es höchst verdienstlich, das unzulängliche Wahre, was die Alten schon besessen, aufzusuchen und weiterzuführen« (*Maximen und Reflexionen* 398; HA 12, S. 418). Goethe steht durchaus nicht hinter der genialisch sprunghaften, ungerecht kritischen und wissenschaftlich unfruchtbaren Erkenntnisform Fausts.

1068 *dieser Stunde schönes Gut:* erste Verwendung des Begriffs der Schönheit durch Faust: die schöne Welt als Gegenstand der Kontemplation (V. 1070). Sie führt auch gleich zu einem Aufstieg zur intelligiblen Schönheit, indem Faust zweimal in dieser Szene (V. 1070 f., 1154 f.) in der physiologischen Ausstattung des Auges die Veranlagung zur Ergänzung von Farbe zur Totalität des Lichts, von Finsternis zum Licht entdeckt und damit im Irdischen das eher erreichbare Ziel seines Strebens nach höchster Erkenntnis und Schaffenskraft (später: »Helena«) findet. Dass Faust sich der Flüchtigkeit »dieser Stunde« bewusst ist, zeigt die Bedingung der raumzeitlichen Welt, der Faust mit seinem niedriger gesteckten Ziel sich nun aussetzt.

1070 f. *in Abendsonne-Glut / Die grünumgebnen Hütten:* Faust erfährt die »Forderung« der Komplementärfarbe Grün durch den Purpur der Hütten (HA 13, S. 340–343; *Zur Farbenlehre. Didaktischer Teil*): entweder wird durch das Auge ein grüner Schatten oder Rand erzeugt oder das vorhandene Laubgrün erscheint »unendlich schön«. Die Komplementärfarbe ergänzt den Farbkreis zur »Totalität« und ist mithin die harmonische Erfahrung des durch »Trübung« aus dem ursprünglich reinen Licht Hervorgegangenen, welches das Auge durch seine physiologische Beschaffenheit so ergänzt, dass das »Geschaute« auf die ursprüngliche reine Einheit zurückweist (vgl. noch einmal V. 4721–27). Faust wird also nicht mehr »so licht« (V. 439), sondern er sieht durch Beimischung von Finsternis entstandenes Rot und muss aus sich durch Beimischung von Finsternis entstandenes Grün ergänzen, um »Licht« ahnen zu können: das Prinzip der Finsternis, Mephistopheles (V. 1350), ist im Rot des Objekts und im subjektiv-ergänzten Grün notwendig enthalten und wird mithin schon vor dem Ruf nach technischen Hilfsmitteln (V. 1099 f., 1122) aktiviert. Mit dem Sehen, in dem Finsteres ist, und dem Betrachten (V. 1070), das Reines ahnt, ist die Spaltung Fausts in zwei Seelen vorweggenommen; mit der Konzentration auf Erfahrung des Hiesigen entfaltet sich eine neue Erkenntnisform (Empirie): die Abhängigkeit von Zeit und Raum objektiv (deshalb der Technikwunsch) und subjektiv (deshalb das Gespräch über lebenserhaltende Medizin) – »die Erde hat mich wieder« (V. 784).

1085 *der neue Trieb:* Nach dem Scheitern des Erdgeist-Experiments hat Faust den »Drang« nach Übermenschentum, Gottebenbildlichkeit in Erkenntnis und Schaffenskraft (V. 631) schon bezweifelt. Nun entdeckt er eine neue Variante des »dunkeln Drangs« (V. 328), nämlich das Streben nach dem Schönen als dem Ewigen, Einen und Reinen, sofern es sich im Irdischen als Schönes, als Totalität des Farbkreises usw. zwar durch Finsternis getrübt, aber durch den Menschen zur Harmonie ergänzbar zeigt. So entwirft Faust in der Sonne eine neue Göttin des Irdischen und ist sogleich wegen ihres Verschwindens genötigt, Wünsche nach technischen Mitteln zur schnellen Durchmessung des Raums (V. 1074, 1091) und zur Aufhebung menschlicher Lebenszeitbegrenzung (V. 1075) zu entwickeln. Wie die Farben nicht ohne Finsternis, so kommt auch die neue Religion nicht ohne das verneinende Prinzip aus, das diese Wünsche erfüllen muss.

1094–99 *Wenn über uns ... strebt:* drei mythologische Vögel – die Lerche weist in den Uranfang, der Adler herrscht als Zeusvogel jetzt, der Kranich strebt als dichterischer Apollonvogel die zukünftige Heimat an. Der Zeitbezug der Tiere spiegelt noch einmal das Faust jetzt bedrängende und schon die ganze Szene durchziehende Problem der Zeit.

1106–09 *Da werden ... nieder:* Schönheitsbegriff und Buchreligion Wagners.

1110 *nur des einen Triebs bewusst:* Beide Triebe wirken also auch in Wagner, nur nicht mit gleicher Stärke.

1112 *Zwei Seelen:* Die Vorstellung von den zwei Seelen-Rossen findet sich schon bei Platon, *Phaidros* 246a/b, 247b–e, 253d–254e. Bei Goethe ist gegenüber dem einfachen Modell Platons die »Erdgeist«-Seele passiv und organisiert, die »Makrokosmos«-Seele gewaltsam und aktiv (s. FD 3, S. 276–290). Dieser partielle Wesens- und Funktionstausch geht wohl auf die Anthropologie Marsilio Ficinos zurück, der den Menschen als Vermittler zweier Welten konzipiert und deshalb die Verschränkung von »oben« und »unten« schon in der Seele angelegt sieht. Herder hatte Goethe auf Ficino hingewiesen und die eigene Anthropologie an ihm orientiert.

1116 *Dust:* Staub (vgl. engl. *dust*).

1117 *hoher Ahnen:* wahrscheinlich die in der antiken Dämonologie zwischen Dämonen und Menschen angesetzten Heroen, den Vorbildern der Menschen an Macht, Schönheit und Tugend (vgl. V. 3238).

1118 f. *Geister in der Luft ... herrschend weben:* zunächst Luftdämonen (in Paracelsus' Terminologie »Sylphen«),

Elementargeister, wie Faust auch beim Erdgeist vermutet (vgl. BA vor V. 460), und die ihre Herrschaft auftragsgemäß nutzend und schadend durch Hin- und Herbewegungen der Luft (»weben«, vgl. V. 503) ausüben. Der Theologe Faust kennt auch Paulus' Warnung vor dem Teufel und bösen Geist, der in der Luft, zwischen Erde und Himmel herrscht (Eph. 2,2; 6,12, vgl. V. 10091–94), und weiß deshalb, wer gegebenenfalls seinem Ruf folgt. Der Wunsch nach technischer Erweiterung des menschlichen Daseins lässt sich nur mithilfe des Prinzips erfüllen, das bisher »Teufel« hieß und das Faust nun als »Kern« der dressierten Natur (V. 1323) mit in sein Haus nimmt und dessen entschiedenen Modernisierungsprozess (z. B. V. 2495 f.) Goethe verfolgt.

1141 *englisch:* wie Engel, vgl. die Geisterchöre im Dienst des Mephistopheles, die Faust ähnlich wie die Hexen den Macbeth (s. II, **D** 11) mit zweideutigen magischen Versprechungen zur Usurpation eines Reiches verlocken. Bei Macbeth nur ein Königreich, ist es bei Faust das Reich Gottes, vgl. den 5. Akt des Zweiten Teils.

1157 *bei euch wohl Augentäuschung:* Bei Schwarz und Weiß beobachtet Goethe in der *Farbenlehre* dieselbe Erzeugung komplementärer Nachbilder (HA 13, S. 332–337) wie bei den Farben (vgl. Anm. zu V. 1070 f.). In den Nachträgen zur *Farbenlehre* 1822 erzählt er, er habe in der Dämmerung einmal selbst einen schwarzen Pudel (großen zottigen Hütehund) vorbeilaufen sehen, »der einen hellen Lichtschein nach sich zog«, und zitiert die Verse 1147–57 aus dem *Faust* »in Scherz und Ernst«. Damit wäre der »Feuerstrudel« auf ein physiologisches Phänomen entschärft, wenn auch mit derselben Implikation wie V. 1070 f., dass der Mensch in seinem komplementären Sehen der objektiven Trübung neben dem Licht aus seinem Innern subjektive trübende Finsternis entgegensetzen muss; Faust sieht deshalb nicht ein weißes, sondern ein rotes Nachbild. Indem aber Wagner behauptet, nichts zu sehen, und eine »Augentäuschung« bei Faust vermutet, kommt die optische Erklärung wieder ins Wanken: Goethe lässt in der Schwebe, ob der teuflische Anteil im Hund den Feuerstrudel erzeugt, den Wagner mangels Fühlfähigkeit dafür nicht sieht, oder ob Faust mit seiner physiologischen Ergänzung die Finsternis im Nachbild erst selbst hinzubringt – ob also Mephistopheles von Faust ›gerufen‹ wird und kommt (V. 1118), oder ob er von Faust, sobald er sich dem Irdischen zuwendet, physiologisch ›produziert‹ wird. Jedenfalls lässt Faust sich im Moment mit Wagners pseudowissenschaftlicher Erklärung abspeisen; die Aufklärungswissenschaft erfasst nicht die (hier dämonische) Beschaffenheit der Dinge, sondern verhüllt sie und lässt das einst in seiner ganzen Gefährlichkeit Erkannte und Gefürchtete bekannt, bewältigt, eingeordnet, beherrschbar erscheinen.

1166 *Geselle dich zu uns! Komm hier!:* Einladung, Fausts Wohngefährte zu werden; Beziehung zu V. 342, 1241, 3470. Invers deutliche Beziehung auf V. 4611 »Her zu mir!«

1173 *alles ist Dressur:* Der Pudel (wörtl. ›Wasserhund‹, vgl. noch »pudelnass«) mit Feuerstrudel, dem Ruf nach Luftgeistern folgend und in »Saat und Stoppel« erscheinend repräsentiert die organische Natur aus vier Elementen, deren sich das seither als Teufel gesehene finstere negative Prinzip zur Erscheinung bedient und in der Dressur seine Spur so tilgt, dass sie nicht mehr zu finden ist (V. 1172 f.). Die vom Menschen beherrschbar gemachte Natur erscheint ihm harmlos, dienstfertig und als »trefflicher« Begleiter. Die Anthropomorphie-Falle, die der Mensch sich mit seiner Kultivierung und Domestizierung selbst stellt, indem er sich die Gefährlichkeit und Fremdheit der befreundeten und technisch genutzten Natur nicht mehr bewusst macht, verdeutlicht Goethe mit dem Hervorgehen des Teufels aus dem harmlosen Hund. Umgekehrt kann man argumentieren, dass das menschenzugewandte

Bild, das die Dressur der Natur aufnötigt, das denaturierend Teuflische darin ist, das dem Menschen als Negativ seiner selbst daraus entgegenkommt. Die Analogie zu den Komplementärfarben (vgl. Anm. zu V. 1070 f.) legt nahe, dass objektive und subjektive Finsternis in »Mephistopheles« Gestalt annehmen, sobald der Mensch sich dem Irdischen und seiner eigenen raumzeitlichen Existenz zuwendet.

1177 *Skolar:* mittelalterlicher Ausdruck für einen Studenten (mittellat. *scolaris* ›zur Schule gehörig‹); der Hund ist also Student des Studenten.

Studierzimmer I

Möglicherweise bezeichnet Goethes Nachricht an Schiller: »Der Teufel, den ich beschwöre, gebärdet sich sehr wunderlich« vom 16.4.1800 den Zeitpunkt der Entstehung der Szene. Vorbereitet durch Fausts Wendung zum Irdischen und zum Menschsein mit ihren »Trübungen« durch das Prinzip der Finsternis, vorbereitet durch das Problem der begrenzten Lebenszeit und des unbewältigten Raums entstehen Wünsche nach Naturbeherrschung und Technik, die Mephistopheles mit seinem Dienstangebot V. 1322 sogleich zu erfüllen verspricht, oder: Goethe löst das durch die Faustsage aufgegebene Problem, den Teufel einem Zuschauer um 1800 plausibel zu machen und damit endlich die »große Lücke« (an Schiller, 3. April 1801) des *Urfaust* zu schließen, indem er die alte Teufelsvorstellung zu modernisieren beginnt und die Äquivalente der Funktionen des christlichen Teufels von der Technik bis zum Kapital aufsucht, Mephistopheles aber ironischerweise größten Wert darauf legen lässt, dass er der Teufel ist und es am Festtag auch zeigt (V. 4060–65). Mit den alten magischen Mitteln, über die er wegen dieser ambivalenten Modernität/Rückständigkeit noch verfügt, gelingt es Mephistopheles deshalb auch, sich aus der Falle zu retten, in die er bei Faust wegen

dessen altertümlichen, aber schon schlampig gezeichneten
Pentagramms gerät. Modern gesehen wird die dressierte
Natur (Pudel) mit den ihr innewohnenden positiven und
negativen (früher verteufelten) Kräften wegen ihrer men-
schenzugewandten Erscheinung in den engsten Bereich des
Menschen geholt und dort durch die aufgeklärte Frömmigkeit, systematische Anthropomorphisierung und furchtlose
rationale Behandlung (z. B. V. 1379–84) gefesselt, bis die
Natur im Menschen selbst sich der Vernunftkontrolle ent-
zieht und die asketische Aufklärung durch die sinnlichen
Wunschträume der Anakreontik einschläfert. Dann kann
die ungezähmte Natur (Rattenzahn) die Fessel zerstören.
Die Szene ist folgendermaßen aufgebaut: (1) Fausts aufgeklärte Frömmigkeit, gestört vom Pudel; (2) Übertragungs-
versuch; (3) Beschwörung des Pudels mit alter Magie; (4)
Mephistopheles in Menschengestalt, vom Magischen her
fahrlässige Behandlung des negativen Prinzips; (5) Mephistopheles offenbar doch durch veraltete Magie zu binden, die
damit wieder aufgewertet wird; (6) der Geisterchor erweckt
die unterdrückte Natur in Faust; (7) Neudefinition Mephistos, Wirkung des Traums auf Faust. – Metrisch ist die Szene
außerordentlich reichhaltig: (1) Engelstrophen aus dem *Prolog im Himmel*, unterbrochen durch in Madrigalvers ge-
sprochene Zurechtweisungen des Pudels, der eine dritte
Strophe verhindert; (2) Madrigalvers; (3) unruhiges Madri-
gal-Metrum, durch Kurzzeilen den Beschwörungs-Versen
angenähert; (4) und (5) Madrigalvers, der nun in Mephistopheles gewissermaßen den authentischen Sprecher gefunden
hat; (6) zweihebige schwingende Kurzzeilen anakreontischer Dichtung, die mit dem Geistergesang auch zitiert
wird; (7) Madrigalvers. – Raum und Licht: die Zelle mit der
freundlichen Lampe (V. 1195) als Schutzraum vor dem äußeren Grauen, in den das Grauenhafte eingedrungen ist, in
täuschend anthropomorpher Gestalt darin festgehalten wird
und sich durch Aktivierung unkontrollierter Natur den fes-
selnden Raum real und imaginär öffnet. – Literaturzitate

aus dem 18. Jh. (s. II, **D 26**; III, **T 7**): Fausts Lied knüpft an
Gellerts Lied *Die Ehre Gottes aus der Natur* an und kann
auf seine Melodie gesungen werden, die Geister singen ana-
kreontisch.

1178–85 *Verlassen ... regt sich nun:* natürliche Entstehung
der Religion, wie die Aufklärung (Hume) sie rekonstru-
ierte: Finsternis erweckt ahnungsvolles heiliges Grauen
und Schutzbedürfnis; nachdem die wilden Triebe vermeintlich entschlafen, tatsächlich im »Pudel« als Natur
und »untere« Seele ausgelagert sind, kommt die »bessre«
Seele zu sich und findet über die Menschenliebe zur Got-
tesliebe, wobei Liebe jeweils subjektiv und objektiv
(Liebe der/des, Liebe zu) verstanden wird. Die oberste
der drei paulinischen Tugenden (1. Kor. 13,13) wird hier
als Teil natürlicher Religion entwickelt. So wird auch in
Gellerts Lied (dessen Strophe ohne die Daktylen Goethe
übernimmt; s. III, **T 7**) *Die Ehre Gottes aus der Natur*
Bewunderung entwickelt, die vernehmende Vernunft und
die Liebe erweckt, die dann den Glauben ermöglichen,
der Gott vertraut und ihm die Ehre gibt. Hier rebelliert
das Wilde der vermeintlich domestizierten Natur: der Pudel wird unruhig.
1194–1201 *Ach wenn ... Quelle hin:* natürliche Rekonstruktion der zweiten paulinischen Tugend, der Hoffnung (1. Kor. 13,13), aus der Grunderfahrung des Ver-
trautseins: mit der engen Zelle, mit dem eigenen Herzen,
mit dem Vernehmen und dem Vernommenen der Vernunft (Herder definiert sie als »Vernehmerin«), mit der
anthropologischen Haltung des Offenseins, Erwartens,
Hoffens vom Leben und darüber hinaus, endlich wieder
mit der Sehnsucht nach Leben und seiner Quelle (vgl.
V. 456).
1206 *Was sie nicht verstehn:* Zeile ohne Reimpartner: Un-
verständliches ist ›ungereimt‹.
1209 *der Hund, wie sie:* Beginn der Anthropomorphisie-

rung der Natur und des in ihr steckenden Teufels über die
Dressur hinaus ins Geistige.

1211 *nicht mehr aus dem Busen:* Wieder sucht Faust nun
die dritte paulinische Tugend, den Glauben (1. Kor.
13,13) natürlich zu rekonstruieren. Befriedigung müsste
zuerst aus ihm selbst kommen, um dann von außen beantwortet zu werden und als frohe Botschaft den Glauben zu erfüllen und zu kräftigen (vgl. V. 765). Diesen
Frieden hat Faust nicht, er verspürt vielmehr Unzufriedenheit, Durst, Sehnsucht. Hat er bisher mit Liebe und
Vernunft sorgfältig subjektiv-objektive Begriffe gewählt,
betont er jetzt einseitig mit dem Willen, dem Quellen aus
dem Busen, dem Strom dasjenige, was vom Subjekt her in
die Beziehung investiert wird: er kann nicht glauben,
dass seinem Durst nach Erkenntnis eine transzendente Erfüllung entgegenkommt. Die dritte Doppelstrophe seines
Gesangs kommt nicht mehr zustande. In der Parallele
zum Engelsgesang ist es zugleich die Doppelstrophe, in
der dort die Interpretation des Herrn als Glaube formuliert wird, vgl. Anm. zu V. 265 f.

1217 *Wir sehnen uns nach Offenbarung:* nicht im Sinne der
Mitteilung von Glaubenswahrheiten, sondern der Auf-
deckung verborgener Zusammenhänge. Weil er die subjektiven theologischen Tugenden des paulinischen Christentums nicht aufbringt, schwenkt er zum johanneischen
Christentum über, das die Fleischwerdung des Wortes
(Joh. 1,14) und damit das Irdische in gewissem Sinn als
göttlich offenbart.

BA vor 1224 *Volum:* großer Band (vgl. engl. *volume*).

1224–37 *Geschrieben steht ... die Tat:* Dass Faust mit Luthers Übersetzung trotz der berühmten Luther-Situation
(Bibelübersetzer mit störendem Teufel) nicht zufrieden
ist, hängt an der Erfahrung des mangelnden Glaubens:
Tat ist als Ergebnis einer Kraftanstrengung im Sinne
des zugrunde liegenden Gedankens die fleischgewor-
dene Offenbarung, die auch ein ungläubiger Thomas mit

Händen greifen kann. Man sieht, dass Fausts Hinwendung zur Erde keineswegs irreligiös ist, wenn auch wegen des mangelnden Glaubens an die Botschaft nicht im engeren Sinne christlich. Die vier Übersetzungsbegriffe sind alle mit *lógos* im griechischen »Grundtext« (Joh. 1,1) vereinbar und haben theologisch und hermeneutisch eine lange Tradition. Der Anfang des Johannesevangeliums diente auch als Beschwörungsformel für Teufelsaustreiber; ohne es zu wissen, übt Faust damit schon Gewalt auf Mephistopheles aus, weshalb das Tier sich bereits zu verwandeln beginnt.

1257 f. *halbe Höllenbrut* ... *Salomonis Schlüssel:* zutreffende Vermutung Fausts: was ihm als Pudel und in den anderen Gestalten erscheint, ist ein organisch-elementares Wesen, dessen sich ein Höllendämon bedient. Nach Paracelsus lässt sich genauer nahelegen, dass Mephistopheles sich eines Sylphen (Luftgeist) oder Pygmäen (Erdgeist, Kobold) bemächtigt hat und die diesen Geistern zugeschriebene Verwandlungsfähigkeit, vor allem ihre Herrschaft über die Reichtümer der Erde, benutzt. – Der *Schlüssel Salomonis* (*Clavicula Salomonis*) ist ein bis in die Antike zurückreichendes, immer wieder aufgelegtes Zauberbuch. Der »Spruch der Viere« kommt nicht darin vor, wohl aber starke, stärkere, stärkste Teufelsbeschwörungen.

1273–91 *Salamander* ... *Schluss:* Im ersten Teil des Spruchs sollen die vier Elementardämonen ihrem Element gemäß sichtbar werden, im zweiten die Verhaltensweisen eines je anderen annehmen; zudem wird am Ende der Kobold mit einem Incubus verwechselt, dem teuflischen Sexualpartner einer Hexe. Goethe stilisiert also offensichtlich den Spruch falsch oder ungenau. Unwirksam muss er jedenfalls werden, wenn Faust V. 1277–82 mitten in der Beschwörung unterbricht, um sich seiner vermeintlichen Meisterschaft zu rühmen (vgl. Anm. zu V. 442).

1305 *ihn lesen:* den Kruzifixus (»dies Zeichen«), den der

Teufelsbanner dem »Flüchtling der Hölle« vorhält. Was
da gelesen werden soll, ist eine Interpretation Christi
nicht als Menschensohn und Geschöpf, sondern als in den
Adern der Welt uranfänglich schaffende Himmelskraft
(vgl. V. 619, 790), deren Verkörperung durch Nagel und
Lanze frevelhaft beschädigt wurde.

BA vor 1322 *MEPHISTOPHELES tritt ... hervor:* vgl. Anm.
zu V. 271. Dass Faust in dem Moment mit seinen Be-
schwörungen aufhört, als ein ›Ebenbild‹ seiner selbst, ein
Wandergelehrter, hinter dem Ofen hervortritt, ist vom
Gesichtspunkt der Magie aus ganz unvorsichtig, denn er
hätte erst dann Gewalt über den Dämon, wenn er ihn zur
Offenbarung seiner ›wahren‹ abschreckenden Gestalt und
zur Bekanntgabe seines Namens gezwungen hätte. Unter
diesem Gesichtspunkt handelt Faust wieder einmal als
Zauberlehrling und lässt sich durch die Menschengestalt,
mit der er meint auf Du und Du verkehren zu können
(V. 1327), in eine Anthropomorphiefalle locken. Mephistopheles seinerseits legt auf seinen Teufelsursprung großen Wert und betont ihn hier auffallend häufig, weil jede
›Aufweichung‹ der alten Teufelvorstellung den noch in
der Faustsage üblichen Pakt auf Zeit gefährden muss, den
er im Sinne seiner Wette im *Prolog im Himmel* braucht,
um Fausts ›Seele‹ zu erhalten. Nun hat Faust schon zwei
Seelen in sich entdeckt – welche davon würde Mephistopheles wollen? – und hat nicht den Teufel gerufen und
gewünscht, vor dem er ohnehin nicht das faszinierte
Grauen früherer Zeiten verspürt; vielmehr suchte er
schlicht technische Unterstützung beim Flug und bei der
Erfüllung anderer irdischer Wünsche. Mephistopheles
könnte in dieser Szene einen Pakt erhalten, aber aufgrund
seiner Zwangslage einen ungünstigen; in der folgenden
Szene erhält er nur eine Wette und einen schwachen, auf
einen Wortlaut gestellten Pakt, der ihm praktisch nur
Pflichten auferlegt und Versuche der Besiegung Fausts ermöglicht. Insofern ist Fausts magische Schlamperei ein

historisch der Aufklärungsepoche des 18. Jh.s entsprechendes Symptom der Depotenzierung der alten religiösen Angstgestalten, die vom überheblichen Faust den Rat bekommen »was anders ... zu beginnen« und sich vornehmen, »wirklich uns besinnen« zu wollen (V. 1383–85). Das geschieht (V. 2495 f.), und damit entsteht die spannende Frage, welche Funktion und welchen Ort »das Böse« in einer modernen Welt hat.

1324 *Der Casus macht mich lachen:* Während der Herr des *Prologs im Himmel* nicht mehr lachte und deshalb einen Schalk brauchte, lacht Faust bei der Schaffung dieses Ebenbildes durch seine Beschwörung und deutet damit schon an, dass er nicht wie der Herr eines Anderen seiner selbst bedarf (vgl. Anm. zu V. 271). Allerdings ist der »Fall« (lat. *casus*), der ihn zum Lachen bringt, gar nicht der Fall; der hervortretende Gelehrte ist nur eine Maske, die bei gehörigem Weiterbeschwören der schrecklichen Teufelsgestalt hätte weichen müssen. Die Menschenähnlichkeit dessen, was vorher dämonenbesetzte Natur war und immer noch ist, verleitet dazu, sie wie einen Menschen, ja Kollegen zu behandeln, sich deshalb nicht abzusichern oder sie beherrschbar zu halten: binnen kurzem ist Faust auf entwürdigendste Weise abhängig (V. 3243–46).

1334 *Fliegengott:* wörtliche Bedeutung von »Beelzebub«, s. Anm. zu V. 1516 f.

1335 *Nun gut wer bist du denn?:* Die Anfangsfrage nach dem Namen (V. 1327) war magisch richtig, weil Namenskenntnis Herrschaft über einen Dämon verleiht. Mephistos Sophisma »Name = Wort« widerspricht Faust nicht, sondern behandelt Name als Wort, nämlich sprechenden Namen mit semantischer Information über Charaktereigenschaften. Mephistopheles hält die magische Tradition aufrecht, gibt den Namen auch dafür nicht preis (Faust weiß ihn nur halb, im Traum, V. 4183); Faust ist mit einer Herkunfts- und Funktionsbeschreibung zufrieden, die eher ein Prinzip als einen Dämon oder Teufel zu erkennen gibt.

1338 *der Geist der stets verneint:* Von der Formulierung her ist der Satz logisch unsinnig und selbstaufhebend (der Satz ist Behauptung, nicht Verneinung, wie er behauptet), mithin also das Äußern von Sätzen und die Logik verneinend. Damit artikuliert der Satz, durch seinen Vollzug selbst, Verneinung, Nichtung, Zerstörung usw. als Prinzip, das z. B. strategisch auch durch taktische Bejahung verfolgt werden kann.

1343 *das Böse nennt:* Die Einführung der menschlichen Bewertungsmaßstäbe relativiert »Böse« und »Gut« entscheidend und damit auch die Aussage V. 1335 f.; Goethe hatte früh geschrieben: »das, was wir bös nennen, ist nur die andre Seite vom Guten« (HA 12, S. 227; *Zum Shakespeares-Tag*), vgl. Anm. zu V. 265 f.: die Selbstdefinition Mephistos ist also noch auf den als »gut«, »licht«, »sanft« interpretierten Herrn bezogen, von dem Faust ja auch nichts mehr glauben will. Mephistopheles muss sich als Prinzip (Verneinung, Finsternis) definieren und von da aus zeitgemäße Realisationsformen (Kapital, unbeherrschbare Triebe) entwickeln.

1347 *die kleine Narrenwelt:* Mensch als Mikrokosmos (vgl. V. 1802, 4045).

1350 *Finsternis, die sich das Licht gebar:* nicht biblisch, wo Gott das Licht aus dem Finstern hervorruft, sondern nach dem orphischen Schöpfungsmythos, wonach uranfänglich die Nacht, vom Wind umworben, ein silbernes Ei legte, aus dem Eros Phanes schlüpfte, »das Erste Urlicht«, der das All schuf und in Bewegung setzte. Die Opposition von Licht und Finsternis hat große religionsgeschichtliche Tradition und liegt Goethes *Farbenlehre* zugrunde.

1378 *Aparts:* ausschließlich dem Teufel Vorbehaltenes.

1384 *Des Chaos wunderlicher Sohn!:* vgl. Anm. zu V. 1350. Der Luzifer-Mythos, den auch Goethe in *Dichtung und*

Wahrheit (8. Buch, Ende) aufnahm und neu gestaltete, und der orphische Schöpfungsmythos werden hier zu einer Art Urreligion zusammengeführt. Vgl. wieder V. 8027.

1395 f. *Drudenfuß ... Pentagramma:* fünfspitziger, in einem Zug gezeichneter Stern zu magischen Zwecken.

1398 *Wenn das dich bannt:* Faust ist ganz erstaunt, dass die alte Magie noch wirkt, hat er doch auch dem Teufel angeboten, wie ein anderer Besucher ohne weiteres bei ihm aus und ein zu gehen (V. 1389 f.). Daran hängt aber Mephistos Existenzberechtigung und Seelenve führungs-Auftrag: ohne Angst vor dem Teufel keine Angst vor der ewigen Höllenstrafe und kein Gedanke, dass der Drudenfuß noch wirken könnte und müsste. Um angsteinflößendes objektives Böses zu bleiben, muss Mephistopheles die Wirkung des Drudenfußes aufrechterhalten (vgl. V. 1412). Er fängt sich also selbst in der Falle des Höllischen, Fremd-Gefährlichen, wie Faust sich in der Falle des Anthropomorphen fängt (vgl. Anm. zu BA vor V. 1322); dadurch reizt er aber erst Faust, die ohne sein Zutun (V. 1405) entstandene Schwäche der dämonischen Natur auszunutzen, sich damit aber selbst wieder der alten Magie auszuliefern: eine geistreiche Diagnose der Aufklärung, die neben ihrem Rationalismus eine Zeit der Geheimkulte, der Alchimie und Magie, des eiferrden und angstvollen Christentums und andererseits der sinnlichen und empfindsamen Selbstbewirkung und -bespiegelung war.

1414 f. *ein Pakt, / Und sicher wohl:* Der alte Traum, mit der Hölle einen Vertrag zu schließen, der ohne die in der alten Faustsage damit verbundenen Gefahren nur Vorteile brächte, scheint durch die Zwangslage des Dämons greifbar nahe und lässt Faust auch nach dessen Entwischen nicht los.

1435 *die Kunst gefällig sei:* Ziel der anakreontischer Dichtung und Rokoko-Kunst des 18. Jh.s; die Gefahr der ›kulinarischen‹ Selbstbefriedigung dieser Kunst macht Goethe dadurch manifest, dass die anakreontischen Lieder der Lügengeister ausschließlich mit Fausts irgendwann artikulierten und nicht realisierten Träumen und Sehnsüchten arbeiten.

1447–1505 *Schwindet ... Huld:* Die allgegenwärtigen Luftgeister haben die seit *Nacht* geäußerten Unzufriedenheiten und Wünsche Fausts aufgefangen und bilden daraus eine sinnenfrohe phantastische Welt südlicher Prägung, die erste Ahnung dessen, was sich in Helena verkörpern wird (Einzelanalyse FD 2, S. 229). – Metrisch verwendet Goethe vorwiegend Adoneen, assoziiert damit Wiederauferstehen des schönen Gottes der schönen Welt und anakreontische Lyrik der Griechen und des 18. Jh.s.

1509 *noch nicht der Mann den Teufel fest zu halten:* Faust hat ihn gehalten, aber nicht fest, geschweige denn festgehalten. Mephistopheles bereitet sich darauf vor, dass Faust es versuchen wird (»noch nicht«). In der Tat: die Geister haben ihn »mit Genuss betrogen«, »beruhigt auf ein Faulbett« gelegt, ihn mit seinen eigenen Träumen sich selbst gefallen lassen – das sind die Dinge, die Faust in der Wette nie mehr mit sich geschehen lassen will (V. 1692–1701). Mephistopheles hat sich damit zwar befreit, aber Faust in entscheidender Weise auf sich selbst, seine Achtlosigkeit, Unvorsichtigkeit und die Gefährlichkeit des Gegners aufmerksam gemacht: die Aufklärung kommt gewissermaßen in ihre selbstreflexive Phase (vgl. Anm. zu V. 1398).

1516 f. *Der Herr ... Der Fliegen:* vgl. V. 1334, wörtliche Übersetzung von »Beelzebub«, das seinerseits eine Spott-Variante von hebr. »Baal-Sebub« ist. Das Ungeziefer ist zwar eine Kreation des Teufels, lässt sich aber nicht einmal durch Magie verbannen.

1526 *abermals betrogen:* Vielleicht meint Faust auch die Visionen im Zusammenhang mit Makrokosmos und Erdgeist, jedenfalls die Erinnerung an seine fromme Kindheit, die ihn wieder dem Irdischen verband (vgl. V. 1583–1586). Jetzt hält er die ganze Teufelsbeschwörung für einen Traum und ist deshalb am Anfang der folgenden Szene um so eher bereit, den schon als irreal abgetanen Teufel einzulassen.

Studierzimmer II

Entstanden in den drei ersten Entstehungsphasen: Die Schülerszene schloss im *Urfaust* direkt an das Wagner-Gespräch an, wird seit dem *Fragment* um manche Details aus dem Studentenalltag gekürzt und um satirische Bemerkungen über Jura und Theologie ergänzt, so dass wieder die vier höheren Fakultäten besprochen sind. Die Verse 1770–1850 entstanden neben *Hexenküche* in Rom, ebenso die Schlusspartie der Szene V. 2051–72. Der Beginn der Szene ist wohl Anfang 1801 geschrieben, denn am 3. April 1801 meldete Goethe an Schiller: »An Faust ist in der Zeit auch etwas geschehen. Ich hoffe, daß bald in der großen Lücke nur der Disputationsaktus fehlen soll, welcher denn freilich als ein eignes Werk anzusehen ist und aus dem Stegreife nicht entstehen wird.« Der Plan, in einer Disputationsszene vor der Universitätsöffentlichkeit Faust und Mephistopheles in der gelehrten Auseinandersetzung sich produzieren zu lassen, ist bis auf einige Fragmente nicht durchgeführt (FD 1, S. 611–614, Kommentar FD 2, S. 231–234, 1209 f.). Dass die zwei *Studierzimmer*-Szenen nun zusammenstoßen, ist besonders instruktiv, zeigen sie doch eine genaue Umkehrung in der Haltung der Figuren: Faust hellwach, durch den Misserfolg im Festhalten Mephistos kämpferisch und listenreich; Mephistopheles, durch das dreifache »Herein!« nachträglich von Faust ›gerufen‹, ist nachlässig und meint auch unter Fausts trickreichen Bedingungen einen guten Vertrag abgeschlossen zu haben, dessen Folgen er gar nicht durchschaut.
Die Szene hat mehrere Teile: (1) Melancholie Fausts mit Todeswunsch (bis V. 1578); (2) bedingte Verfluchung der Werte

und Tugenden, mit Interpretation durch den Geisterchor
(bis V. 1626); (3) Dienstangebot mit Bedingung (bis V. 1671);
(4) Wette und Pakt (bis V. 1740); (5) »Promission«, Erläute-
rung und Ziele Fausts (bis V. 1867); (6) Mephistopheles als
Faust, Schülerszene (bis V. 2050); (7) Reiseplan und Transportmittel. – Verfluchung, Pakt und Promission (Versprechen) sind die rituell notwendigen Schritte beim Abschluss
eines Teufelsbündnisses; Faust parodiert und unterläuft alle
drei, so dass Mephistopheles die Form, aber nicht den Inhalt des Rituals erhält. Durch seine Wette, mit der er die
Hiob-Wette (s. II, **D 3**) in eigener Regie nachvollzieht und
Mephistopheles dabei nur die Rolle eines Sparring-Partners
zumisst, wird Faust sein eigener Herr, Satan und Hiob, verschafft sich Kontrolle über die eigene Lebenszeit und technische wie kulinarische Wunscherfüllung vom Feinsten,
zum Preis ständiger Rastlosigkeit, des Verlusts jeglicher
Spontaneität, eines stets unglücklichen Bewusstseins und
wachsender Abhängigkeit von der technisch ausgebeuteten
Natur und den Makrokosmos/Erdgeist-Gestalten der Finsternis: Gold und Blut oder Geld und Triebhaftigkeit. Für
alle diese Entwicklungen, die Goethe durch historische
Markierungen mit seiner eigenen Jugendzeit korreliert (Anspielung auf Jugenddichtungen, s. u.), ist diese Szene der
Ausgangspunkt. – Metrisch sind größere Teile der Schülerszene durch den Knittelvers gekennzeichnet, sonst Madrigalvers außer dem Geisterchor und Mephistos anschließen-
der Rede, die nicht nur durch Anspielungen auf Goethes
Jugendwerke die Reihe der Literaturzitate (s. II, **D 26**) chronologisch fortsetzen, sondern mit den pindarischen Kurzzeilen (die allerdings aufdringlich gereimt sind) an die
Frankfurter Oden erinnern.

1530 *Es klopft? Herein!:* Beim ersten »Herein!« fordert
    Faust nur einen beliebigen Störer zum Eintreten auf, beim
    zweiten erkennt er das »Ich« an der Stimme und will also
    den Teufel hereinlassen, beim dritten unterwirft er sich

dessen ritueller Nötigung (»Du musst«) und hat damit die
erste Bedingung einer Teufelsverschreibung erfüllt. Im
Kontext der Intertextualbeziehung zu *Dom Juan* (s. II,
D 13) entspricht dieses Klopfen dem Klopfen der Statue
des Kommandeurs, die auf Juans Einladung zum Abend-
essen kommt und Juan seinerseits auf den folgenden Tag
einlädt (IV,8). Während Juan in die Hölle gezogen wird,
macht Faust »im Anfang dem Teufel eine Bedingung, woraus schon alles folgt« (zu Boisserée, 3. August 1815).

1542 *losgebunden, frei:* Die Kleidung eines spanischen
Adligen, die Faust ebenfalls anlegen soll, ist nach Mephistos Absicht die Außenseite eines »Libertins«, der
keine Gesetze und Verpflichtungen, Wert- und Glau-
bensbindungen anerkennt und die absolutistische (nach
lat. *absolutus* ›losgebunden‹) Regierungsform auf seine
Lebensweise überträgt.

1561 *Lebensfratzen:* Fausts Wunschvorstellungen begegnet
die gegebene Realität als Missgestalt, die er nicht ändern
kann. Das leistet erst Mephistopheles (Fausts Verjüngung, Margaretes Verführung, Beherrschung der Gesellschaft durch Geld); deshalb lockt Faust ihn durch seine
Klage.

1566 *Der Gott, der mir im Busen wohnt:* verbreitete Vorstellung in der Antike, z. B. bei Platon, *Phaidros* 242c, *Politeia* II,382e. Viel zitiert ist Ovid, *Fasti* 6,5: »Est deus in
nobis, agitante calescimus illo« (»In uns ist ein Gott;
wenn er sich regt, erwärmen und begeistern wir uns«).

1569 *Er kann nach außen nichts bewegen:* Grundlegend
schon für den jungen Goethe ist die Erfahrung, die er
Shakespeares Figuren unterstellt, deren vorgeblich freier
Wille »mit dem notwendigen Gang des Ganzen zusammenstößt« (HA 12, S. 226; *Zum Shakespeares-Tag*).
Fausts Streben stößt z. B. ständig mit den menschlichen
Beschränkungen zusammen, Werther mit den Strukturen
und Regeln des Zusammenlebens, Götz mit der sich
wandelnden Rechtssituation usw.

1571 *Der Tod erwünscht, das Leben mir verhasst:* Die ganze Klagerede Fausts, besonders die Verse 1562–71, sind ein Echo von Hiobs Klage: »Wenn ich gedacht: Mein Bett soll mich trösten, mein Lager soll mir's leichtern, – so erschreckest du mich mit Träumen und machst mir Grauen, daß meine Seele wünschte erhangen zu sein und meine Gebeine den Tod. Ich begehre nicht mehr zu leben. Höre auf von mir, denn meine Tage sind vergeblich gewesen« (Hiob 7,13–16; s. II, **D** 3). Wenn Faust Hiobs Rede an Gott dem vor ihm stehenden Teufel zu Gehör bringt, ist das eine versteckte Aufforderung, ihn besser zu behandeln und sich mit ihm zu verbünden. Es zeigt ferner Fausts Bewusstsein, in der Situation zu sein, wo über Hiob gewettet und Hiob in Versuchung geführt wird. Wenn Faust deshalb in dieser Szene selbst wettet, setzt er sich an die Stelle des Herrn, des Satan und des Hiob zugleich.

1577 *des hohen Geistes Kraft:* Faust hat inzwischen eingesehen, dass er den Erdgeist unterschätzt hat.

1583–87 *Wenn ... betrog; / So fluch ich:* mindestens zweifach lesbar: (1) ›Da ja ... betrog, so verfluch ich‹; (2) ›Wenn ... betrog, dann fluch ich‹. Auch konzessive (»wenn« = ›obgleich‹, HA 3, S. 508, Kommentar z. St.) und temporal-kausale (»wenn« = »Nachdem, ja weil mich ...«, FA 7,2, Kommentar z. St.) Lesungen wurden vorgeschlagen, nie aber erkannt, dass Faust sich durch eine bewusst zweideutige Formulierung ein Hintertürchen offen hält und sich durch seine rituelle Verfluchung nie ganz in Mephistos Hände gibt. Der kann die kausale Lösung hören: Faust ist betrogen worden, deshalb verflucht er jetzt Welt und christliche Tugenden. Faust kann immer sagen: Meine Verfluchung galt nur für den Fall, dass ich betrogen worden bin – das aber lässt sich während des ganzen Lebens nicht feststellen; außerdem, wenn das Christentum Lüge und das Versprechen göttlichen Erbarmens Betrug ist, kann Faust getrost fluchen, es ist dann ohnehin eine Farce. Dass Mephistos Geister die Verfluchung als Tatsache behandeln, liegt im höllischen Interesse: dass Faust im 5. Akt des Zweiten Teils ebenfalls auf die vollzogene Verfluchung anspielt (V. 11409), gehört zur totalen Umdeutung seines Lebenslaufs, der wir dort begegnen. Mephistopheles jedenfalls hört den ersten Schritt einer regelrechten Teufelsverschreibung: die Verfluchung der christlichen Werte und Tugenden (V. 1604–06). – Erneuter Hiob-Bezug (Hiob 3,1–26; s. II, **D** 3).

1589 *diese Trauerhöhle:* Anspielung auf Platons Höhlengleichnis (*Politeia* 514a–518b), zugleich Interpretation dessen, was da gezeigt wird, als »Lock- und Gaukelwerk«, das nicht nur schwache Abschattung einer wahren Wirklichkeit ist, sondern wie der Geistergesang am Ende von *Studierzimmer I* den Menschen mit seinen eigenen Wunschvorstellungen befriedigt und einschläfert. Der Fluch trifft also zunächst eine Kunstleistung des Mephistopheles. Vergleicht man, was Faust dann verflucht – Welt, Selbstverehrung, Sinnenreiz, Ruhm, Besitz, Taten, Genuss – mit dem, was er später anstrebt, so erkennt man die nur bedingte und temporäre Geltung: der 4. und 5. Akt des Zweiten Teils scheinen geradezu darauf angelegt, die verfluchten Dinge zu Gegenständen unbedingten Strebens zu machen. Mit dem Mammon (V. 1599), Gegengott nach Mt. 6,24, Lk. 16,13, verflucht Faust etwas, das ihm Mephistopheles gleich wieder anpreisen wird (V. 1824): Der Fluch trifft christliche und höllische Werte gleichermaßen.

1599 *Mammon:* wörtl.: Besitz, Habe (aramäisches Wort), z. B. Lk. 16,9.11.

1603 *Balsamsaft der Trauben:* Die Wirkung des Weins, berauschend, einschläfernd (V. 463, 1472–83), hat Faust schon zweimal Unglück gebracht.

1604–06 *Liebeshuld ... Geduld:* mit »Liebeshuld« wohl Bezug auf V. 771 und zugleich V. 1185: Liebe zu Gott als

Antwort auf Gottes Liebe. Glaube, Hoffnung, Geduld sind die Tugenden des christlichen Menschen. Angesichts der vielen Hiob-Anspielungen liegt hier Jak. 5,11 nahe: »Siehe, wir preisen selig, die erduldet haben. Die Geduld Hiobs habt ihr gehört und das Ende des Herrn habt ihr gesehen; denn der Herr ist barmherzig und ein Erbarmer.«

1607–26 *Weh!... Tönen darauf!:* Die lügnerische Klage der Geister vereindeutigt die Verfluchung und weist Faust nur wieder auf seine subjektive Innenwelt (V. 1569), die auch allenfalls der Schauplatz seiner Zerstörungswut gewesen ist. Die »altklugen« Ratschläge der Geister gehen dahin, Faust von Mephistos technischer Hilfe bei der Verwirklichung einer höllenkonformen »neuen Welt« (vgl. V. 11566) abhängig zu machen. Die ›pindarischen‹, allerdings aufdringlich gereimten Verse erinnern an Goethes Frankfurter Oden, ebenso sich Anspielungen auf seine Frühwerke (s. II, **D 26**) – *Urfaust* V. 1610, *Ganymed* V. 1616, *Prometheus* V. 1618–20, 1636, *Iphigenie* (s. u.) – und markieren nicht nur die Szene chronologisch, sondern parodieren diese Werke ironisch mit Fehlbehauptungen.

1629 *zu Lust und Taten:* Anspielung auf *Iphigenie* 665 f. »Und Lust und Liebe sind die Fittiche / Zu großen Taten.« Pylades spricht den Satz, um Orest zu trösten, hat aber Raub, Betrug, List, Zerstörung der Humanität im Sinn.

1633 *Säfte stocken:* Nach der Galenischen, auf die vier Körpersäfte Blut, Schleim, schwarze, gelbe Galle aufgebauten Medizin war ein freier Abfluss der Säfte Voraussetzung der Gesundheit.

1635 f. *Gram ... frisst:* Anspielung auf den Mythos von Prometheus. Wegen seines Feuer-Raubs und Opfer-Betrugs wurde er an den Kaukasos angeschmiedet; ein Adler oder ein Geier frisst ihm die täglich nachwachsende Leber (Sitz des Lebens) ab. Goethe schrieb Ode und Fragment über diesen Mythos und lässt selbstkritisch

diese und die andern angespielten Texte (s. Anm. zu
V. 1607–26) als (melancholisches) Spiel mit der eigenen
Melancholie ironisieren. Faust ist nicht bloß wegen der
Melancholie des Voraus-Denkenden (vgl. Anm. zu
V. 644) sein eigener Prometheus, sondern auch wegen der
in dieser Szene besonders wichtigen Versuche, »alles
selbst zu vollenden«, sein eigener Schöpfer, Gott, Satan,
Experimental-Hiob zu sein, keine Liebe und Barmher-
zigkeit zu wollen und sich sogar selbst zu bestrafen: Voll-
endung des absoluten (vgl. V. 1542) Ich.

1637 *schlechteste:* schlichteste, einfachste.

1660 *Das Drüben kann mich wenig kümmern:* Faust setzt
Mephistos Weltbild und übliches Druckmittel, die Angst
vor dem Leben nach dem Tode, außer Kraft (vgl. Anm.
zu V. 1398). Lessing hatte geschrieben: »Über die Beküm-
merungen um ein künftiges Leben verlieren Toren das
gegenwärtige. Warum kann man ein künftiges Leben
nicht ebenso ruhig abwarten, als einen künftigen Tag?«
(Zitiert bei Herder, *Vom Wissen und Nichtwissen der Zukunft,* KHA 8, S. 283.)

1661 *Schlägst du erst diese Welt zu Trümmern:* Die Geister
haben Faust vorgehalten, die schöne Welt zertrümmert
zu haben; Faust fordert nun Mephistopheles auf, das erst
einmal in Wirklichkeit zu tun, und spielt damit auf Mephistos Ohnmachtserklärung V. 1362–78 an: Mit seinem
Hinweis auf »Drüben« hat der Teufel »noch eine lange
Frist«. Man erkennt, wie wenig ernst Faust seine Verfluchung und deren performative Wirkung nimmt.

1665 *kann ich mich erst von ihnen scheiden:* zusammen mit
V. 1661 Bedingungen, unter denen Faust gewillt wäre, seinen Blick nach »Drüben« zu richten. Dennoch legt er sich
hier übertrieben radikal fest; er kommt ohne ›Anleihen‹
an »Drüben« nicht aus: V. 3191–94. Er nimmt aber hier
mit dem Anspruch zu entscheiden, wann er vom Leben
genug hat, einen wichtigen Aspekt seiner Wette vorweg,
die ja auch seine Lebensdauer in seine Hand legt.

1672 *Verbinde dich:* schließe einen Pakt mit mir ab.

1678–87 *Doch hast du Speise… neu begrünen!:* ähnlich unmöglich zu erfüllende Wünsche bei Edward Young,
Night Thoughts, 1. Nacht, V. 164–168 (vgl. FD 3, S. 673 f.).
Faust wünscht nicht Befriedigendes und Einschläferndes,
sondern lauter Genüsse, die sich im Entstehen zerstören,
um damit die Garantie dauerhafter Nichtbefriedigung
und damit wacher Rastlosigkeit zu haben. Gegensatz
zum Faust der *Historia*, Parallele zu *Dom Juan* I,2 (s. II,
D 13). Fausts Wunsch geht in Erfüllung, vgl. z. B.
V. 3249 f.

1692–97 *Werd ich beruhigt… der letzte Tag!:* stärkste konzeptionelle Abweichung von der *Historia*: nicht Pakt und
Herr-Knecht-Verhältnis auf 24 Jahre, sondern Wettpartnerschaft auf unbestimmte Zeit, bis entweder Mephistopheles Faust beruhigt, selbstgefällig werden lässt, mit Genuss betrügt (das haben die Geister V. 1447–1505 getan),
oder bis Faust selbst genug hat (V. 1665). Faust lädt Mephistopheles zu Angriffen auf den »Drang« (V. 631, 328)
und auf die Wachsamkeit seines kritischen Bewusstseins
ein, setzt also seine zwei Seelen aufs Spiel und sorgt listig
dadurch, dass er die geist- und genussreiche Verlockung
Mephistos lebensbedrohend auf sich richtet, für deren
ständige Wachheit und Unzufriedenheit. Faust führt sich
damit selbst in Versuchung, quält sich auch durch den
Verzicht auf Glück und Freude, auf Spontaneität und
Ungezwungenheit, durch die rigorose Verpflichtung auf
Rastlosigkeit, Sorge und Reflexivität. Er ist also Herr, Satan und Hiob (s. II, **D 3**) zugleich und nimmt das gesamte
alt- und neutestamentliche Religionssystem in sich auf,
verfügt über die eigene Lebenszeit (V. 1697) und hat als
Partner und Gegner nicht das christliche Böse, sondern
die »mit allen Strömen« fortrasende Welt, die bloß selbstreproduktive Natur (»Blut«), die sinnlose Materialität
(»Gold«), kurz: die Exponenten der Negativität (V. 1338),
die die freie Entscheidung, das Beisichsein, die Kontinui

tät und »Treue« zu sich selbst und zu einem Versprechen
(V. 1718–25) bekämpfen. Der Gegenstand der Wette ist
also das Menschseinkönnen in der Welt.

1699 f. *Werd ich ... so schön!:* Konkretisierung der vorher
unbestimmten und impraktikablen Wettbedingungen auf
ein Kriterium, wann Mephistopheles die Wette gewonnen hat, sogar auf einen Satz, der dabei ausgesprochen
werden muss; es ist anzunehmen, dass dieser Satz auf
dem mit Blut unterschriebenen Zettel steht. Der Satz ist
die Übertragung von Rousseaus Satz: »Je voudrais que
cet instant durât toujours« (wörtl.: »Ich wünschte, daß
dieser Augenblick immer daure«), mit dem er den absoluten Glücksmoment ohne Rück- und Vorblick, Reue
und Sorge bezeichnet (*Les Rêveries du promeneur solitaire,* 5. Promenade). Faust verzichtet also auf Glück, ver-
schweigt aber auch bei den folgenden Betonungen vom
Ende seiner Zeit listig, dass dieses Ende seiner Zeit erst
dann eintreten soll, wenn er den Satz geäußert hat. Damit
kontrolliert er seine Lebenszeit und hat außerdem die
Möglichkeit, den Satz nicht auszusprechen, wenn er zutrifft, oder ihn auszusprechen, wenn er nicht zutrifft (das
ist die trickreiche Bedingung, mit der Faust sich später
zugleich den Tod gibt und seine Seele rettet).

1710 *Wie ich beharre bin ich Knecht:* temporal als ›sobald‹,
konditional als ›wenn‹, modal als ›in der Weise, wie‹ zu
lesen.

1715 *ein paar Zeilen:* Rest der Teufelsverschreibung, die
Faust durch die Wette unterlaufen hat. Fausts aufbrau-
sender Ärger geht darauf zurück, dass er mit der Wettfor-
mulierung und dem Satz vom schönen Augenblick nur
sich selbst auf Treue zu sich selbst und dem Versprechen
verpflichtet hat. Mit dem unterzeichneten Pakt macht er
sich von einem andern abhängig: die Subjektivität ist
nicht rein und absolut zu halten, bleibt auch als solche an
die fortrasende Welt und Zeit gebunden – am Ende muss
Faust z. B. fürchten, dass sein alter Körper, erblindet und

schwerhörig, die Forderung der Wachsamkeit und des Beisichseins nicht mehr erfüllt.

1722 *Wahn:* Faust ist sich im Klaren darüber, was er sich mit der kaum zu haltenden Wette auf Unglück und Freudlosigkeit, Rastlosigkeit, Reflexivität und Sorge für einen Zwang antut und daß er kaum Aussicht hat, sich treu zu bleiben (das rastlose Streben ist, wie sich hier zeigt, nicht etwa eine Charaktereigenschaft oder -deformation Fausts). Während Dom Juan (s. II, **D 13**) untreu wird, weil Neues ihn von außen reizt, muss Faust, um sein inneres Selbst zu erhalten, sich in der Untreue treu bleiben – eine anthropologisch verschärfte Tragik des Dom Juan.

1743 *was ich verspreche:* Nach Fluch und Pakt gehört zur Teufelsverschreibung drittens die »Promission« (›Versprechen‹), die im Regelfall auf Bekämpfung des Christentums gerichtet ist. Faust unterläuft auch diese und verspricht im Gegenteil dem Mephistopheles, alles zu tun, um dessen Bemühungen scheitern zu lassen. Vertrauensselig wie Faust in *Studierzimmer I*, akzeptiert Mephistopheles auch diese Parodie und gibt sich mit dem bloßen ›Buchstaben‹ einer rechten Teufelsverschreibung zufrieden, überzeugt, Faust bald durch Genuss zu betrügen.

1764 *blöde:* schüchtern.

1770 f. *der ganzen Menschheit ... genießen:* Mit diesem Vers setzt die in Rom geschriebene Ergänzung der Szene ein. »Menschheit« ist in Goethes Wortgebrauch nicht die Summe der Menschen, sondern das Menschsein, das Wesen des Menschen, der nach alter Tradition aus dem Urelement *terra* erschaffen ist (vgl. Anm. zu V. 384) und damit die ganze Schöpfung mikrokosmisch enthält (V. 1802). »genießen« heißt demnach nicht, etwas Fremdes wie ein Nahrungsmittel zu sich zu nehmen, sondern das, was man in seinem »inneren Selbst« hat, real zu erfahren und sich zum Bewusstsein zu bringen. Auch Sinnlichkeit, Leidenschaft, Schmerz und Verdruss sind mithin

keineswegs die Näschereien (V. 1761), mit denen Mephi-
stopheles Faust zu ködern meint, sondern sind, wenn
Faust sein Versprechen hält, Gegenstände der empiri-
schen Erkenntnis, der Welterfahrung. Dem Bücherwis-
sen, der ins Innre der Natur dringenden Wissenschaft hat
Faust abgeschworen, nicht aber dem Logos der Tat
(V. 1237), der Wirkung und Gegenwirkung in der Welt
(V. 1755), der Erfahrung des eigenen Körpers und des
Umgangs mit anderen Menschen (V. 2055 f.).

1775 *zerscheitern:* »Daß Gott anfinge und zerschlüge mich
und ließe seine Hand gehen und zerscheiterte mich!«
(Hiob 6,9; s. II, **D 3**). Faust braucht Gott nicht dazu.

1779 *den alten Sauerteig:* Gemeint muss sein, »was der
ganzen Menschheit zugeteilt ist«; wenn dies zugleich die
»harte Speise« der Teufel und »dieses Ganze« des Gottes
ist, wird der mikrokosmische Charakter der Menschheit
bestätigt. Während den systolischen, nur auf sich bezogenen Teufeln (vgl. V. 1379–82) das Ganze hart und geballt
wie sie selbst erscheint, ist es für den Menschen Sauerteig,
der ihn und seine Welt gärend (vgl. V. 302) in das Reich
Gottes verwandelt (Mt. 13,33; Lk. 13,21) und dem Menschen eine heilsgeschichtliche Funktion zuweist. Paulus
verwendet, entgegen dem Sauerteig-Gleichnis Jesu, das
Bild auch für die Gefahr der Einteufelung des Ganzen
(1. Kor. 5,6; Gal. 5,9); das Bild ist also schon neutestamentlich ambivalent, Fausts Doppelweg in Finsternis
und Klarheit (V. 309, 314) ist damit exakt getroffen.

1785 *Allein ich will!:* »Allein« im Sinne von ›aber‹ (wie
V. 546). Goethe sah im Wollen die Signatur der Moderne,
im Sollen die der Antike; »ein Wollen, das über die Kräfte
eines Individuums hinausgeht, ist modern. Daß es aber
Shakespeare nicht von innen entspringen, sondern durch
äußere Veranlassung aufregen läßt, dadurch wird es zu einer Art von Sollen und nähert sich dem Antiken«
(HA 12, S. 294; *Shakespeare und kein Ende*); in Faust ist
der »Drang« als Sollen und damit auch Grund des Wol-

lens anthropologisch gegeben, das »Streben« als zur Absicht geschärfter Drang, als »Wollen« ist bedingt durch die Reflexivität des neuzeitlichen Subjekts und damit als historische Gestalt der anthropologischen Grundlage erkannt: Vertiefung der an Shakespeare gepriesenen »überschwenglichen« Verbindung des Alten und Neuen.

1791 *alle edlen Qualitäten:* Spott auf die Lobgedichte zu Ehren von Monarchen. Die im Folgenden aufgezählten Tier- und Menscheneigenschaften (Mikrokosmos!) sind nicht nur komplementär und konträr, sondern schließlich kontradiktorisch: Verlieben nach Plan schließt sich aus; Faust hat sich jede Spontaneität, jedes frei entspringende Gefühl durch sein planmäßiges Genießenwollen verboten.

1808 *Socken:* im römischen Theater der flache Schuh des Komödianten (lat. *soccus*), den Mephistopheles hier ironisch zum tragischen Kothurn erhöht.

1824 *Wenn ich sechs Hengste zahlen kann:* Von Geld hatte Faust schon V. 374 gesprochen, Mephistopheles führt es als universales wertneutrales und alle Werte neutralisierendes Tauschmittel ein: das Geld für sechs Hengste verschafft deren Potenz (deshalb V. 1821 wohl »Hoden« zu ergänzen), Geschwindigkeit und das soziale Ansehen, wie ein Fürst sechsspännig zu fahren und für einen »rechten Mann« gehalten zu werden. Hier ist die technische Ermöglichung für Fausts Erfahrungswillen; was es aus ihm macht, zeigt der groteske Ausdruck: »Ich renne zu ... / Als hätt ich vierundzwanzig Beine« (V. 1826 f.).

1837 *ennuyieren:* langweilen, auf die Nerven gehen (frz. *ennuyer*). Vgl. V. 3265, 4164.

1851–67 *Verachte nur ... zu Grunde gehn!:* mehrere Fehleinschätzungen Mephistos: Faust verachtet nicht die Vernunft, nur die bisher betriebene Bücherwissenschaft (s. Anm. zu V. 1770 f.); Fausts Geist ist nicht »ungebändigt«, sondern seit der Wette reflexiv kontrolliert; Mephistopheles wird nicht mit »flacher Unbedeutenheit« die Leere füllen, die durch Fausts konstitutive Unzufriedenheit entsteht, denn die will mehr und Besseres (z. B. V. 2854 f.); Faust wird so genießen, dass er nicht »kleben« bleibt, sondern im Genuss nach Begierde verschmachtet (V. 3250), wie er es V. 1678–87 angekündigt hat.

1866 *Und hätt er sich auch nicht ... übergeben:* zweifach lesbar: (1) ›auch wenn nicht‹ (wie jedoch tatsächlich geschehen) ...; (2) ›auch wenn vielleicht nicht ...‹; beide Lesungen können als objektive Feststellungen und als subjektive Einschätzungen verstanden werden. Fausts Weg ist offen.

BA vor 1868 SCHÜLER: im *Urfaust* »Student«; in der Tat aber handelt es sich um einen Schüler, der sich gerade immatrikuliert und eine Studienberatung erhält. Vom Text des *Urfaust* wurden bei der Umarbeitung für das *Fragment* 1790 die satirischen Beleuchtungen des Studentenlebens, der Zimmervermieter und Wirte (UF 263–332) gekürzt; Mephistopheles erzielt jetzt die Dämpfung des Wissensdurstes beim Schüler durch satirische Besprechung nicht nur der Philosophie und Medizin wie im *Urfaust*, sondern auch noch der Jurisprudenz und der Theologie, so dass nun wie bei Fausts erstem Monolog alle vier Fakultäten ironisiert werden und der Schüler gleich am Beginn seines Studiums die Bücherwissenschaften, wie Faust, verachten lernt; seine von Mephistopheles angeregte Richtung ist nun allerdings nicht empirische Wissenschaft und Naturerfahrung wie bei Faust, sondern Wissenschaft als Vorwand für den Erwerb von Ansehen und Geld. – Das Metrum zeigt Knittelvers in der ersten Partie (V. 1868–2008); Mephistopheles spricht »als Teufel« den lockeren französisierenden Madrigalvers, den auch der Student übernimmt. Die Medizinsatire schließt an Molières *Dom Juan* III,1 an (s. II, **D 13**).

1899–1901 *auf der Erden ... Natur:* ganzheitliches, Physik und Metaphysik, Ordnungs- und Kraftaspekt nicht trennendes Bedürfnis, zu »erfassen«, was auch weit über das

Wissenwollen hinausgeht (vergleichbar dem »begreifen« V. 512). Mit seinem Wunsch geht der Schüler weit über Faust, Wagner und Mephistopheles hinaus, quantitativ und qualitativ.

1913 *in spanische Stiefeln:* Folterinstrument zum Zusammenpressen der Beine.

1922 *Gedanken-Fabrik:* Goethe verwendet die Vorstellung der Weberei auch für die *Encyclopédie*, das enzyklopädische Lexikon der französischen Aufklärung (HA 9, S. 487; *Dichtung und Wahrheit*, 11. Buch). Auch die Problematik des Lebens (V. 1936–41) weist auf aktuelle Wissenschaftsfragen des 18. Jh.s, neben denen die fossilen Begriffe und Verfahrensweisen, wie Mephistopheles sie schildert, die dialektische Bremse des Neuen durch das Veraltete darstellen, die Faust immer wieder zu schaffen machte.

1940 *Encheiresin naturae:* Den nichtssagenden Ausdruck (griech./lat., wörtl. ›Handgriff der Natur‹) für »Leben« benutzte Goethes Straßburger Chemieprofessor Spielmann; er betonte, dass der Naturwissenschaftler wohl Leben und Geist aus einem Organismus heraustreiben, jedoch nicht hineinbringen kann. Das Lebensproblem beschäftigte auch Goethes naturphilosophischen Mentor Oetinger; er baute darauf seine Theologie, Anthropologie und Gesellschaftstheorie, vor allem seine Naturphilosophie auf. Die zentrale Rolle des Lebensbegriffs im *Faust* (vgl. FD 3, S. 209–216) geht auf ihn zurück.

1944 f. *reduzieren ... klassifizieren:* zum Allgemeinen ein Besonderes finden – Besonderes unter einen allgemeinen Begriff bringen. Termini aus der von Christian Wolff bestimmten Schulphilosophie des 18. Jh.s.

1956 *Fünf Stunden:* Goethe zählt für seine erste Leipziger Zeit sechs Vorlesungen täglich auf (Brief an J. J. Riese, 20. 10. 1765).

1959 *Paragraphos:* die nummerierten Paragraphen z. B. von Gesetzbüchern.

1963 *Als diktiert' Euch der Heilig Geist!:* wie dem Johannes bei der Niederschrift der *Offenbarung Johannis*.

1978 *Rechte, das mit uns geboren ist:* das Naturrecht, die Menschenrechte.

1989 *auf des Meisters Worte schwört:* nach Horaz, *Epistulae* I,1,14 »iurare in verba magistri«.

1991 *die sichre Pforte:* Parodie des Bildes von der engen Pforte zum Himmelreich Mt. 7,13; Lk. 13,24.

2000 *Von einem Wort lässt sich kein Jota rauben:* nach Mt. 5,18; Lk. 13,24. Auf dem Konzil von Nizäa 325 n. Chr. stritten sich Arianer und Athanasianer, ob Jesus *homoiúsios* (›wesensähnlich‹) bzw. *homoúsios* (›wesensgleich‹) mit Gott sei; das Jota (das allein die griechischen Wörter unterscheidet) ließen sich die Arianer, die dann die Ostkirche bildeten, nicht rauben. Mephistopheles beweist mit dieser Diskussion um Wort und Begriff und Buchstaben, dass er auf der Höhe der philosophischer Reflexion ist und sich eigentlich von Faust mit V. 1700 nicht aufs Glatteis hätte führen lassen dürfen. Abgesehen von der Theologie-Satire macht die Diskussion den Rezipienten darauf aufmerksam, dass Mephistopheles sich auf »Worte« hat festlegen lassen im naiven Vertrauen darauf, dass sie auch mit ihrem »Begriff« zusammen ausgesprochen werden.

2010 *den Teufel spielen:* Was Menschen für den Teufel halten, ist für Mephistopheles genauso Rolle wie der Professor.

2039 *grün des Lebens goldner Baum:* Mephistopheles reizt den jungen Adam (s. II, D 1) mit dem Baum des Lebens wie V. 2048 mit dem Baum der Erkenntnis. Dass es nur ein auf irdische Genüsse reduziertes Leben, nicht etwa Unsterblichkeit ist, was Mephistopheles versprechen kann, zeigt die in sich selbst widersprüchliche Farbangabe.

2048 *Eritis sicut Deus, scientes bonum et malum:* »Ihr werdet wie Gott sein und wissen, was gut und böse ist«

(1. Mose 3,5). Die Versuchung des modernen Adam ist wie bei Faust nicht der Apfelgenuss und das Weib, das den Apfel reicht (1. Mose 3,12; s. II, D 1), um zum Wissen zu kommen, sondern das Ungenügen am mittlerweile erprobten Wissen. Mephistopheles führt den Schüler durch das nicht mehr ernst genommene Wissen hindurch zum materiellen Genuss und meint auch Faust soweit zu haben (V. 1860–67); die Entwicklungen laufen für Mephistopheles also parallel.

2052–54 *Wir sehn ... durchschmarutzen!:* Das Ende der Szene ist seit dem *Fragment* 1790 hinzugekommen und erläutert den Plan der Handlung: erst die kleine Welt in Leipzig (V. 2172), die große Welt wohl in Paris (z. B. V. 2402) s e h e n, dann denselben Lehrgang (»Cursus«) » d u r c h s c h m a r u t z e n«, also parasitär genießen, in der kleinen Welt der Margarete (V. 3355) und in der großen des Kaiserhofs usw.; damit ist die Planung der Kaiserhof- und Helena-Handlung im Zweiten Teil schon für die Römische Konzeption gesichert. Aus Fausts Bemerkung über seinen langen Bart und seine Schüchternheit wird die Motivation für *Hexenküche* gewonnen, die ja ebenfalls im *Fragment* neu hinzukommt.

2065 *den Mantel:* Mephistopheles modernisiert Fausts traditionelles Transportmittel (V. 1122) durch die neue Technik des Heißluftballons (»Feuerluft«), den die Brüder Montgolfier 1783 öffentlich vorgeführt hatten. Goethe ›datiert‹ damit das vorrevolutionäre Stammtischgerede von *Auerbachs Keller* und die Anspielungen auf die zur Revolution führenden Zustände in Frankreich in *Hexenküche* für die Leser des *Fragments* 1790 schon in ihre unmittelbare Gegenwart.

Die Szene gehört schon dem Bestand des *Urfaust* an und ist wegen einer brieflichen Bezugnahme auf das Rattenlied (an Auguste Stolberg, 17.9.1775) wahrscheinlich 1775 geschrieben: Für die Veröffentlichung im *Fragment* 1790 wurde die (außer den Anfangsversen) in Prosa geschriebene Szene versifiziert, wobei eine starke Schicht nationalistischer und die Freiheitsparolen der vorrevolutionären Zeit aufnehmender Reden einbezogen wurde – interessant, weil Goethe damit sehr früh die antimonarchistischen Stimmen und Umtriebe als gesamteuropäisches Phänomen und Teufelswerk diagnostiziert. War die Szene im *Urfaust* noch eine Satire auf Herders Volks- und Volksliedbegeisterung und auf deren Gegner durch die Liedtravestien des Floh- und Rattenliedes, so wird jetzt der dreimal benutzte Volksbegriff einerseits mit dem revolutionären Freiheitsbegriff, andererseits mit Bestialität (V. 2293–98) eng verknüpft, und der erhoffte Traubengenuss im illusionären gelobten Land erweist sich als Kannibalismus (V. 2313–23). – Die Szene ist folgendermaßen gegliedert: (1) Die Gesellen unter sich, Ablehnung zweier echter Volkslieder, Rattenlied anstelle des Liebeslieds; (2) Faust und Mephistopheles werden vergeblich ausgeforscht; (3) (hochpolitisches) Flohlied als Travestie des verworfenen politischen Volkslieds; (4) Wein, Vaterland, Freiheit, Weinwunder; (5) Höllenfeuer und Streit; (6) Traubenwunder, Abgang Mephistopheles und Faust; (7) die Gesellen unter sich. Das Quartett der Gesellen travestiert das Gelehrtenquartett; Faust, Wagner, Schüler, Mephisto entsprechen Altmayer, Brander, Frosch, Siebel; überhaupt zeigt die Szene als Schluss des Gelehrtendramas, wie weit die große Magie des Anfangs heruntergekommen ist, was am Stammtisch aus großen Ideen von Volk, Naturpoesie, Vaterland, Freiheit und der Utopie des guten Lebens wird, d. h. wie weit Fausts große Ziele göttlicher Erkenntnis und Neuschöpfung travestiert werden können. Mephistopheles, der

VIVE, BIBE, OBLECTARE, MEMOR POST FVNERIS, ET TVM
MORS ROBAT ARTE, TIBI. HERA CRV.S...

Drum laßt uns hier seyn musterhaft,
so gibt Gott unsern Thun dann seine geld
mit unserm Wohlfahrt nun geliebet uns der Erden
die rechten leben. — 1650. Anno.

schon hier die Regie übernimmt, macht nicht nur die Wunder Jesu und den Zug ins gelobte Land Kanaan rückgängig, sondern lässt mit ein paar Tropfen Höllenfeuer sich »herrlich offenbaren«, was nach seiner Meinung »die Welt / Im Innersten zusammenhält«, nämlich »Bestialität« (V. 2297 f.). Wohl weil Goethe beim Wiederlesen in Rom die Prosa der Szene »durch ihre Natürlichkeit und Stärke, in Verhältnis gegen das andere, ganz unerträglich« erschien, wie später die Prosa der Kerkerszene (an Schiller, 5.5.1798), setzte er sie in Verse, Madrigalverse mit starken Knittelvers-Einschlägen, abgesehen von den Liedern. Die Volkslieder und Volkslied-Travestien setzen die literarische Reihe bis 1778/80 fort (s. II, **D 26**).

BA vor 2073 *Auerbachs Keller:* Goethes Studienfreund Behrisch wohnte in »Auerbachs Hof« in Leipzig, der Keller war Weinlokal seit 1530; zwei Wandgemälde von 1625 (Abb. 6, beseitigt 1930) zeigten Faust in einer Trinkgesellschaft mit Musikanten und Faust auf dem Fass die Kellertreppe hinaufreitend. Die genaue Lokalisierung verbunden mit der derben Prosa und Faust als bloßem Zauberer hat im *Urfaust* die Funktion, den Abstieg von der hohen Magie der Renaissance in den prosaischen »Keller« der Gegenwart zu zeigen, in der allenfalls ein paar Illusionistentricks vorgeführt werden. Lokalisierung und ›Datierung‹ (durch die Volkslied-Travestie) dienen seit dem *Fragment* als Bestätigung des authentischen

Abb. 6a Faust (an der linken Schmalseite des Tisches) mit Studenten zechend.
Abb. 6b Faust (rechts auf dem Fass reitend).

Mephistopheles ist auf beiden Bildern in Gestalt eines Hündchens zu sehen. Die Werke sind nach den wohl 1625 entstandenen Bildern in »Auerbachs Hof« in Leipzig gemalt.

Charakters der Politisierung des »Volks« im deutschnationalen und antimonarchistischen Sinne; durch die Tätigkeit Mephistos als Zauberer zeigt sich diese Politisierung als höllische Erscheinung latenter Bestialität der Menschen.

2082 *singt Runda:* studentisches Saufritual – ein Becher geht herum; wer ihn bekommt, muss ein Lied singen.

2090 *Das liebe, heil'ge Röm'sche Reich:* Liedanfang im Ton alter historisch-politischer Volkslieder. Im Lied des »Druckerordens« (16. Jh.) heißt es, diese »gselschaft gut [...] hat ein kleine sorge / wol umb das römisch reich, / es sterb heut oder morgen, / so gilts in alles gleich.« »sich ums Reich sorgen« heißt seit dem späten Mittelalter ›sich nutzlos Gedanken machen‹.

2092 *ein politisch Lied!:* Drucke zu Goethes Lebzeiten haben das Ausrufezeichen, das die Weimarer Ausgabe nach Vorlage des *Urfaust* wieder tilgt und damit nahelegt, dass jedes politische Lied »ein leidig Lied« sei, was der Begeisterung über das Flohlied widerspricht. Brander ist offenbar nur gegen die reichskonservative Politik, deswegen schlägt er gleich die »Papstwahl« als Travestie einer politischen Handlung »vom neusten Schnitt«, nämlich die Wahl eines »Oberhaupts« durch das Volk vor.

2099 f. *welch eine Qualität ... den Mann erhöht:* Zur Vermeidung eines ähnlichen Debakels wie bei der legendären Päpstin Johanna, die bei einer Prozession in die Wehen kam, sei es Brauch geworden, den neugewählten Papst auf einen »Leibstuhl« mit Loch im Sitz den Gegenbeweis führen zu lassen. Dadurch ergibt sich ein zotenhafter Nebensinn des folgenden Volkslieds.

2101 f. *Schwing dich auf ... zehentausendmal:* Beginn eines zehnstrophigen Lieds aus dem *Venus-Gärtlein* von 1639.

2111 f. *Kobold ... Kreuzweg:* vgl. Anm. zu V. 1257 f.; Wegkreuzungen gelten seit der Antike als von Dämonen heimgesuchte Orte: die »Dirne« ist eine Hexe.

2120 *ich weiß zu leben:* die feine französische Art (*savoir-vivre*), sich zu benehmen.

2157 *Ebenbild:* Travestie zu V. 516, zwei anthropologische Extreme.

2161 *Dem Volke hier:* neuer politischer Begriff eines Subjekts des demokratischen Staates und zugleich anthropologische Ausgangs- und Zielkategorie Herders bei seinen *Volksliedern.* Dieser Zusammenhang ist durch Volkslied und Travestie (Rattenlied) schon in Erinnerung gebracht worden, damit auch Herders »Volk« als unverbildete Humanität. Dagegen stand der elitäre Volksbegriff z. B. Friedrich Nicolais, des »Proktophantasmisten« (BA zu V. 4144), der Herder das entgegenhielt, was dieser »Pöbel« und »Pöbellieder« nannte. Vgl. V. 1640, 10322.

2171 f. *Leipzig ... ein klein Paris:* Berlin als Hauptstadt Preußens mit vielen französischen Emigranten (Hugenotten) und Gastwissenschaftlern (Akademie der Wissenschaften) und Leipzig als Messestadt Sachsens konkurrieren im 18. Jh. um den Vorrang der an der Pariser *grand monde* geschulten Lebensart und Verfeinerung des Geschmacks. Während Berlin schon 1745 als »klein Paris« gilt, wird das Lob erst später auf Leipzig angewendet.

2180 *ich schraube sie:* ich werde sie foppen, oder: ihnen ein Geständnis entlocken (wie mit dem Folterinstrument der Daumenschrauben).

2188 *ein sehr verwöhnter Mann:* unfreiwillig doppelsinnig: »verwöhnt« bezogen auf das Getränk wird komisch, wenn man es auf die ergötzende Gesellschaft bezieht.

2189 *Rippach:* letzte Poststation auf der Route Frankfurt–Leipzig; Frosch will wissen, ob die Fremdlinge aus dem Westen, dem »Reich«, kommen.

2193 *seinen Vettern:* Der Wirt Hans Ars (Arsch) von Rippach war Gegenstand unflätiger Witze. Indem Mephistopheles die Gesellen als dessen Vettern grüßt, gibt er Frosch die Fopperei (»schrauben«, V. 2180) zurück.

2202 *die Kraft ist schwach, allein die Lust ist groß:* vgl. Mt. 26,41.

2205 *aus Spanien:* Die neue politische Dimension der Szene gibt dem schon im *Urfaust* als sangesfreudiges Land genannten Spanien als Land des rigorosesten Absolutismus (vgl. *Don Carlos*) eine neue Note und verschärft die Hofsatire des Flohlieds.

2207–40 *Es war einmal … wenn einer sticht:* nach *Lo polece* aus dem *Pentamerone* I,5 (1634–36) des Giambattista Basile.

2235 *Und durften sie nicht knicken:* Das verbietet die Hofetikette. »Willst du die Not des Hofes schauen: / Da wo dich's juckt, darfst du nicht krauen!« (HA 10, S. 54; *Dichtung und Wahrheit*, 15. Buch).

2244 *Es lebe die Freiheit! Es lebe der Wein!:* zwei politische Allegorien: Altmayer hat die Hofsatire begriffen, sein Preis der Freiheit der einfachen Leute, ihre Flöhe in flagranti zu knicken, beruht politisch auf Selbsttäuschung, denn das Volk hat bis jetzt die adligen Blutsauger noch nicht beseitigt. Die Identifikation von Freiheit und Wein in der Zeile zeigt den Drogen-Charakter beider.

2272 f. *Ein echter … trinkt er gern:* metrische Selbstparodie dadurch, dass die gegen die Franzosen (»Franzen«) gerichtete deutschnationale Zeile 2272 im ›französierenden‹ Alexandriner, die Folgezeile mit dem Lob für die französischen Weine im Vierheber steht, der sich dem deutschen Knittel nähert.

2289 *ein Wunder:* Der Wein aus dem Tisch stellt Bezüge her zum Wunder Mose, der Wasser aus dem Felsen bescheren konnte (2. Mose 17,6; 4. Mose 20,11), und zum Wunder Jesu, der bei der Hochzeit von Kana Wasser in Wein verwandelte »und offenbarte seine Herrlichkeit. Und seine Jünger glaubten an ihn« (Joh. 2, 6–11). Jesus hat nur einen Wein zu bieten, Mephistos Höllenfeuer = Freiheit schmeckt jedem verschieden.

2295 *Das Volk ist frei:* inhaltlich neu im *Fragment*; damit wird auch der Gesang vom kannibalischen Wohlsein der 500 Säue wie die »Freiheit« auf die Französische Revolution bezogen: Da wird Jesu Wunder von der Austreibung der Teufel in eine Herde Schweine (Mt. 8,28 ff.) rückgängig gemacht; die Teufel haben wieder von der Menschen Besitz ergriffen, die ihr kannibalisches Wohlsein und ihre geoffenbarte Bestialität als Freiheit verstehen.

2312 *vogelfrei:* wie die Gehängten den Vögeln zum Fraß freigegeben. Siebel übertreibt: die *Peinliche Halsgerichtsordnung* von 1532 strafte nur Schadenzauber.

2313–15 *Falsch Gebild und Wort ... hier und dort!:* neu im Fragment. »dort« ist das gelobte Land Kanaan, wo »Milch und Honig« fließt und von wo die Botschafter wundergroße Früchte und die Nachricht bringen, dass die Bewohner erst vertrieben werden müssten: Genuss auf Kosten anderer (4. Mose 13 f.). »Hier« sind die Menschen durch Begriffe wie Freiheit und Wohlsein so verblendet, dass sie höchsten Genuss erwarten, wenn sie ein Stück Fleisch vom Leib eines andern schneiden.

2334 *Mir deuchte doch als tränk ich Wein:* Der Genuss, der Wein (und die damit parallel gesetzte Freiheit) werden auf Selbsttäuschung zurückgeführt. Das ist zugleich ein Kommentar zu den Phänomenen der Magie seit der Steigerung anlässlich des Makrokosmos-Zeichens: es handelt sich um psychische Phänomene der Täuschung und Selbsttäuschung. Diese Erkenntnis macht sie allerdings nicht weniger wirksam und gefährlich.

Gretchendrama

Bereits der *Urfaust* enthält die vollständige Handlung um Margarete, die mit geringfügigen textlichen Änderungen – abgesehen von der Versifizierung der *Kerker*-Szene – bis in die Endfassung bestehen bleibt. Hinzu kommt in Rom 1788

Hexenküche als Ersatz der vierzeiligen Szene *Land Strase*
des *Urfaust* und als ›Prolog‹, der das Gretchendrama in die
großen Spannungsbögen des *Faust* – Strebungen, Gott zu
werden, Suche nach Helena, kulturgeschichtliche Entwicklungen der Neuzeit – einbezieht. Hinzu kommt *Wald und
Höhle*, aus einigen Passagen der Valentin-Szene entwickelt
und im *Fragment* hinter *Am Brunnen*, in der endgültigen
Fassung hinter *Ein Gartenhäuschen* gestellt. Das *Fragment*
1790 brach mit *Dom* ab; erweitert um den Walpurgis-Komplex und mit neugestalteter *Kerker*-Szene erschien das
Ganze 1808.

Gegenüber dem Faust-Stoff der Tradition ist das Gretchendrama neu und sollte schon im *Urfaust* nach dem Problem
der Erkenntnis das Problem des Gefühls und der Sinnlichkeit unter Bedingungen alter Gesellschaftsstrukturen und
moderner Reflexivität behandeln (starke *Dom Juan*- und
Nouvelle Héloïse-Bezüge; s. II, **D 13** und **D 15**). Die schon
im Gelehrtendrama beobachtete Doppelung der Epochen –
frühe Neuzeit, Ende 18. Jh. – bleibt erhalten, jedoch tritt
nun bei allem Lieblich-Altdeutschen in der Figur Margaretes und ihrer Umgebung die Emanzipation des Bürgertums
in den Vordergrund. Das zeigt sich auch hier im Gegeneinander der Gattungen; waren es dort Warndrama und *comédie sérieuse*, so ist es hier im Vordergrund das Bürgerliche
Trauerspiel um den Aufstiegstraum der Bürger und seinen
Preis, fokussiert wie so oft seit den Romanen Richardsons
in der verführten jungen Frau; im Hintergrund spielt sich
zwischen einer neuen Heiligen Margarete und dem Teufel
ein Legendendrama ab, in dem Margarete eine Seele und
Leib, Eros und Sexus heiligende Religiosität entwickelt,
aufgrund derer die Versucher im *Kerker* abgewehrt werden
und die Rettung durch die »Stimme von oben« verheißen
wird.

Faust war in diesem auf Margarete konzentrierten Stück die
für das Bürgerliche Trauerspiel typische Rolle des unent-
schlossenen Verführers zugekommen (»Ich weiß nicht soll

ich?« V. 2738), der eines teuflischen ›Freundes‹ bedarf (*Emilia Galotti, Die Kindermörderin, Die Soldaten*), um seine Skrupel zu überwinden und die sich anbietende Gelegenheit zu ergreifen. Durch die in Rom entwickelte Konzeption der Strebungen, Gott zu werden, wächst Faust im ›zweiten Akt‹ des *Faust I* jedoch eine neue aktive Rolle zu. Nach Marsilio Ficino heißt die zweite Strebung: »Die Seele will alle Dinge werden«. Dieses Programm hat Faust sich schon V. 1770 ff. gegeben, hat in Leipzig die »kleine Welt« gesehen, sieht in *Hexenküche* mit Paris die »Hauptstadt der Welt« (Steiger, Bd. 4, S. 227), um nun in Margaretes Stadt (Straßburg?) den »Cursum« in der kleinen Welt durchzuschmarotzen. Mit Margarete tritt ihm ein menschlicher Mikrokosmos (vgl. V. 1802) zum Spiegel und zum Genuss gegenüber; *Hexenküche, Wald und Höhle, Walpurgisnacht* ergänzen (vgl. FD 3, S. 115) die Erfahrungen des ›Allmenschen‹ über Spiritualität und Sinnlichkeit, Wonne und Jammer, Faszination und Gleichgültigkeit, Fesselung und Flucht im Verhältnis zu Margarete hinaus; über die beiden Dramen der Margarete legt sich eine neue Tragödie Fausts. Denn dieser schaut mit dem »Weib« im Zauberspiegel der Hexe die Frau Welt und erhält mit dem Hexentrank aus Höllenfeuer, trinkbarem Gold und Aphrodisiakum ein Verjüngungsmittel mit höllischer Kraft; beides treibt ihn also, analog zu Makrokosmos und Erdgeist, gleich anfangs wieder weit über das Menschenmaß hinaus. Eine Helena (V. 2604) wäre diesem Doppelanspruch vielleicht gewachsen, nicht aber die kindliche Margarete, die nicht mehr als ein Kompromiss, eine Proto-Helena sein kann und über die Faust allein wegen seines Versprechens der Rastlosigkeit hinwegschreiten muss. Hinzu kommt, dass er nach Mephistos ironischer Vorhersage, »mit warmen Jugendtrieben, / Nach einem Plane, zu verlieben« sich gezwungen sieht (V. 1799 f.): Er kann sich nicht spontan verlieben und seiner Liebe hingeben wie etwa Margarete (V. 3492), sonst hätte ihn Mephistopheles mit Genuss betrogen; der Wunsch nach Ewigkeit des glückhaften Augenblicks rückt auch in gefährliche Nähe (V. 3191–94). Das heißt aber, dass der Genuss dessen, was der Menschheit zugeteilt ist (V. 1770 f.), wegen der Bedingung der Reflexivität, des Genießenwollens, sich dabei Beobachtens, sich nicht wirklich darauf Einlassens von vornherein ausgeschlossen ist und genauso tragisch im Keller des *Kerkers* landen muss wie das Gelehrtendrama in *Auerbachs Keller*. Wie der sinnliche Genuss durch Reflexivität, so wird der geistige Genuss durch Sinnlichkeit vereitelt (*Wald und Höhle*). Margarete, ganz ohne Fausts »Wollen«, kommt einer geistigen Sinnlichkeit / sinnlichen Geistigkeit, die als Ganzes »nur für einen Gott gemacht« ist (V. 1780 f.), näher als Faust, der mit seinem Streben und Wollen sich immer selbst behindert. Die Struktur von Fausts Tragik, einem eingeborenen, zum Streben verschärften Drang zu folgen und an den Grenzen des Menschseins zu scheitern, ist also dieselbe wie im Gelehrtendrama, nur dass nicht mehr die Einheit des im Innersten Zusammenhaltenden, sondern die Allheit des Kosmos zur Teilhabe erstrebt wird.

Die historischen Markierungen werden im Gretchendrama weitergeführt. *Hexenküche* spielt unübersehbar auf die Vorgeschichte und den Ausbruch der Französischen Revolution an, *Walpurgisnacht* ist durch den Proktophantasmisten und sein Heilmittel gegen die Geister (V. 4172 f.) auf 1799, der *Walpurgisnachtstraum* durch den Namen einer Zeitschrift auf 1801 datiert; die alten Hexer auf dem Blocksberg sind die vergangenen Größen des Ancien Régime; der kussfreudige Demokrat in den Satansszenen (FD 1, S. 628) gehört schon der nachrevolutionären Regierungsmannschaft an, die wie die alte dem Satan huldigt. Angesichts des welthistorischen Geschehens, das Faust durch zwei alte Kupferstiche hindurch erlebt, also mit einem die Modernität der Verhältnisse und Ereignisse nicht voll erfassenden Blick sieht, ist sein Rückzug in die Privatheit der »kleinen Welt« (V. 3355) der Margarete eine Flucht in die ideale ›heile Welt‹ der frühen Neuzeit, wie die Romantiker sie gegen Ende des Jahrhunderts antraten. Entsprechend sind auch die literarischen Markierungen (s. II, **D 26**) gespalten, zeugen einerseits von den fortschreitenden Tätigkeiten der Antiquare und alte Formen aufgreifenden Dichter, andererseits weisen sie immer tiefer in den Schacht der Tradition zurück: Margaretes Kunstballade vom König in Thule, Marthes Hans-Sachs-Reminiszenz (V. 2865–72), Gretchens Arie als modernes Ausdruckslied am Spinnrad, ihre *Stabat mater*-Adaption als Dacapo-Arie in *Zwinger*, Mephistos Lied nach Shakespeare (V. 3682–97), die mittelalterliche Totensequenz in *Dom*, das Lied aus dem *Märchen vom Machandelboom* in *Kerker* als Urpoesie, aufgezeichnet von Philipp Otto Runge. Alte und immer ältere Formen, vom Stilpluralismus um 1800 begierig aufgenommen und modernisiert. – In der Raumregie zeigt sich ein fast regelmäßiger Wechsel von offenen und geschlossenen, halb offenen (z. B. Garten), halb geschlossenen (Zwinger) Räumen. Auch die Licht- und Tageszeitenregie lässt bedeutende Bezüge erkennen.

Hexenküche

Als ›Prolog‹ des Gretchendramas 1788 in Rom geschrieben, ersetzt *Hexenküche* die vierzeilige Szene *Land Straße* des *Urfaust*, die dort den Übergang zwischen den zwei ›Akten‹ markierte, indem sie mit dem Szenenbild (vgl. die BA) »altes Schloß« und »Bauerhüttgen« auf die sozialen Spannungen hinwies, die im Gretchendrama ausgetragen werden (FD 1, S. 519). Auch *Hexenküche* bedient sich eines Szenenbildes, aber nicht einer vom Theatermaler nach Goethes Angaben gemalten Kulisse, sondern eines Kupferstichs nach Pieter Brueghel dem Älteren von Hieronymus Cock 1565 (Abb. 7), in den Faust mit Mephistopheles eintritt: das bekannte Bild eines anderen Künstlers also (Goethe besaß die Radierung), das einen noch weiter zurückliegenden Vorgang (der Heilige Jacobus wird von einem Magier festgehalten) mit den Vorstellungen des 16. Jh.s darstellte. Auf die

DIVVS IACOBVS DIABOLICIS PRAESTIGIIS ANTE MAGVM SISTITVR

Brueghel invent. Cock excudebat, 1565

Abb. 7 Pieter Brueghel d. Ä.: Versuchung des heiligen Jakobus.
Wahrscheinlich Szenenvorlage zu *Hexenküche*

Veraltung dieser Vorstellungen und der dazugehörigen Magie und des Bösen – im Keller des Bildes ist die Hölle zu sehen – kommt es Goethe offenbar an: Beide Gäste beschweren sich darüber, Faust weil er durch einen Trank aus dieser »Sudelköcherei«, dieser »Raserei« und diesem »tollen Zauberwesen« verjüngt werden soll (V. 2337–42), Mephistopheles weil er in seiner modernen Kleidung von der Hexe nicht erkannt und nach seiner brutalen Selbstidentifikation wieder mit veraltetem Namen angeredet wird. Faust aber braucht die alte Droge, braucht die Hexe, weil er sich »nicht bequemen« kann, eine Verjüngungskur nach modernen Erkenntnissen auf sich zu nehmen (V. 2362–65). Durch dieses veraltete, aber hochwirksame Mittel wird Faust zum Monstrum, äußerlich jung, scharf auf Frauen und Genuss, innerlich der alte Melancholiker. In einem Zauberspiegel sieht er die zweite Droge, die Welt als Frau – wiederum ein veraltetes Bild –, deren »himmlische« Schönheit ihn fasziniert, bis er Helenas Schönheit gesehen hat (V. 6487–6500). Der Eintritt ins alte Bild und seine Magie ist also nötig, weil Faust sich zur Anerkennung der zeitgenössischen Realität und ihrer tatsächlichen Forderungen »nicht bequemen« kann, weil das Arbeit, Veränderung und Zugreifen erfordert hätte.

Die zeitgenössische Realität scheint aber durch den alten Stich hindurch. Es sind die Vorgänge, die seit der Halsbandaffäre 1785 (die Goethe wegen ihrer »greulichsten Folgen« fast »wahnsinnig« machte) auf den *grand monde* und seine ›Hauptstadt‹ Paris zukommen und in der Revolution gipfeln: Korruption (V. 2419–21), Zerrüttung der Staatsfinanzen bei unglaublicher Verschwendung des Hofs und äußerster Armut des Volks (V. 2392 f.), so dass bei untätiger Abwesenheit der Herrschaft ein Fremder als Finanzminister mit dem Zepter auf den Thron gesetzt wird (V. 2427 f., 2448 f.) und die zerbrochene Krone mit Schweiß und Blut leimen soll (V. 2451 f.); dies geschah durch den Bankier Necker und den Amtsadligen Calonne, der den Adelsstand zu besteuern und zur Arbeit zu bringen suchte, während Necker mit Anleihen eine ›Sanierung‹, d. h. wie bei Fausts Verjüngung eine äußere Scheingesundheit bei gleichbleibender innerer Desolatheit, bewerkstelligte. Das merkantilistische Verfahren, mit vorhandenen Geldmengen Löcher zu stopfen, war praktiziert worden, bis 1758 Quesnay sein *Tableau économique* mit dem Beginn der physiokratischen Ökonomietheorie herausbrachte, die Mephistopheles so unattraktiv für Faust als Alternative zu einer Verjüngung mit »Geld« darstellt (V. 2351–61). Faust wird also um 30 Jahre in das Verfahren des Merkantilismus zurückverjüngt wie der Staat; er erhält *aurum potabile* als Lebenselixier und hat dann auch für Margarete Schätze anzubieten; allerdings sind das gestohlene Schatzkästlein (V. 2732), wie auch die Sanierung des Staates nicht durch vorhandenes, sondern geliehenes Geld geschieht – Lotterie, strenge Polizeivorschriften zur Niederhaltung des überschäumenden Hexenkessels (Bildmitte, von der Äffin bewacht). Einberufung der Notabeln-Versammlung und deren Gefangensetzung 1787, als die gewünschte Steuer nicht beschlossen wird, ist die erste Regierungshandlung durch den König seit langer Zeit, ungeheure Empörung: Versengen der durch den Schornstein herunterfahrenden Hexe (Kessel rechts, an dem sich die Äffchen die Pfoten wärmen, V. 2385). Weitere Bezüge im Stellenkommentar; Radierung, Paris 1785–89 und Faust-Handlung sind also aufeinander abbildbar und kommentieren einander satirisch (vgl. FD 3, S. 444–446).

Die Szene hat mehrere Teilszenen: (1) Eingangsgespräch Faust – Mephistopheles; (2) Mephistopheles und die Tiere; (3) Faust vor dem Zauberspiegel; (4) Mephistopheles als »König auf dem Throne«; (5) Rückkehr der Hexe; (6) Verjüngungs-Zauber; (7) Schlussgespräch. – Abgesehen von den magischen Kurzversen der Hexe und ihrer Tiere wird Madrigalvers verwendet; besonders viele Alexandriner geben einen ›französischen‹ Anstrich.

BA vor 2337 *Auf einem niedrigen Herde … ausge-*
schmückt: Zur Übereinstimmung der Szene mit der Radierung von Brueghel/Cock (Abb. 7) vgl. oben S. 127–
129, Szenenkommentar. Goethe hat nur die drei Kessel in
einen zusammengezogen und die offene Szene in einen
Raum verlegt. Der Heilige und der Zauberer werden
durch Faust und Mephistopheles ersetzt. Zauberkreise,
Sieb, im Rauch aufsteigende Gestalten sind vorhanden.

2345 *Hat die Natur und hat ein edler Geist:* vgl. V. 4896–
4900.

2348 *Doch:* so in der Ausgabe 1828; meist als Druckfehler
für »Dich« korrigiert (so 1790, 1808 u. ö.).

2351 f. *Ein Mittel, ohne Geld … zu haben:* Da die Hexe für
ihren Saft kein Geld erhält, liegt die Vermutung nahe,
dass das von der Hexe gelieferte Mittel mindestens in einer Bedeutungsschicht als Geld zu verstehen ist, das ja
nach Mephistos Lehre den »rechten Mann« macht
(V. 1824–27).

2353–61 *Begib dich … verjüngen!:* Lehre von der gesunden Lebensführung, wie sie Goethes späterer Leibarzt
Chr. W. Hufeland auf der Basis der Schriften von
L. A. Cornaro (1475–1566) vertrat. Um die Wirksamkeit
seiner Rezepte durch Jugendlichkeit zu belegen, hatte dieser behauptet, er sei schon 95, während er erst 80 Jahre alt
war. – Andere Lesung: Mephistopheles stellt dieses ge-
sunde Leben so unattraktiv dar, dass er Faust am Ende
sagen kann: diese Art Verjüngungskur macht nicht jünger, sondern älter. Volkswirtschaftlich – die Faust-Handlung ist wie gezeigt auf die »große Welt« abbildbar – trägt
Mephistopheles die physiokratische Theorie von der Begründung der Ökonomie auf der Reproduktivität der
Natur, der Förderung der Landwirtschaft und des Hand-
werks und der Besteuerung der unproduktiven Gesell-
schaftsklassen vor (Quesnay, s. oben S. 130, Szenenkommentar). Die Experimente der Umkehrung der bisherigen
Gesellschafts- und Besteuerungsordnung scheiterten am

massiven Widerstand der bisher Privilegierten und an der mangelhaften Durchführung in mental unvorbereiteten Test-Regionen. Zu diesem »natürlichen Mittel« (V. 2348; »Physio-kratie« ist wörtl. ›Herrschaft der Natur‹) kann Faust sich nicht »bequemen«, weil er nicht nur in den alten Kupferstich und seine Magie eintritt, sondern auch gedanklich vor Arbeit, Veränderung, Umdenken zurückscheut, trotz seiner dauernden Proteste gegen die alte Magie der Hexe.

2358 *acht es nicht für Raub:* halte es nicht für unter deiner Würde; ironisches Zitat von Phil. 2,5–7.

2369–71 *tausend Brücken ... Geduld:* Goethe hatte die »Teufelsbrücke« zwischen Andermatt und Göschenen auf seiner Schweizerreise 1779 kennengelernt. Unter dem Geldaspekt beim Trank dauert die bisherige Vermehrung des Kapitals durch Verzinsung oder Besteuerung der Untertanen lang, und die Umwandlung (»Gärung«) des Reichtums in Kultur der Lebensführung, des Nicht-Verlegenseins (V. 2060), des selbstverständlichen Reichseins noch länger. Faust soll der Schein dieser adligen Lebensart auf alter merkantilistischer Basis gegeben werden. Mephistopheles, der neue Kapitalist, braucht dagegen für die nötigen Staatsanleihen als »Baron« und Finanzminister (V. 2448 f.) schnell große Summen, die er auf die versprochene Rendite von Projekten z. B. in Übersee (wie schon John Law) leiht.

2380 *die Frau:* die Herrin.

2384 f. *Wie lange ... wärmen:* Die Meerkatzen antworten grundsätzlich verkehrt. Richtig wäre: Wir können/dürfen uns nur die Pfoten wärmen, solange sie weg ist. Der groteske und absurde »Discours« in dieser Antiwelt ergötzt Mephistopheles, bis auch ihm der Kopf schwankt.

2402–15 *Das ist die Welt ... Scherben:* Mephistos Schau der »großen Welt«, vom Kater als in kontradiktorischen Widersprüchen bestehendes, totes und lebendiges, sich erhaltendes und zerstörendes Gebilde dargestellt – nihili-

Abb. 8 David Teniers: Affen mit Weltkugel
(Kupferstich von Coryn Boel).
Wohl Bildvorstellung zu V. 2402–15

stische Parodie auf die Rede des Erdgeists (V. 501–509).
Die von Affen gerollte Weltkugel hat Goethe wohl von
einem Bild von David Teniers (Abb. 8) in die Hexenküche eingefügt.
2416 *das Sieb:* Rechts neben dem großen Mittelkessel in
Abb. 7 wird ein Sieb von Staub oder Mehl freigeblasen.
Mit dem Sieb erkennen die Meerkatzen Mephistopheles
als Dieb. Auch Necker wurde, nachdem er die Verschwendung des Hofes publik gemacht hatte, der Berei-
cherung beschuldigt und auf Betreiben der Königin Marie Antoinette entlassen. Calonne als sein Nachfolger
stellte durch Fortsetzung der Anleihe- und Verschul-
dungspolitik vorübergehend den Staatskredit wieder her,
der Finanzminister regierte weiter (V. 2427 f., 2448 f.).

Abb. 9 Giorgione: Ruhende Venus.
Vielleicht Bildvorstellung zu V. 2429–40

2427 *Den Wedel:* zum Vertreiben und Erschlagen von
Fliegen. Mephistopheles ist »Herr der ... Fliegen«
(V. 1516 f.).

BA zu 2429 *vor einem Spiegel ... genähert ... entfernt:* Die
ästhetische Theorie des Kunstwerks, zu dem Künstler
und Betrachter genau die richtige Entfernung einhalten
müssen, um es nicht ›kulinarisch‹ zu missbrauchen, hat
Goethe mit Karl Philipp Moritz in der Zeit der Niederschrift von *Hexenküche* in Rom entwickelt und in den
entscheidenden Passagen gewissermaßen als versteckte
Interpretation dem *Bericht* für März 1788 der *Italienischen Reise* beigegeben (HA 11, S. 525, 534–541). Damit
ist das Zauberbild die erste Auseinandersetzung mit dem
Pygmalion-Problem (s. II, **D 16**), das bis zum Ende des
3. Akts im Zweiten Teil weiterwirkt. Für Goethes Bildvorstellung hat man Giorgiones *Ruhende Venus* vorgeschlagen (Abb. 9), er mag jedoch auch sein Erlebnis mit

der Hl. Rosalie im Sinn gehabt haben, bei dem er in der *Italienischen Reise* das Spiel von Näherung und Entfernung und dem wiederholten Versuch »das schöne Bild der Heiligen noch deutlicher gewahr zu werden«, ausführlich beschreibt (HA 11, S. 239 f.).

2437 *das Weib so schön?:* Die in der vorigen Anm. genannte ästhetische Theorie fordert für den künstlerischen Gestaltungsvorgang einen individuell gewählten Gegenstand, auf den dann die vom Künstler gefasste Totalität der umgebenden Natur projiziert werden kann (womit er dann auch seine Individualität und Gegenständlichkeit verliert). Wenn ein solcher Prozess vorliegt, dann vorläufig nur rezeptiv oder wenigstens so, dass der Gegenstand durch den Zauberspiegel unterschoben wird, welcher ja künftige Geliebte »leiblich sehen« lässt (V. 879). Das hat sicher mit Mephistos Strategie der Versuchung Fausts durch Sinnlichkeit zu tun, geht aber vor dem Genuss des Tranks ins Leere, weil Faust nicht den Erdgeist, sondern den Makrokosmos, den »Inbegriff von allen Himmeln«, in dem Bild sieht und erst nach dem Trunk beide Aspekte zueinander ins Verhältnis setzt. Mit dem »Weib« als Gegenstand seines Strebens erscheint also etwas, das Ordnungs- und Energieaspekt zueinander ins Verhältnis setzt und bis zum »Ewig-Weiblichen« der Schlusszeile zum reinen ziehenden Prinzip erhoben wird, dem das Männliche (ebenfalls Ordnung und Energie verbindend) als drängendes Prinzip zugeordnet ist.

2441 *wenn ein Gott sich erst sechs Tage plagt:* Nach 1. Mose 1 f. wurde in den sieben Tagen nicht nur der Mensch, sondern die Welt geschaffen; Faust sieht also die Welt, die im altertümlichen Stil der *Hexenküche* nach mittelalterlicher Vorstellung als Frau Welt gestaltet ist (z. B. Basel, Straßburg, Worms; auch die »Wollust« im Freiburger Münster wird als Frau Welt interpretiert). Während Mephistopheles die Welt als Zerr- und Missgestalt präsentiert bekam (V. 2402–15), sieht Faust sie als schöne Gestalt. Umge-

kehrt kann er dann die Schönheit Margaretes als Stellver-
tretung der Welt genießen, wie ihm Mephistopheles auch
gleich entindividualisierend mit »so ein Schätzchen« nahelegt.

2449 *Zepter:* Unter den Erzämtern der Kurfürsten (vgl.
V. 10876–924) ist der Zepter das Insignium des Kämme-
rers als, unter anderem, Beauftragten für die Finanzen.
Mephistopheles sitzt als ›Finanzminister‹ auf dem Thron,
so wie im vorrevolutionären Frankreich Necker, Calonne, Brienne und wieder Necker als Generaldirektor
der Finanzen die Regierung führten.

2452 *Die Krone zu leimen!:* Gemäß ihrer Gewohnheit, die
Reihenfolge, Ursache und Wirkung usw. zu vertauschen,
bringen die Tiere die Krone noch unzerbrochen, reden
schon vom Leimen, und dann erst »ist es geschehn«, was
auch für ›wir haben's getan‹ stehen kann. Im *Fragment*
war die Krone schon zerbrochen.

2457 *Nun ... schwanken:* schwankender Satz.

2466 *Verdammtes Tier! verfluchte Sau!:* Königin Marie
Antoinette kultivierte ihre vulgäre Ausdrucksweise. In
der Allegorie bleibend, hetzt sie das empörte Volk (Hexenkessel) gegen den Finanzminister auf. Um den Staats-
bankrott zu vermeiden, berief auf den Rat Calonnes der
König 1787 die seit 1626/27 nicht einberufene Notabeln-
versammlung ein, die jedoch keine Steuer gegen sich be-
schließen wollte und vom König gefangengesetzt wurde.
Ungeheure Empörung des Volks, Calonne und sein
Nachfolger Brienne wurden entlassen.

2482 *Erkennst du deinen Herrn und Meister?:* Die höllische Hierarchie (vgl. V. 1349, 1413, 1582, 1641) wird äußerst brutal behauptet. – Der auf Druck des Volks wieder
eingesetzte Necker kehrt »den Wedel« um, erzwingt die
Einberufung der Etats généraux und in dieser Versammlung die Verdopplung des 3. Standes (»doublement du
Tiers-Etat«), so dass das »Volk« gleich viele Vertreter
hatte wie Adel und Geistlichkeit zusammen. »Volk« wa-

ren fast nur Mitglieder der reichen Bourgeoisie, so dass das Kapital die Legislative und die Exekutive übernehmen kann.

2490 *Pferdefuß:* Attribut des Teufels.

2497 *das nordische Phantom:* Die im Mittelalter imaginierte Gestalt des Teufels ist aus vielen Kulturen gemischt, hat aber starke Elemente aus der germanischen Mythologie und nordeuropäischen Dämonologie.

2510 *Herr Baron:* Baron war der einzige käufliche Adelstitel, weshalb ›Finanzbarone‹, später ›Schlotbarone‹ ihn sich zulegten. Goethes Kommentar über die Modernisierung und Pluralisierung des Bösen ist eindeutig.

2513 *Wappen:* Er imitiert wahrscheinlich mit zwischen Zeige- und Mittelfinger durchgestecktem Daumen das Lilienwappen der Bourbonen.

2518 *schafft:* verlangt.

2524 *nicht mehr im Mindsten stinkt:* Anspielung wohl auch auf den Spruch »Geld stinkt nicht« und damit den Geldaspekt (vgl. V. 2351) des verabreichten Tranks, der Adel, gesellschaftliches Ansehen, Kräfte verleiht (vgl. Anm. zu V. 1824). Da Faust einen »Saft« erhält, ist es wahrscheinlich *aurum potabile*, Trinkgold. »Eine rote Tinktur [...], der man fast die Eigenschaften des Lapis philosophorum [Stein der Weisen] nachrühmt; angeblich befähigt, zu stärken, zu verjüngen und viele Krankheiten zu heilen« (Schneider, *Lexikon alchemistisch-pharmazeutischer Symbole*, S. 66 f.). Die Alchimisten suchten nach Goethe den Ideen ›Gott, Tugend und Unsterblichkeit [...] entsprechende Forderungen der höheren Sinnlichkeit, Gold, Gesundheit und langes Leben [zu erfüllen]. Gold ist so unbedingt mächtig auf der Erde, wie wir uns Gott im Weltall denken. Gesundheit und Tauglichkeit fallen zusammen. Wir wünschen einen gesunden Geist in einem gesunden Körper. Und das lange Leben tritt an die Stelle der Unsterblichkeit« (HA 14, S. 78; *Geschichte der Farbenlehre*).

2540–52 *Du musst verstehn! ... Hexen-Einmal-Eins!:* Es

gibt viele Lösungsvorschläge; der einfachste ist: Wenn
1 = 10 und 10 = 0, dann 1 = 0, die anderen Zahlen sind
Vielfache von 1 und damit = 0. Das stimmt mit Mephistos Deutung vom »vollkommnen Widerspruch«
(V. 2557) zusammen, während all die sinnvollen Lösun-
gen, z. B. magische Zahlenquadrate und dergleichen,
durch die ›nihilistische‹ Deutung dementiert werden.

2555 *das ganze Buch:* Das Hexeneinmaleins gibt es so nur
im *Faust*, aus dem die Hexe also vorliest und der – so Mephistos Poetik – »ein vollkommner Widerspruch« ist. Zu
dieser Poetik der exakt ausgearbeiteten Widerspruchs-Sy-
steme vgl. FD 3, S. 742–746.

2561 *Drei und Eins, und Eins und Drei:* Spott auf die Drei-
einigkeitslehre.

2566 *auch was denken lassen:* vgl. 1. Kor. 1,18. – Über Ne-
ckers Forderung nach Verdopplung des 3. Standes (vgl.
Anm. zu V. 2482) wurde gerätselt, bis man auf die Idee
kam, statt der bisher ei n e n Stimme pro Stand die Pro-
Kopf-Abstimmung zu fordern und damit dem 3. Stand
die Mehrheit zu ermöglichen. Auch diese gewaltsam-
rechnerische Revolutionierung der bisherigen Wert-,
Macht- und Entscheidungsverhältnisse wird in den gewaltsamen Verben des Hexeneinmaleins gespiegelt.

2577 *Sibylle:* in der Antike: weise, meist alte Frau und Pro-
phetin.

2581 *Graden:* Geheimgesellschaften wie Freimaurer, Illuminaten, Gold- und Rosenkreuzer hatten ein ausgefeiltes
System von Rangstufen (Graden).

2586 *vor der Flamme scheuen:* Es handelt sich also auch um
Höllenfeuer wie in *Auerbachs Keller* – die Bestialität wird
sich ebenfalls an Faust offenbaren. In der politischen Allegorie: Sturm auf die Bastille usw.

2598 *Cupido:* römischer Liebesgott (lat. *cupido* ›triebartiges
Verlangen‹).

2604 *Bald Helenen in jedem Weibe:* Die prologisierende
Wirkung von *Hexenküche* wird für die Zuschauer deut-

lich gemacht: Margarete ist nur eine Proto-Helena, ein
beliebiges »Weib«, irgendein »Schätzchen«, das Faust als
»Inbegriff von allen Himmeln« und als bloßes Femini-
num, Engel und Dirne (V. 2619, 2659) gleichzeitig behandeln und damit heillos über- und unterfordern wird. Ferner ist damit die das Gretchendrama ganz bestimmende
intertextuelle Beziehung zu Shakespeares *Sommernachts-*
traum (s. II, D 8) erstmals markiert, denn »der Liebhaber
[...] sieht Helenas Schönheit in einer Zigeunervisage«
(»Sees Helen's beauty in a brow of Egypt«, Beginn des
5. Akts). Da es an dieser Stelle um die aus Platons *Phai-*
dros stammende Lehre von den *maníai* (lat. *furores*, vgl.
Anm. zu V. 430–454) geht, wird das Thema der Selbststeigerung von jetzt an im vollen platonischen Sinne auf
»Schönheit« konzentriert.

Straße I

Entstanden im Kontext des *Urfaust* wahrscheinlich 1773/74
als unvermittelter Beginn des Gretchendramas – die vier
Zeilen der Szene *Land Strase*, 1788 durch *Hexenküche* ersetzt, geben keinen Hinweis auf diese auch im Faust-Stoff
nicht angelegte Episode. Von Margarete her gesehen, ist die
Handlung in sich abgeschlossen; Goethe sprach 1826 auch
vom ›zweiten Akt‹ des *Faust I* (Gräf II,2, S. 325, Anm. 2).
Wie schon im Kommentar dazu (oben S. 124) angedeutet,
führt Goethe wieder zwei Dramentypen parallel, ein modernes Bürgerliches Trauerspiel und ein Legendenstück aus
der Tradition des 16. Jh.s; während im Gelehrtendrama
Warndrama und *comédie sérieuse* einander ergänzten und
kommentierten, stört im Bürgerlichen Trauerspiel der Teufel des Legendenstücks und in diesem die moderne Religiosität Margaretes; nimmt man noch die durch *Hexenküche*
eingeführten Funktionalisierungen der Margarete für die
Helena-Handlung und die Faustsche Strebung nach Allheit
(nach V. 1770 f.) hinzu, so entsteht ein außerordentlich kom-

plexes Handlungsbild, das jede Figur und jede Szene mehrfachen Lesungen öffnet, entsprechend dem Diversitätscha-
rakter, der dem Streben folgt, »alle Dinge zu werden«.
Die Szene ist, bis auf einen Alexandriner (V. 2674), der
bei den leichten Änderungen im *Fragment* hinzukam
(V. 2609 f., 2640, 2643, 2647, 2674–77), im Knittelvers geschrieben, der nach den starken französischen Anklängen
von *Hexenküche* eine Rückkehr in den ›altdeutschen‹
Sprachraum andeutet. Das heißt jedoch nicht Rückkehr in
die heile putzig-kleinstädtische frühbürgerliche Welt der Il-
lustrationen des 19. Jh.s – die Stadt hat einen Dom, Margarete weiß französierend zu parlieren und zitiert Molière, sie
ist fast enttäuscht, dass Faust ihre Augensignale nicht wahrnimmt (V. 3163–65) und geht mit ihrem Blumenorakel
(V. 3179–84) weit forscher vor als Molières Charlotte. Im
Gegenteil, diese Welt ist die in *Vor dem Tor* beschriebene
beengende spätmittelalterliche Welt (V. 923–927), die in den
Lebensräumen und in den Köpfen bis weit ins 18. Jh. hinein
herrschte und auch hier die finstere Magie des Veralteten
ausübt. – Die Szene hat mehrere Teile: (1) Faust spricht
Margarete an; (2) Faust über Margarete; (3) Faust und Mephistopheles über ihre Verführbarkeit, Umstände, Hindernisse, Versprechen der Einführung in ihr Zimmer; (4) Mephistopheles über seinen Auftrag, ein Geschenk zu besor-
gen. – Mit der werbenden Ansprache des Höhergestellten in
der Öffentlichkeit beginnt eine bedeutungsvolle intertextuelle Beziehung zu Lessings *Emilia Galotti* (s. II, **D 18**), deren Konstellation Emilia – Prinz – Marinelli sich in Margarete – Faust – Mephistopheles spiegelt.

BA vor 2605 *MARGARETE:* Bedeutung des Namens von lat.
margarita ›Perle‹; Goethe spielt mit der Blumenmetapher
›Margerite‹, über die von Gretchen zerrupfte »Stern-
blume« (BA zu V. 3179), das »Blümchen«, das nach der
Defloration (zu lat. *flos* ›Blume‹) »weg« ist (V. 3561) bis
zu den mit Tränen benetzten, für Maria gebrochenen

Blumen (V. 3611) und den Blumen des eingebildeten Brautkranzes (V. 4436). Während im *Urfaust* die vollständige und mehrere Kurzformen des Namens erscheinen, beschränkt Goethe sich seit dem *Fragment* auf »Margarete« und »Gretchen« als Regienamen – im *Faust I* »Margarete« bis *Ein Gartenhäuschen* und noch einmal in *Marthens Garten*, »Gretchen« in *Gretchens Stube* und dann von *Am Brunnen* bis *Nacht. Straße vor Gretchens Türe*; in *Kerker* ist der Regiename wieder durchweg »Margarete«. Es ist anzunehmen, dass der Autor durch diesen Wechsel des Regienamens die spirituelle und die verführend-verführte Seite der Figur andeutet; damit entsteht eine Parallele zum 3. Akt des Zweiten Teils, wo Goethe die Helena sogar von zwei Schauspielerinnen spielen lassen wollte. »Gretchen«, »Gredt«, »Gretlein« war noch im 18. Jh. ein in die Kennzeichnung als ›leichtes Mädchen‹ abgeglitterner Vorname (wie »Mieze«, »Mizzi« aus »Maria«; »Metze«, »Mätz« aus »Mechthild« usw.), so dass »Gredtleins Tür« auch den Eingang eines Bordells bezeichnen konnte. Für das unterliegende Legendenstück wichtig ist die Kontamination der Viten zweier Heiliger Margareten in Margaretes Schicksal. Die Hl. Margareta von Antiochia, als Christin vom römischen Prätor mit dem Tod bedroht und eingekerkert, weil sie ihn nicht heiraten wollte, wurde im Gefängnis vom Teufel in Gestalt eines Drachen geängstigt, dem sie aber den Fuß siegreich in den Nacken setzte – deutliche Anspielung in der *Kerker*-Szene. Die Hl. Margareta von Cortona, Schutzpatronin der bußfertigen Prostituierten, lebte mit einem Adligen unverheiratet zusammen und hatte ein Kind mit ihm, unterwarf sich nach seinem schrecklichen Tode einer langjährigen Buße und wurde zur begnadeten Mystikerin; erst 1728 heiliggesprochen, steht sie in den *Acta Sanctorum* (1658) noch als *poenitens* (›büßend‹, ›Büßerin‹, vgl. BA zu V. 12069). Für seine Gretchenhandlung verwendete Goethe anscheinend ihr Leben bis zu ihrer Buße (den harten

Selbstkasteiungen außerhalb des Klosters) und fügte dann die Gefangennahme und Einkerkerung der Antiochierin an, d. h. einen Sieg über den Teufel, eine ›Rettung von oben‹ ohne kirchliche Vergebung ihres ›sündigen‹ Lebens aufgrund, wie sich zeigen wird, einer neuen ganzheitlichen Religiosität. – Biographisch ist der Name »Margarete« verbunden mit der Frankfurter Kindsmörderin Susanna Margaretha Brandt, deren Prozess Goethe 1772 verfolgte; außerdem gab er wohl nachträglich seiner ersten Jugendgeliebten in Frankfurt den Namen »Gretchen« (*Dichtung und Wahrheit*, 5. Buch); auch spielte die düstere Reue über seine Untreue gegenüber der Sessenheimer Pfarrerstochter Friederike Brion herein. So kondensiert Margarete eine große Anzahl von Bedeutungsrichtungen und Assoziationen und darf nicht auf eine davon festgelegt werden.

2605 *schönes Fräulein:* Die bürgerlich gekleidete Margarete mit dem Titel unverheirateter adliger Damen anzureden, ist ein durchsichtiges Kompliment. Auffällig die Häufung von »schön« V. 2605–09; nach der Erfahrung der Schönheit des Zauberbildes V. 2437, 2600 ist die Übertragung auf Margarete deutlich. – Auch Molières *Dom Juan* lässt gegenüber Charlotte soziale Magie spielen (II, 2; s. II, D 13, vgl. III, T 5).

2614 *Die Tage der Welt vergess ich's nicht!:* In der Tat erinnert er sich V. 10061 f. genau an diesen »schnellempfundnen, ersten, kaum verstandnen Blick«. Liest man »Die Tage der Welt« als ›meine Tage in der Welt‹, ›solange ich lebe‹, dann trifft diese zweite Wette oder Selbstfestlegung in gewissem Sinn sogar zu, denn der 4. und 5. Akt spielen ohne das »Beste meines Innern« (V. 10066) in einer zur Hölle (V. 10072) gemachten Welt (vgl. Kommentar zum 4. Akt). Mit V. 2615 zusammen intertextuelle Beziehung zu Petrarcas *Canzoniere* (vgl. FD 2, S. 331 f.).

2619 *Dirne:* Mädchen niederen Standes (nicht: Hure), galt bei Angehörigen höherer Stände für leichter zugänglich (vgl. V. 828–835).

2627 *über vierzehn Jahr:* d. h. heiratsfähig; Hinweis darauf, wie jung Margarete zu denken ist.

2629 *jede liebe Blum:* vgl. Anm. zu BA vor V. 2605.

2633 *Herr Magister Lobesan:* im 18. Jh. Spottname für umständliche gelehrte Herren.

2636 *das süße junge Blut:* vgl. V. 872, 2798, 2907. Metonymische Reduktion auf den »Erdgeist«-Aspekt der auf Gold und Blut beruhenden satanischen Herrlichkeit.

2637 *ruht;:* Das Semikolon hat hier Werte von Komma, Doppelpunkt, Gedankenstrich.

2651 *Püppchen:* Auch Faust verwendet die scheinbar liebevolle, zum Objekt herabwürdigende Metapher (V. 3476); der Gegensatz »Engel« (V. 2659, 3494) ist ebenso übertrieben und zerstörend für die Person. Dass Goethe den Ausdruck bewusst setzte, belegt sein Schauspiel *Der Triumph der Empfindsamkeit* (1777, erschienen 1787), wo eine mit empfindsamen Büchern gefüllte Puppe faszinierender ist als ihr reales Vorbild. – Über das »Kneten und Zurichten« verbreitet Dom Juan sich genüsslich (I,2; s. II, D 13).

2652 *manche welsche Geschicht:* erotische Novellen in der Nachfolge von Boccaccios *Decamerone.*

2653 *Appetit:* lat. *appetitus,* Fachbegriff für triebhaftes Begehren jeder Art. Dass Faust seinen Zustand so genau analysiert, wie auch vorhin den Eindruck Margaretes auf ihn (V. 2609–18), zeigt seine Gespaltenheit, die ihn in *Wald und Höhle* Mephistopheles' Lockung ausliefert, andererseits aber Voraussetzung für sein unermüdliches Beisichsein ist.

2654 *Schimpf:* Scherz, Neckerei.

2659 *Engelsschatz:* Puppe und Engel entsprechen den Drogen Trank und Zauberbild aus *Hexenküche* und werden auf Margarete gleichzeitig projiziert, die weder der einen noch der andern Projektion entspricht (analog vgl. Klärchen im *Egmont,* dazu HA 11, S. 432; *Italienische Reise,* Korrespondenz, 3.11.1787). »sehn« und »haben« V. 2667

benennen noch einmal beide Aspekte getrennt, »Dunstkreis« (s. Anm.) beide zugleich.

2671 *Dunstkreis:* Vgl. zu Swedenborgs Theorie von den
Wirkungskreisen die Anm. zu V. 484; Goethe hat das
Wort aus Oetingers Übersetzung dieser Swedenborg-
Theorie entnommen. Mit dem als riechbare Atmosphäre
und als räumliches Wirkbild der Seele erfassbaren
»Dunstkreis« hat Mephistopheles eine mögliche Verbindung von Fausts zwei divergenten Projektionen angedeutet. Die gedanken-, gefühls- und handlungslenkenden
Auswirkungen dieser Sphären spielen im Gretchendrama
eine entscheidende Rolle: V. 2721, 2753, 3469–98, 3537–
3541, 4602–10. Margaretes neue Religiosität beruht
wesentlich darauf.

2674–77 *Gleich schenken? ... revidieren:* neu seit dem
Fragment, ersetzt Mephistos ironischen Kommentar über
die Verschwendung und Luzifers Haushaltsprobleme. –
Faust spricht nur von Geschenk; Mephistopheles setzt
also von sich aus die Magie des Goldes in Gang.

Abend

Entstanden im Kontext von *Straße I,* Textbestand seit dem
Fragment durch glättende Eingriffe und wenige leichte
Sinnveränderungen gegenüber dem *Urfaust* modifiziert.
Die Ballade vom König in Thule ist in der 1. Strophe deut-
lich verändert; sie entstand wohl etwas später als die Szene,
nämlich im Sommer 1774 (vgl. HA 10, S. 34; *Dichtung und
Wahrheit,* 14. Buch). Gliederung der Szene: (1) Margaretes
Monolog; (2) Faust, Mephistopheles, dieser »herumspü-
rend«; (3) Fausts Monolog; (4) Mephistopheles diskutiert
mit Faust über das Kästchen und stellt es angesichts Fausts
Unschlüssigkeit und Untätigkeit selbst in den Schrank; (5)
Margarete, (erotischer) Schauer und Furcht; (6) Thule-Ballade; (7) Kästchen-Fund und Anlegen des Schmucks. Die
Szene ist bestimmt durch magische Wirkungen der »Sphä-

ren« oder Wirkungskreise (s. Anm. zu V. 484): Fausts erotischer und sexueller Triebdruck wird durch den »Zauberduft« zunächst auf das Zimmer (»Himmelreich«, »Wonne-
graus« angesichts des Bettes) fetischartig abgelenkt und so
weit gedämpft, dass Faust das Unternehmen abbrechen
möchte; Margarete gerät durch die Schwüle und Dumpfig-
keit, die Mephistopheles durch ein Herumspüren als ›Duft-
marken‹ hinterlassen hat, in den Wirkungskreis Mephistos;
den über den ganzen Leib laufenden Schauer identifiziert
sie erst später als erotische Wirkung des »Blutes« (V. 3185–
88). Dazu gesellt sich die Magie des Goldes, an dem alles
hängt und zu dem alles drängt, in diesem Bürgerlichen
Trauerspiel noch verstärkt durch die soziale Magie möglichen Aufstiegs zur »Edelfrau« an der Seite des Herrn aus
»edlem Haus«. Mit Gold und Blut hat Mephistopheles den
Ordnungs- und den Fülle-Aspekt, Makrokosmos und Erdgeist der unteren satanischen »Herrlichkeit« (V. 2795, vgl.
Anm. zu V. 250) aufgerichtet; die obere Herrlichkeit himmlischer Ordnung und Fülle, versöhnt durch den »Geist«
Margaretes, erfährt Faust erstmals als Einheit, und zwar
von Makrokosmos und Erdgeist (*Nacht*), den zwei Seelen
(*Vor dem Tor*), den drei christlichen Tugenden (*Studierzimmer I* und *II*), der Vorstellung Margaretes als Botin der Natur (V. 2711 f.) und »Götterbild«. – Bedeutende Intertextualität mit Rousseaus *Nouvelle Héloïse* und *Pygmalion* (s. II,
D 15 und **D 16**). Die Kunstballade vom König in Thule
markiert den Beginn der modernen Verwendung der Volks-
ballade Anfang der siebziger Jahre des Jahrhunderts (s. II,
D 26). – Margaretes Knittel werden daktylisch munter, wo
sie sich an Fausts Keckheit erinnert, sie gehen in Madrigalverse mit zwei *vers communs* und einem Alexandriner über,
wo sie auf das Kästchen stößt. Faust und Mephistopheles
benutzen Madrigalvers. Margaretes sogar monologische
Verwendung des Madrigalverses da, wo sozial-emanzipative
Vorstellungen sie bewegen, zeigt wie die bildungsbürger-
liche Kunstballade, dass nur Faust, nicht aber Goethe sie als

das naive Naturkind projiziert, als das auch Illustratoren, Regisseure und Kommentatoren sie zweihundert Jahre lang gezeichnet haben.

BA vor 2678 *kleines reinliches Zimmer ... aufbindend:* Die Regiebemerkung betont die Kleinheit gegenüber Fausts Hyperbel vom »Himmelreich«, das »Zimmer« gegenüber seiner verächtlichen Reduktion zum »Kerker«, die bürgerlich wohnliche Ausstattung (Tisch mit Tischdecke, Ledersessel, Bett mit Bettvorhang, »Schrein«, d. h. kostbare Truhe oder Schrank, gesandeter Holzfußboden) gegenüber der von Faust und Margarete behaupteten »Armut«. Da sich die Reinlichkeit des Zimmers vor allem auf die Strenge der Mutter zurückführen lässt (V. 3111–14), ist auch die doppelte Bändigung des Haars durch Zöpfe und deren kunstvolle Befestigung am Kopf zuvörderst Ausdruck einer geforderten wohlanständigen Erscheinungsweise – die Enge der sozialen Normen, die Margarete später erdrücken, die sie aber sehr wohl internalisiert hat (V. 3577–83).

2682 *Das konnt ich ihm an der Stirne lesen:* Margaretes physiognomische Fähigkeiten – das Lesen des Charakters aus den Gesichtszügen (vgl. Goethes Mitarbeit an Lavaters *Physiognomischen Fragmenten!*) – erweisen sich auch gegenüber Mephistopheles (V. 3473–90).

2687–90 *Willkommen ... lebst:* blasphemische Rekonstruktion der christlichen Tugenden Glaube (durch Erhebung des Zimmers zum Heiligtum), Liebe, Hoffnung, wobei die Liebe petrarkistisch als »süße ... Pein« erotisch unterfüttert wird und, wieder blasphemisch, vom Tau der Hoffnung auf Erfüllung lebt (»Tau des Himmels« ist nach 1. Mose 27,28.39 der Segen des Herrn, der das Feld fruchtbar macht). Die von Faust im Zimmer erfahrenen Tendenzen des Wirkungskreises (»atmet rings«) – Stille, Ordnung, Zufriedenheit, Armut, Fülle, Enge, Seligkeit – sind die ›objektiven‹ Entsprechungen und eigentlichen

Anlässe für sein quasi religiöses Erlebnis. Zum ganzen Monolog vgl. III, T 8.

2695 *Vorwelt:* die früheren Generationen. Der erotischen Besitzergreifung des Zimmers wird hier durch ein Gedenken an die »hohen Ahnen« entgegengewirkt (V. 1117) – Fausts zwei Seelen sind tätig.

2702 f. *Geist / Der Füll und Ordnung um mich säuseln:* Der Fülle-Aspekt der Gottheit (Eph. 1,23), der in *Nacht* durch den Erdgeist vertreten wird, und der Ordnungsaspekt (Makrokosmos-Zeichen) der himmlischen Herrlichkeit wirken hier, durch den säuselnden »Geist« (1. Kön. 19,11–13, vgl. V. 265 f.) vereint. Es stellt sich in Marthes *Garten* heraus, dass es nicht nur ein »mütterlicher« Geist, sondern wörtlich der Wille der Mutter ist, der diese Herrlichkeit täglich zustande kommen lässt.

2708 *Hütte ... Himmelreich:* vgl. 4. Mose 14,10.

2711 f. *Natur! ... eingebornen Engel:* Nach Rousseaus Ausdruck »chef-d'œuvre unique de la nature« (*La Nouvelle Héloïse* I,55; s. II, **D 15**), einzig(artig)es Meisterstück der Natur, den Faust hier übersetzt, heißt »eingeboren« nicht, wie manchmal vermutet, *innatus*, ›hineingeboren‹, sondern *unigenitus*, ›einzig Geborener‹, und spielt damit auf Christus, den eingeborenen Sohn, im Glaubensbekenntnis an. Diese Engel/Botin ist jedoch Eingeborene der Natur und erfüllt damit die Welthaltigkeit des Zauberbilds in *Hexenküche*, wie sie als »Götterbild« (V. 2716) »Inbegriff von allen Himmeln« ist. Mit der auf diese Weise durch Fausts Triebdruck total überzeichneten und als gerade vierzehnjähriges Mädchen weit überforderten Margarete kann Faust meinen, »alle Dinge werden« und, was der ganzen Menschheit zugeteilt ist, in seinem innern Selbst genießen zu können.

2724 *Spiel von jedem Druck der Luft:* wiederum Übersetzung aus Rousseau, *La Nouvelle Héloïse* I,26 »jouet de l'air et des saisons«, Spielzeug der Luft und der Jahreszeiten. Während aber Saint-Preux sich in Julies Zimmer auf die Nacht mit ihr vorbereitet und so, entsprechend Rousseaus *Pygmalion* (s. II, **D 16**), das projizierte »Götterbild« entheiligt, lässt Goethe Margaretes Wirkungskreis Faust von seinem Vorhaben abbringen; durch das Kästchen und Margaretes Reaktion muss Mephistopheles alles wieder in den Gang setzen, der wegen Fausts Unentschlossenheit (V. 2738) zum Stillstand gekommen wäre: Goethe arbeitet den tragischen Fehltritt (*hamartía*) exakt heraus, was Rousseau im Briefroman nicht beabsichtigen kann.

2734 *ihr vergehn die Sinnen:* Verstörung der von der bürgerlichen Wertwelt außenbestimmten Margarete ist Mephistos Ziel. Bürgermädchen durften solchen Schmuck nicht besitzen, vor allem nicht in der Öffentlichkeit tragen (V. 2883 f.).

2737 *Zwar:* allerdings, freilich; korrigiert die Behauptung V. 2735 f.

2738 *Ich weiß nicht soll ich?:* Damit gibt Faust die Normen und Bestimmungen seines Handelns, die Sittlichkeit seines freien Willens und die Initiative der Lenkung des Geschehens auf; von jetzt an läuft alles nach Mephistos Psychomechanik ab. Abgesehen von der Wiederholung des Geschenk-Auftrags (V. 2854) erteilt Faust von jetzt an keine Befehle mehr; wo er es versucht, werden sie nicht befolgt (*Trüber Tag. Feld*). Die zunächst als Technik, als Werkzeug gemeinte Magie, die intelligente willfährige Maschine Mephistopheles wird mit dieser Frage nach dem Sollen Herr über Fausts freien Willen.

2744 *Ich kratz den Kopf, reib an den Händen –:* Gesten angestrengten Nachdenkens. Der Satz wird V. 2746 weitergeführt, nachdem Mephistopheles gleichsam hinter dem Rücken der ins Bewusstsein kommenden Rede das Kästchen deponierte (trotz Aufforderung V. 2733 hatte Faust es nicht getan) und zur Eile antrieb.

2751 *Physik und Metaphysika!:* die Wissenschaft von der sinnlichen und von der übersinnlichen Wirklichkeit: die zwei großen Lehrgegenstände des Aristoteles entsprechen auch den Aspekten, unter denen Margarete von Faust gesehen wird.

2753 *Es ist so schwül, so dumpfig hie:* Margarete empfindet den Wirkungskreis Mephistos gemäß Swedenborgs Lehre: »Die bösen Geister haben einen Wirkungs-Kreis von Begierden« (Oetinger, *Swedenborg*, S. 43, vgl. Anm. zu V. 484). Sie reagiert mit einer ihr unbegreiflichen Körperreaktion auf den Einfluss. In dem Schauer, der ihr »übern ganzen Leib« läuft, identifiziert sie nur Furcht, die erotische Komponente tritt später zutage (V. 3187 f.) und äußert sich hier nur in der Wahl des Liedes. Dieses ›Leib-Apriori‹ (dazu s. unten S. 171) der theoretischen und praktischen Erkenntnis Margaretes bildet später das Fundament ihrer neuen Religiosität.

BA vor 2759 *Sie fängt an zu singen, indem sie sich auszieht:* Die Parallelität zu Shakespeares *Othello* IV,3 (s. II, **D 10**) ist immer wieder herausgestellt worden: Desdemona lässt sich die Nadeln des Gewandes lösen, um zu Bett zu gehen, wo Othello sie später ersticken wird. Den ganzen Abend, so sagt sie, gehe ihr das Lied einer unglücklich verliebten Magd nicht aus dem Kopf, die »had a song of ›willow‹; / An old thing 't was, but it express'd her fortune, / And she died singing it.« Es ist das Lied einer Verlassenen, deren Wunsch nach Treue der falsche Liebhaber mit der Empfehlung beantwortet hatte, sie solle sich eben auch mehrere Liebhaber ins Bett nehmen (s. III, **T 4**). Dieses Weidenlied hätte genau Margaretes »Schicksal ausgedrückt«, was der Kenner der Desdemona-Szene erfassen und wozu er Margaretes Thule-Lied mit seiner utopischen Sehnsucht nach Treue als um so schmerzlicher zerstörten Traum verstehen kann.

2759 *Thule:* bei Vergil und Tacitus genannt, sagenhafte Insel im äußersten Norden. Bildungselement, das den Volkston mit einem modernen Ton konfrontiert, wie auch V. 2776. Die ›Kunstballaden‹ seit den siebziger Jahren des Jahrhunderts, etwa *Erlkönig* oder Bürgers *Le-*

nore, sind durch diese Konfrontierung des Alten und des Neuen gekennzeichnet (wie der *Faust*).

2761 *Buhle:* im Sinne von ›Geliebte‹ im Gegensatz zu ›Ehefrau‹, vgl. V. 3671 und auch V. 3565.

2787 *Und meine Mutter lieh darauf:* Wenn die Mutter gegen ein Pfand Geld verleiht, muss flüssiges Kapital vorhanden sein. Margaretes Rede von der Armut ist im Vorhinein dementiert.

2801 *Man lobt euch halb mit Erbarmen:* Schönheit und Jugend bringen den »Armen« keine sozialen Vorteile wie etwa Heirat in höhere Stände. Das Lob ist deshalb zugleich bedauernd.

2802–04 *Nach Golde drängt … Armen!:* »Auri sacra fames«, der verfluchte Hunger nach Gold (Vergil, *Aeneis* III,57; vgl. Dante, *Purgatorio* XXII,40; Ariosto, *Orlando Furioso* XLIII,1 f.) wird hier zitiert. In Molières *Dom Juan* II,2 (s. II, **D 13**) will die arme Charlotte sich nicht versuchen lassen, um Gold ihre Ehre aufs Spiel zu setzen. Margarete jedoch zeigt sich durch Gold und »Blut« (V. 2798, vgl. Anm. zu V. 2753), die Mächte von Mephistos unterer »Herrlichkeit« (V. 2795), durchaus beeinflussbar.

Spaziergang

Entstanden im Kontext von *Straße I*; gegenüber dem *Urfaust* seit dem *Fragment* von allzu genialischen und kirchensatirischen Ausdrücken gereinigt. Dass die Mutter mit Margarete zum Geistlichen geht und ihm das schöne Spielwerk (V. 2737) fromm überlässt, zeigt erstens am Anfang des Trauerspiels: Margarete ist noch unselbstständig; ihr Denken ist von der Kirche, ihr Handeln von der Mutter bestimmt, ihre Anständigkeit nicht Leistung, sondern vorläufig Schwäche ihrer Seele. Zweitens aber wird, da sie erkennt, dass das Geschenk für sie persönlich bestimmt ist, ihr nicht nur ein Wert und Eigentum, sondern der sichtbare Beweis ihrer vermutlich von dem »edlen Herrn« anerkannten und auserwählten Individualität weggenommen: die Mutter treibt sie damit in Marthes Fänge und zum emanzipatorischen, verbotenen Handeln. Der Zorn des Teufels über eine Niederlage im Kampf mit den himmlischen Mächten ist eine typische komische Situation im geistlichen Spiel und Legendendrama; dazu gehört durchaus auch die Satire auf Kirche und Geistlichkeit. – Fausts Bestellung eines neuen, besseren Kästchens zeigt, dass er jetzt alle Skrupel beiseite geworfen hat; taktische Niederlage, strategischer Sieg Mephistos.

BA vor 2805 *Spaziergang:* im *Urfaust* »Allee«; gemeint: Spazierweg.

2805 *Bei aller verschmähten Liebe!:* Dieser ›ärgste‹ Fluch Mephistos zeigt Goethes Auffassung vom Bösen, wie sie sich am Ende des 8. Buchs von *Dichtung und Wahrheit* und wieder in *Grablegung* zeigt: Böse ist, was in ›Undank‹ die himmlische Liebe verschmäht und sich allein auf sich selbst stellen will.

2813 *für Gretchen:* Mephistopheles führt hier gleich den ambivalenten Namen (vgl. Anm. zu BA vor V. 2605) ein, damit ihn Faust V. 2849 verwenden kann, obwohl Mephistopheles mittlerweile auch von »Margretlein« gesprochen hat.

2826 *mit Himmels-Manna erfreuen:* vgl. Offb. 2,17: »Wer überwindet, dem will ich zu essen geben von dem verborgenen Manna«. Vgl. V. 2835 und Offb. 21,7.

2834 *So ist man recht gesinnt!:* im *Urfaust* schärfer: »ach kristlich so gesinnt!« (UF 688).

2836 *Die Kirche hat einen guten Magen:* Kritikpunkt seit dem Mittelalter und insbesondere seit der Reformation.

2842 *Ein Jud:* Den bis ins 19. Jh. auf Kleinhandel und Geldverleih eingeschränkten Juden traute man in diesen Dingen jede Skrupellosigkeit zu (vgl. Lessings Lustspiel *Die Juden*, 1749).

2850 *Weiß weder was sie will noch soll:* Parallele zu Faust V. 2738.

2852 *an den der's ihr gebracht:* streng genommen: an Mephistopheles.

Der Nachbarin Haus

Entstanden im Kontext von *Straße I.* Einfügungen seit dem *Fragment*: V. 2893 f., in V. 3008 »Lebt wohl!«; nach V. 2871 im *Urfaust* zwei Zeilen Auslassungszeichen wohl für ausgiebiges Schluchzen, jetzt ersetzt durch die beiden Auslassungszeichen nach »Pein!«. Sonst nur die üblichen Glättungen. Margarete ist zwar überzeugt, dass es nicht »mit rechten Dingen« zugeht, bringt aber dieses deutlich »ungerechte Gut« nicht wieder ihrer Mutter und damit der Kirche, sondern lässt sich nach allem mit dem ersten Kästchen Geschehenen ganz bewusst auf das Böse ein. Marthe, von Mephistopheles richtig eingeschätzt (V. 3029 f.), unterstützt sie darin. Margarete ist also keineswegs unschuldig-naives Opfer, sondern neugierig auf den Geber, fasziniert von dem Reichtum, bestärkt von Marthe in ihrem Traum vom sozialen Aufstieg (V. 2882), auch wenn sie sich damit aus der schützenden Aufsicht der Mutter und der Kirche entfernt. Der Selbstwerdungsprozess Margaretes ist in vollem Gang. Um Faust mit Margarete zusammenzubringen, inszeniert Mephistopheles mit der heiratslustigen Strohwitwe das Fastnachtspiel um die Nachricht von Herrn Schwerdtleins Tod. Die Szene steht in deutlicher Gattungs- und Intertextualbeziehung zu Fastnachtspielen von Hans Sachs, zugleich mit Goethes eigener Produktion von modernisierten Fastnachtspielen Anfang der siebziger Jahre (z. B. *Ein Fastnachtsspiel vom Pater Brey* 1773): ein neues Glied in der literarischen Reihe (s. II, **D 26**).

BA vor 2865 *MARTHE:* möglicherweise nach der Mathurine in Molières *Dom Juan* gebildet (s. II, **D 13**), der Tante

Charlottes, der Juan ebenfalls Ehe-Versprechungen gemacht hat und die sich von ihm gegen Charlotte ausspie-
len lässt. In Mephistopheles dialogieren die pfiffige List
von Hans Sachs' fahrendem Schüler (s. folgende Anm.)
mit der feinen Verführungskunst des gewissenlosen Spa-
niers, in Marthe dialogieren die biedere Leichtgläubigkeit
von Sachs' Bäuerin, die Heiratslust von Mathurine und
die selbst dem Teufel gefährliche Liebeswut des alten
Weibs aus einem anderen Schwank von Sachs (s. Anm. zu
V. 3005).

2865–72 *Gott verzeih's ... Totenschein!:* Selbstvorstellung
wie in Hans Sachs' Fastnachtspiel *Der farendt Schuler im
Paradeiß* (1550) und wie in Fausts erstem Monolog
(V. 354–385). In der Tat lässt sich die ganze Szene wie dieses »Faßnacht spiel mit 3 Personen« lesen, so der vollständige Titel (*Sämtliche Fastnachtspiele*, Bd. 2, S. 143).
Wie Mephisto berichtet der Schüler vom verstorbenen
Ehemann, den er im Paradies gesehen haben will, und
lässt sich von der Bäuerin Kleidung und Geld für ihn
mitgeben; ihrem durchtriebenen, aber fast ebenso leicht-
gläubigen zweiten Mann trickst er auch noch das Pferd
ab. Neben dem Spiel mit der Leichtgläubigkeit der
Frauen erreicht Mephistopheles den Zweck seines Be-
suchs: Anreizung beider mit der Hoffnung auf Männer-
bekanntschaft und sozialen Aufstieg sowie den Blick
Margaretes hinter die Fassade einer gutbürgerlichen Ehe.

2868 *auf dem Stroh allein:* auf dem Bettstroh; »Strohwitwe« seit dem 18. Jh. für die alleingelassene Frau.

2872 *Totenschein:* um wieder heiraten zu können.

2911 *einen Blick so scharf:* vgl. Molière, *Dom Juan* II,2 (s.
III, T 5): »Ah! la belle personne, et que ses yeux sont
pénétrants!«

2923 *Freud ... haben:* vgl. Spr. 14,13: »Nach dem Lachen
kommt Trauern, und nach der Freude kommt Leid.«

2933 *Schaustück:* Gedenkmünzen, die z. B. bei Wallfahrten
oder fürstlichen Festen ausgegeben wurden.

2938 *nicht verzettelt:* das Geld nur in eine Sache investiert: das Fräulein.

2942 *manch Requiem noch beten:* wie V. 2931 mit den gesungenen Messen leichte Inkorrektheit aufseiten Goethes: das Requiem, die Seelenmesse, wird nur vom Priester ausgeführt.

2946 *Galan:* Liebhaber.

2949 *des Landes nicht der Brauch:* Sie kann sich andere Gesellschaften vorstellen, wo dies der Brauch ist, vgl. schon das Thule-Lied.

2953 f. *er starb als Christ ... Zeche hätte:* Er hatte noch Gelegenheit, zu beichten und das Sterbesakrament zu erhalten, wurde aber mit seiner Beichte nicht fertig; deshalb die vielen Seelenmessen. Das folgende Wechselbad der Gefühle, das Mephistopheles Marthe bereitet, wohl nach Shakespeare, *The Merchant of Venice* III,1.

2984 *Dass er's bis an sein selig Ende spürte:* das »mal de Naples«, die (aus Neapel nach Frankreich eingeschleppte) Syphilis, die ihm das »schöne Fräulein« in Neapel angehängt hat.

2995–97 *Wandern ... Würfelspiel:* zu den sprichwörtlichen ›drei W‹ Wein, Weib, Würfel erfindet Marthe noch ein weiteres.

3001 *mit dem Beding:* unter der Vertragsbedingung, sich gegenseitig so viele Verstöße gegen Verantwortung und Ehemoral nachzusehen.

3005 *Die hielte wohl den Teufel selbst beim Wort:* vgl. Hans Sachs' Schwank Nr. 177 *Der dewffel nam ain alt weib zw der ee, die in vertrieb* (1557).

3012 *im Wochenblättchen:* in den amtlichen Nachrichten (seit Anfang des 18. Jh.s).

3020 *Fräuleins:* Mephistopheles erinnert Margarete heimlich an Fausts Anrede V. 2605.

3021 *vor dem Herren schamrot werden:* »Monsieur, vous me rendez toute honteuse« (*Dom Juan* II,2; s. III, T 5).

Entstanden im Kontext von *Straße I*; über die üblichen Glättungen des *Urfaust*-Textes hinaus stimmt Faust ausdrücklich seiner Verpflichtung gegenüber Marthe zu (V. 3031 f.), Mephistopheles verschärft das Argument der frechen Täuschung (V. 3046–48). – In drei sich steigernden Angriffen zwingt Mephistopheles Faust einzugestehen, dass er lügt, gelogen hat, lügen wird; er wird Herrn Schwerdtleins Tod bezeugen, weil er anders nicht sich Margarete nähern kann und doch »muss«; er hat im Bewusstsein, »dass wir nichts wissen können«, weiterhin seine wissenschaftlichen ›Wahrheiten‹ verkündet; er wird morgen zu Margarete Dinge sagen, die sie als Schwur ewiger Seelenliebe hören wird. Mephistopheles bekommt zwar Recht, insbesondere wegen Fausts übermächtigem Trieb, aber entgegen seiner Absicht, Faust glücklich aufs Faulbett zu legen, macht er ihn unglücklich und hellwach: Aufmerksam geworden, dass ein Liebesschwur ihn binden, den Augenblick tendenziell festhalten und seinem Versprechen der Rastlosigkeit widersprechen würde, sucht Faust wie in der Verfluchung und der Wette nach einer Formulierung, die wie eine Bindung klingt, ohne es zu sein. Er wird die Liebe »ewig« nennen, von einer ewigen Liebe zu Margarete kein Wort sagen; sie wird es aber so hören. Damit zerdenkt er im Vorhinein den schönen Augenblick mit Margarete, macht sich damit planmäßig unglücklich, weil jede Spontaneität ausgeschlossen ist, aber ganz nebenbei entdeckt er als ewige »Glut, von der ich brenne« etwas Objektives in sich, das durchaus ambivalent ist: entweder das Höllenfeuer des Tranks aus *Hexenküche* oder der dunkle Drang, der Eros, die Welt- und Lebensenergie, die ihn schließlich erlösbar macht.

3037 *Sancta Simplicitas!*: Johannes Hus soll den Spruch »Heilige Einfalt!« getan haben, als ein glaubenseifriges Weiblein Holz auf seinen Scheiterhaufen legte.

3040 *Da wärt Ihr's nun!:* nämlich »heilig«. Betonung auf »Da«.

3050 *ein Sophiste:* nach griech. *sophistēs,* Lehrer der Klugheit und listig blendenden Argumentation. Mephistopheles setzt in seinem Scheinargument den Sprechakt »bezeugen« mit dem Sprechakt »behaupten« gleich, die bewusste Lüge des falschen Zeugnisses mit der nach bestem Wissen gemachten wissenschaftlichen Aussage. Aber »ein bisschen tiefer« wissen beide, was Faust V. 361–365 gesagt hat.

3066 *Ist das ein teuflisch Lügenspiel?:* Wörtlich wird Faust damit nicht lügen, denn er nennt nicht die Liebe zu Margarete »ewig« (wie er noch V. 3054 f. beabsichtigte), sondern »die Glut, von der ich brenne«, gleichgültig ob Höllenfeuer oder Himmelsliebe. Aber Mephistopheles hat »doch Recht«, weil Margarete den feinen Unterschied nicht hören wird. Deshalb bleibt Faust die Sprache weg, er setzt mehrfach an und kann schließlich nur seine Niederlage eingestehen.

3072 *vorzüglich weil ich muss:* Was vor kurzem noch »soll ich?« hieß, ist jetzt zum Triebzwang geworden.

Garten

Entstanden im Kontext von *Straße I,* vielleicht erst im Sommer 1774, als Goethe durch seine Spinoza-Lektüre von der Idee der uneigennützigen Liebe fasziniert war (vgl. HA 10, S. 35 und 598; *Dichtung und Wahrheit,* 14. Buch), die er in Margarete gestaltet. Im Textbestand sind gegenüber *Fragment* und *Urfaust* neu die Verse 3149–52; sonst kaum mehr als glättende Veränderungen. Die menuettähnliche Komposition – jedes Paar tritt dreimal auf (Zusammenführung in *Ein Gartenhäuschen*) –, die kontrastierende Tendenz in den Reden der beiden Frauen und der beiden Männer, die zierlich geistreiche Rede mit Zitaten aus Molières *Dom Juan* (s. III, **T 5**), französischen Fremdwörtern und französisierenden Versen machen aus der Szene und den in ihr spielenden Beziehungen ein Kabinettstück der raffinierten künstlichen Natürlichkeit der Rokoko-Konversation. Die die Szene bestimmende intertextuelle Beziehung zu Molières *Dom Juan* (s. II, D 13) lässt deutlich werden, dass Mephistopheles in der Gretchen-Handlung nur der in der Wunschprojektion Margaretes von Faust abgetrennte und erst im *Kerker* mit ihrem Grauen wieder mit ihm zusammenfallende negative Teil Fausts ist. Denn bei Molière versucht Dom Juan Charlotte und ihre Tante Mathurine gleichzeitig zu verführen, jeder faustisch zu schmeicheln und jede mephistophelisch bei der anderen anzuschwärzen (II,4). Der Molière-Bezug lässt auch deutlich werden, dass Margarete sehr viel direkter auf eine Liebesbeziehung zu dem fremden Herrn zusteuert als die vorsichtige Charlotte, die sich zunächst an die Warnungen ihrer Umgebung hält. Auch der Unterschied zwischen Dom Juan und Faust ist bemerkenswert: Juan überhäuft Charlotte mit Liebeserklärungen und will schwören, was sie aber ablehnt: sie glaube ihm auch so. Faust dagegen, von Mephistopheles in *Straße II* aufmerksam gemacht, wählt eine Formulierung, die nicht ihn, wohl aber Margarete bindet und ihn dreifach ans Ziel bringt: Vermeidung des glücklichen Augenblicks, Bindung Margaretes an ihn in der Illusion, er binde sich an sie, Erfahrung einer objektiven Kraft, die sich als Wonne fühlbar macht und deren Ewigkeit ersehnt wird. Mephistopheles gibt in den drei Auftritten Antworten, die immer stärker Missverstehen simulieren, wobei beide Partner (und der Rezipient) wissen, worum es geht; er schiebt also die Sprache als Hindernis in die Beziehung. Zwischen Faust und Margarete wird umgekehrt die Sprache benutzt, um den Schein eines wachsenden Verständnisses und Einverständnisses zu erzeugen, so dass schließlich das »Blumenwort« Entscheidung und Gewissheit der Liebe herzustellen vermag. Nicht zu überhören ist jedoch die Phrasenhaftigkeit von Fausts Komplimenten V. 3124, 3136, vor allem

V. 3100–05, die der Bemühung Margaretes um den künst-
lichen Konversationston z. B. V. 3073–78, 3081, besonders
V. 3175–78, geradewegs entgegenstehen. Auch die Naivität
des Blumenspiels ist Rokoko-Schäferei, findet sie doch in
Anwesenheit des Partners statt, bastelt mit ihm die komple-
xesten Alexandriner und *vers communs* und endet nicht mit
»Du liebst mich«, sondern setzt den Gemeinten abwesend
»Er liebt mich«, was der sogleich aufgreift und über sich als
Dritten, Abwesenden redet, statt mit der an das Ich gebun-
denen Verbindlichkeit seine Liebe zu erklären. Er bespricht
dann auch Hingabe, ewige Wonne, nicht aber Liebe zu Margarete. Die Sprache wird also in einer viel verheerenderen
Weise als bei Mephistopheles und Marthe missbraucht, um
direkten Gefühlsausdruck vorzutäuschen, die Verbindlichkeit seiner Sprechakte jedoch gerade zu vermeiden. – In der
literarischen Reihe (s. II, **D 26**) erinnert die Szene, vor allem
durch die ›Menuett-Form‹ und die kontrastive Führung von
Liebesdialogen auf zwei Ebenen, an die Gesellschaftskomö-
dien des 18. Jh.s (z. B. Marivaux).

3073 f. *Ich fühl es wohl … beschämen:* »Monsieur, vous me
  rendez toute honteuse […] et je ne sais pas si c'est pour
  vous railler de moi« (Molière, *Dom Juan* II,2). Die ganze
  Szene bezieht sich deutlich auf Molières Stück und Szene
  (s. III, **T 5**), kehrt aber die Beziehungen systematisch um.
3080 *Weisheit dieser Welt:* vgl. 1. Kor. 1,20: »Hat nicht Gott
  die Weisheit dieser Welt zur Torheit gemacht?« Margarete
  wird erneut vergöttlicht, aber das Göttliche »unterhält«!
3081 *Inkommodiert Euch nicht!:* Tun Sie sich keinen
  Zwang an! Vgl. *Dom Juan* (s. III, **T 5**).
3092 *Hagestolz:* überzeugter Junggeselle.
3114 *akkurat:* gewissenhaft, ordnungsliebend. Die Reinlichkeit von Margaretes Zimmer geht also weniger auf ihren »mütterlichen« Geist (V. 2702–04) als auf den Geist
  der Mutter zurück.
3117 *hübsch Vermögen:* Margarete schneidet vielleicht ein

bisschen auf, aber die Familie ist »weit eh'r als andre« wohlhabend. Das gilt auch für Marthe mit ihrem verhältnismäßig großen Garten (mit zwei Spazierwegen und Gartenhaus) mitten in der Stadt in Gehentfernung zum Dom. Die von Margarete behauptete Armut (V. 2804) ist imaginär.

3155 f. *Das Sprichwort ... wert:* Das Sprichwort »Eigner Herd ist Goldes wert« wird verschränkt mit einem Vers aus den Sprüchen Salomonis (31,10): »Wem ein tugendsam Weib beschert ist, die ist viel edler denn die köstlichsten Perlen.« Betont man »braves«, wird die weit hergeholte Antwort Mephistos sinnvoll: hätte er ein solches Weib gefunden (und er findet es auch in Marthe nicht), hätte er sich schon gebunden.

3165 *Saht Ihr es nicht? ich schlug die Augen nieder:* Was sich Faust tief ins Herz prägte (V. 2616), war nicht Natur, sondern bewusste Geste in einem mimischen Zeichensystem, von dem Margarete erwartet, dass Faust es kennt und lesen kann.

3175–78 *Gesteh' ich's doch! ... konnte:* äußerst geziert Rede unter Verwendung von *vers communs* und einem Alexandriner (V. 3176), glatter Widerspruch zu der Einfalts- und Natürlichkeitsideologie Fausts V. 5100–05. Noch künstlicher sind die im Wechsel mit Faust gebastelten Alexandriner V. 3179 f., 3184, der *vers commun* V. 3181, während des ›naiven‹ Blumenspiels.

3187 *Mich überläuft's!:* vgl. V. 2757. Goethe übersetzte in seiner Hohelied-Übertragung von 1775 Hld. 5,4 »et venter meus intremuit ad tactum eius« (wörtl.: »mein Bauch erbebte ...«) mit »mich überliefs« (WA I,37, S. 306). Margarete identifiziert jetzt den »Schauer« V. 2757.

3191 f. *Sich hinzugeben ... sein muss!:* Wonne (V. 430) und Hingabe (V. 480) waren die Haltungen gegenüber Makrokosmos bzw. Erdgeist, die hier anlässlich Margaretes zusammenkommen und Fausts erstes Glaubensbekenntnis ermöglichen: Glaube und Hoffnung auf die Ewigkeit der göttlichen Liebe. Faust ist vollauf mit der Erfahrung der Manifestation des Göttlichen als Totalität und Ewigkeit der Liebe in sich selbst beschäftigt – das ist ja das Programm, es »in seinem innern Selbst« zu genießen. Margarete ist Anlass, er bindet sich nicht individuell an sie als Individuum, hat er doch Vermeidung des Glücksmoments und Rastlosigkeit versprochen. Sie liebt in der Ambivalenz von Uneigennützigkeit (V. 3106 f.) und dem Bedürfnis, durch Annahme des eleganten Tons der Welt zu gefallen. Sie läuft deshalb weg, will sich fangen lassen, während er seiner inneren Erfahrung nachsinnt und im Grund schon Margarete verlässt – jetzt geht es nur noch um das Gretchen.

3203 *Sommervögel:* Schmetterlinge.

Ein Gartenhäuschen

Seit den Romanen Richardsons (*Pamela, or Virtue Rewarded* 1740 gibt das Stichwort) ist das Gartenhäuschen der Ort einer momentanen und gefährdeten Idylle im Verhältnis der Stände, Ort der Bedrohung bürgerlicher Tugend oder, wie bei *Pamela*, Symbol der Möglichkeit ›unbeschädigten‹ bürgerlichen Aufstiegs. Dass Marthe so einen Lusttempel – es handelt sich ja nicht um einen Schuppen für Gartengerät – besitzt, zeugt von beträchtlicher Wohlhabenheit. – Die schließlich im Quartett gebastelten Alexandriner und *vers communs* sind von äußerster Künstlichkeit und stehen der ›einfachen Natürlichkeit‹ der Liebesszene direkt entgegen, die sich damit wieder als Rokoko-Schäferei zeigt. Die besonders biederen Knittel Margaretes am Ende zeigen sie ohne Sprachmaske in der melancholischen Bescheidenheit, die sie in Fausts Gegenwart überspielt.

3207 *Gut Freund!:* Bei fremden Liebespaaren hat Dom Juan »ein außerordentliches Vergnügen daran, ihr Einver-

nehmen stören zu können« (*Dom Juan* I,2; s. II, **D** 13).
Deswegen muss die etwa bei Wachtposten auf die Frage
»Wer da?« übliche Antwort hier ironisch gesprochen
werden.

Wald und Höhle

Aus dem Textbestand des *Urfaust* stammen (mit Veränderungen) die Verse 3342–69; sie standen dort hinter Valentins Monolog und den Versen 3650–59. Geschrieben wohl in Rom 1788, findet sich die Szene im *Fragment*, steht aber dort zwischen *Am Brunnen* und *Zwinger*, setzt also die gemeinsame Nacht nach *Marthens Garten* voraus, während Faust in der Endfassung mit dem Kuss im Gartenhäuschen zunächst genug erlebt hat und vor den weiteren physischen Konsequenzen flieht. Eine Veränderung von »und verlieren« (*Fragment*) zu »nie verlieren« findet sich V. 3333, neben Veränderungen der Schreibung und der Interpunktion. – Die Szene bezieht sich intensiv auf *Nacht* zurück; Faust dankt dem mittlerweile als »Welt u Taten Genius« (FD 1, S. 608) erkannten Geist, der ihm als »Flammenbildung« (V. 499) sein Erdgeist-Antlitz gezeigt hat, für die Erfüllung der Bitte um Enthüllung (V. 476) – das war, was er erbeten hatte und direkt nicht ertrug, was er aber jetzt nach der Wonne und Hingabe anlässlich Margaretes (vgl. Anm. zu V. 3191 f.) erfassen kann: »die herrliche Natur«, das ist die Natur als Erscheinung der Gottheit; »die Reihe der Lebendigen«, das ist die Kette der Lebewesen; »mich dann mir selbst«, den Menschen; endlich »der Vorwelt silberne Gestalten«, das ist die Welt-Geschichte, die Vergangenheit dessen, was er gegenwärtig schaut. Die Natur beherrscht er als Königreich wie Adam (1. Mose 1,26.28; s. II, **D** 1), fühlt und genießt sie im Sinne der Teilhabe so, dass er die potenziell mikrokosmische Anlage in sich aktualisiert und damit dem Status der Gottheit näher kommt (V. 3242, 3284–90), was Mephistopheles als menschenunmöglich abgetan hat

(V. 1780 f.), jetzt bestätigt, wenn auch wegen der Halbheit und Selbsttäuschung (V. 3298) ironisch. Faust hat zwar »Kraft« zu herrschen, fühlen, genießen, und kann in die befreundete Natur »schauen«, er hat also den Erdgeist- und den Makrokosmos-Zugang zu allem, aber nur in der *theoría*, der (wörtl.) »Betrachtung«, und lügt sich in diesem Sinne etwas vor. Denn nicht nur flieht er entgegen der Ankündigung V. 466 (und vor V. 3936–51) bei Sturm in die Höhle, er ist auch vor der physischen Seite der Liebe zu Margarete und dem daraus folgenden Leid geflohen. Die Selbsttäuschung und Selbstbefriedigung geraten jetzt in eine Krise; der Körper, der Trieb, die Lebenspraxis, die in der Begegnung mit Margarete ihm die geistig-leibliche Totalität von Makrokosmos/Erdgeist in Wonne und Hingabe (V. 3191) ermöglicht haben, lassen sich nicht in *theoría* eindampfen, sondern fordern wie die sehnsüchtige Margarete konkrete Erfüllung. Oder: ist Faust bisher der ›göttlichen‹ Seite »aller Dinge« nah und näher gekommen (V. 3242), muss er jetzt der ›teuflischen‹ ebenfalls nah und näher kommen; das bedeutet das Auftreten des Mephistopheles in dieser Szene und der Weg bis *Walpurgisnacht* und *Kerker*.

Die Szene hat folgende Teile: (1) Hymnischer Dank an den Erhabnen Geist; (2) Dementi der theoretischen Lebensform; (3) Auftritt Mephistos, erste scharfe Auseinandersetzung zwischen Knecht und Herr; (4) Mephistos Analyse der Selbstbetörung Fausts; (5) Verlockung durch Bericht von Gretchens Sehnsucht; (6) hohle Rhetorik des Gedemütigten; (7) Mephistos Kommentar. Bis V. 3250 Blankvers, das in den achtziger Jahren für *Iphigenie* und *Tasso* gebrauchte Metrum, mit dem Goethe in jenen Dramen wie in dieser Szene die ›Einholung‹ Shakespeares in und durch das deutsche Drama bezeichnete – zugleich ein weiterer Schritt in der literarischen Reihe (s. II, **D 26**), deren ursprüngliche Paradigmen immer tiefer aus der Vergangenheit genommen werden, aber ihre ›Einholung‹ im fortschreitenden Gebrauch der Gegenwart finden.

BA vor 3217 *Wald und Höhle:* Da der Wald als der sturm-
gepeitschte, die Höhle als der sichere Ort der Kontemplation erscheint, kann man Makrokosmos- und Erd-
geist-Bezug in diesen Szenenbestimmungen erkennen,
zugleich die Erinnerung an den Wunsch, im Mondlicht
»Um Bergeshöhle mit Geistern [zu] schweben« (V. 394).
Nach dem kultivierten Garten mit Gartenhäuschen sind
Wald und Höhle der *locus terribilis* (V. 3279), an den sich
der Eremit offenbar längere Zeit zurückzieht (V. 3315),
asketisch lebt wie der Hl. Gregorius (V. 3274 f.) und versucht wird wie der Hl. Antonius (V. 3326–29). Intertextuell: In Shakespeares *Sommernachtstraum* (s. II, **D 8**)
durchkreuzen sich im Wald Missverständnis und Klärung
der Beziehungen, Erniedrigung und Erhebung, triebhaftes und planvolles Geschehen; das gilt auch für die Szene.
In *Dom Juan* (s. II, **D 13**) flieht Juan aus Überdruss vor
Doña Elvira aufs Land; Echo davon V. 3307–10.

3217 *Erhabner Geist:* ein vieldiskutierter Gegenstand der
Faust-Forschung, da hier zum ersten Mal behauptet
wird, dieser Geist habe Faust den Mephistopheles beigegeben (V. 3241, vgl. *Trüber Tag. Feld*). Faust macht jedoch
in dieser Szene mehrere eklatante Fehlbehauptungen
(V. 3217 f., 3352 f.), so dass es recht seltsam ist, wenn man
ihm Durchblick zutraut und, nachdem Widersprüche aufgetreten sind, Goethe z. B. vorwirft, er sei »confused in
his own mythology« (Mason 1967, S. 257). Der Erhabne
Geist ist nicht identisch mit dem Erdgeist, denn ihm werden jetzt auch die kontemplativ zu erfassenden Ord-
nungsfunktionen des Makrokosmos zugeschrieben; man
kann allenfalls sagen, Faust rede den hinter Makrokosmos und Erdgeist stehenden »Welt u Taten Genius«
(FD 1, S. 608) an, der ihm als »Taten Genius« in der
»Flammenbildung« des Erdgeistes sein »Angesicht im
Feuer zugewendet« hat. Diesen »Riesengott Pan« trennt
Faust nun nicht wie sein damaliges Magie-Buch in Ordnung und Energie, sondern seinen zwei Seelen entspre-

chend in eine theoretisch-spirituelle und eine praktisch-
materielle Seite. Die Vereinigung von Ordnung und
Energie, Wonne und Hingabe (V. 3191, vgl. V. 3289) hat er
anlässlich der Praxis-Berührung mit Margarete erfahren
und meint sich durch die Flucht vor ihr dem Konkreten
entziehen zu können. Der Erhabene Geist ist aber das
Ganze, auch das Negative, Zerstörerische, Schuld und
Leid; er gibt also auch das Ganze, und nur weil Faust
wieder nicht das Ganze »begreifen« kann (V. 512), weil er
meint, mit dem Angenehmen schon »alles« bekommen
zu haben, weil er vor Margarete und dem Sturm in seine
Höhle flüchtet, weil er selber schließlich merkt, dass dies
nicht alles ist, »was der Menschheit zugeteilt ist«
(V. 1770), erscheint zum zweiten Mal nach *Studierzimmer I* wie gerufen Mephistopheles. Ihn hatte er ja in *Vor
dem Tor* auch gerufen, dort als technisches Komplement
des Gottes in ihm, der nach außen nichts bewegen kann
(V. 1569), hier als Agenten seiner zweiten Seele, die sich
»in derber Liebeslust [...] an die Welt mit klammernden
Organen« hält (V. 1114 f.). In beiden Fällen macht er aus
diesem notwendigen Komplement selbst den »Teufel«,
weil er sich vorlügt (V. 3298), das »Vollkommene« liege
allein in der Spiritualität (V. 3240). Nicht der Erhabene
Geist, er selbst gibt sich den Gefährten, der ihn ernied-
rigt, demütigt, »einteufelt«.

3219 *Angesicht im Feuer zugewendet:* Bezug auf V. 482,
aber auch auf Moses (2. Mose 3; s. II, **D** 2).

3220 *die herrliche Natur zum Königreich:* Damit stellt
Faust sich in typologische Beziehung zu Adam (1. Mose
1,26.28; s. II, **D** 1). Die Möglichkeit dieser Herrschaft
wird erklärbar durch die Vorstellung vom Menschen als
Mikrokosmos (V. 1802). Der neue Adam kann aber seine
Schlange (V. 3324) nicht mehr entbehren und bittet sie um
Amtshilfe bei der Zerstörung eines Menschen: Im Gegensatz zum Urvater weiß der moderne Mensch genau, auf
was er sich einlässt, und muss es trotzdem, weil er unter

dem Zwang seiner materialen sinnlichen Natur steht und
begehren muss, was er als Erniedrigung erfährt.

3224 *in den Busen eines Freunds zu schauen:* erneut Bezug
auf Moses (2. Mose 33,11; s. II, **D 2**). Die Reduktion auf
das »Schauspiel« (wie V. 454) rächt sich.

3225–27 *Du führst ... kennen:* erneut Bezug auf Adam
(1. Mose 2,19 f.; s. II, **D 1**); die Bezeichnung der Lebendigen als »meine Brüder« nach Franz von Assisi.

3228 *der Sturm im Walde:* Entgegen früherer Ankündigung
(V. 466) setzt Faust sich dieser Gabe des Erhabnen Geistes
nicht aus und reduziert seine Totalität auf das Sanfte,
Stille, Biedermeierliche wie die Erzengel den »Herrn«
(vgl. Anm. zu V. 265 f.). Wie dieser braucht Faust deshalb
den Teufel, dessen Hilfe beim Praxisbezug deshalb auch
besonders böse ist. Fausts zweite Strebung, »alle Dinge
zu werden« (s. oben S. 125 f.), scheitert hier wiederum an
seiner Begrenzung als Mensch, der meint, »alles« zu haben, wo er nur die Hälfte hat, und »die andre Seite vom
Guten« bös nennt und verteufelt (HA 12, S. 227; *Zum
Shakespeares-Tag*).

3235–39 *Und steigt ... strenge Lust:* die V. 392–397 er-
sehnte Situation, zugleich Beziehung auf die eine der
zwei Seelen V. 1114–17. Die Strenge der Betrachtung, *theoría*, wird durch die Geschichte der Natur und des Menschen (»Der Vorwelt silberne Gestalten«) gemildert, weil
die theoretische Forderung nach festen begrifflichen De-
finitionen durch die in der Geschichte manifest werdende
»Gestaltung, Umgestaltung« (V. 6287) gelockert wird.
Neben der psychologischen und der epistemologischen
Lesung der Stelle gibt es eine ästhetiktheoretische, die mit
Karl Philipp Moritz die Künstlerproblematik des Zweiten Teils vorbereitet (vgl. FD 2, S. 399–401).

3241 f. *Wonne, / Die mich den Göttern nah und näher
bringt:* in der zweiten Strebung, »alle Dinge zu werden«,
Parallelstelle zu V. 614–622 in der ersten Strebung (s.
oben S. 43, Kommentar zu Gelehrtendrama).

3249 *von Begierde zu Genuss:* Begierde zu dem von Margarete verkörperten Bild der (Frau) Welt (V. 2600–02), Genuss gemäß V. 3221.

3258 *Du darfst mir's nicht im Ernste sagen:* Sonst ist der
Pakt eingelöst. »Du darfst«: du brauchst ...

3268 *Kribskrabs:* Wirrwarr, Durcheinander.

Imagination: Fausts Fähigkeit zur Selbstmagie, produkti-
ven Phantasie und Selbstlüge (V. 3298).

3273 *wie ein Schuhu zu versitzen:* Der Uhu (auch »Buhu«,
»Schuhu«) wird erst in der Dämmerung aktiv.

3274 f. *Was schlurfst ... Nahrung ein?:* Mephistopheles bezieht sich wohl auf die Gregorius-Legende (vgl. Hart-
mann von Aue, Thomas Mann, *Der Erwählte*), wonach
der *guote sündaere* jahrelang auf einem Felsen im Meer
angekettet lebte und sich nur vom Tau nährte, der sich in
einer Mulde sammelte. Auch Goethe suchte »das göttliche in herbis et lapidibus« (Brief an Jacobi, 9. 6. 1785).

3278 *neue Lebenskraft:* ähnliche Antaios-Erfahrungen
V. 432 f., 4679, 7077, 9611.

3287 *Alle sechs Tagewerk:* Das entspricht V. 1770 f. und
dem Bild im Zauberspiegel (vgl. Anm. zu V. 2441), be-
rücksichtigt aber nicht die Begierden des Körpers, deren
Selbstbefriedigung Mephistopheles »mit einer Gebärde«
andeutet.

3289 *liebewonniglich in alles überfließen:* vgl. V. 3191.

3290 *Verschwunden ganz der Erdensohn:* vgl. V. 617.

3301 *abgetrieben:* wie ein überanstrengtes Pferd.

3307 *deine Liebeswut übergeflossen:* bei der früheren Posi-
tion der Szene nach *Am Brunnen* (V. 3584) hatte die Stelle
konkreten Sinn.

3310 *Bächlein:* besonders komisch im Kontrast mit V. 3350.

3312 *Ließ' es ... gut:* gehörte es sich, wäre es angebracht.

3318 *Wenn ich ein Vöglein wär!:* schon in Herders *Volksliedern* (KHA 3, S. 100 f.).

3326 *Verruchter! hebe dich von hinnen:* Beziehung auf Mt.
4,10, wo Satan Jesus die Reiche der Welt und ihre Herr-

lichkeit versprochen hatte. Margarete als »Blut« (V. 3313) ist von Mephistopheles als Teil dieser satanischen Herrlichkeit vereinnahmt.

3334 f. *beneide ... berühren:* Blasphemisch setzt Faust sich an die Stelle des im Abendmahl genossenen Leibs Christi; Mephistopheles trumpft mit Hld. 4,5 auf (V. 3337): »Deine zwei Brüste sind wie zwei junge Rehzwillinge, die unter den Rosen weiden.«

3339–41 *Der Gott ... Gelegenheit zu machen:* Kuppelei als »Beruf« Gottes im Paradies, verbunden mit Aufforderung zur Unzucht 1. Mose 1,28 (s. II, **D** 1 Adam).

3345 *die Himmelsfreud:* nach V. 1765 sicher bitter ironisch, vgl. das Folgende.

3346 *Lass mich:* jedes Mal, wenn ...

3348–51 *Bin ich ... Abgrund zu:* hohle Rhetorik gegen schlechtes Gewissen oder gegen die Demütigung der Theorie durch die Praxis: Faust ist weder Flüchtling, noch Unbehauster, noch »ohne Zweck« (vgl. V. 1785), noch Wassersturz (vgl. V. 3310) – aber alle diese Charakterisierungen lassen sein Handeln als unumgänglich erscheinen, gewissermaßen der Schwerkraft folgend, der er sich nun willenlos überlassen kann. Ähnlich *Dom Juan* I,2: »Nichts kann die Wut meiner Begierde aufhalten; ich spüre in mir ein Herz, das die ganze Welt lieben will, und wie Alexander wünschte ich, es möge andere Welten geben, damit ich dorthin meine amourösen Eroberungen ausdehnen könnte« (s. II, **D** 13).

3352–55 *Und seitwärts ... kleinen Welt:* ebenso verlogene und bildlich falsche Charakterisierung Margaretes. Zur »kleinen Welt« vgl. V. 2054.

3356–59 *Und ich, der Gottverhasste ... Trümmern schlug!:* Bezug auf die Verfluchung und deren Interpretation durch die Geister (V. 1583–1616); Faust hat damals allenfalls seine Innenwelt zertrümmert – also fährt er fort, sich »etwas vorzulügen«, was hier notwendig ist, um die vorsätzlich bindungslose Verführung Gretchens zu einem naturgesetzlichen (V. 3363), von der Hölle zwanghaft geforderten (V. 3361) und deshalb nicht Fausts Verantwortung unterliegenden Geschehen umzudeuten. Die Bereitschaft, mit Gretchen unterzugehen, ist angesichts der Wette bloß rhetorischer Schnörkel.

Gretchens Stube

Entstanden im Kontext von *Straße I*. Der Textbestand wird vom *Urfaust* zum *Fragment* hin nur in V. 3406 geändert (UF 1098: »Mein Schoos! Gott! Drängt«; im *Fragment* und in den *Faust I*-Ausgaben bis 1817 sind die zwei Schlussstrophen ohne Strophenfuge gedruckt. – Dieser mittlere der sieben Monologe Margaretes ist als modernes Ausdruckslied, gewissermaßen als Opernarie, gestaltet, wo ja seit der Trennung von Rezitativ und Arie durch Monteverdi ein Affekt dargestellt wurde. Die Wiederholung der Anfangsstrophe zeigt Ansatz zur Rondoform, wobei die Unregelmäßigkeit der Wiederholung Margaretes Unruhe ausspricht. Im Sinne der literarischen Reihe (s. II, **D 26**) knüpft Goethe an seine Singspiele an (*Erwin und Elmire* 1775, 1773 geplant), in denen er neuen Gebrauch der alten Opernformen aus dem 16. Jh. machte. – Der Monolog nimmt Motive der vorhergehenden Monologe auf: Unruhe als Steigerung der Neugier (V. 2678), Fausts edle Erscheinung (V. 2680 f.); aus dem zweiten (vgl. das Thule-Lied) die Verbindung von Liebesbesitz und Tod, die erotische Zuwendung als Steigerung des ersten »Schauers«; aus dem dritten die Bewunderung für der »Rede Zauberfluss« (V. 1090 f.; 3211–14) und die Steigerung des Nichtbegreifens zur Verrückung des Kopfes. Das Lied drückt einerseits unbegrenzte Hingabe an Faust, andererseits Reflexion darauf und Leiden daran aus: in Margarete trennen sich Sinnlichkeit und Bewusstsein, Margarete trennt sich von ihrer Umgebung und seitherigen Denkwelt. Dies spiegelt sich in der Verwendung des Regienamens »Gretchen« von *Gretchens Stube* bis *Dom* mit Ausnahme von *Marthens Garten*; analog dazu wollte Goethe die Helena im 3. Akt des Zweiten Teils zunächst von einer Schauspielerin, dann von einer Sängerin spielen lassen. Margarete als Proto-Helena (V. 2604) und das Anlegen einer Sprachmaske (vgl. Szenenkommentar zu *Ein Gartenhäuschen*, oben S. 160, und V. 9367–84) bestätigen die Analogie. Nachdem Faust in *Wald und Höhle* den Dingen ihren Lauf gelassen hat und Margarete nur noch als Opfer der Hölle betrachtet, muss sie nun als ›ein Gretchen‹ erscheinen, das ist der generische Name für »so ein Schätzchen« (V. 2445). Wie der reflexive Stil des Liedes zeigt (z. B. V. 3382–85), bleibt Margarete, die Zentralfigur einer modernen Heiligenlegende, hinter dem Gretchen, der im Blick Fausts erscheinenden Zentralfigur eines Bürgerlichen Trauerspiels, voll erhalten und hat hier den Angriff der faszinierten Sinnlichkeit auf ihre Ruhe und Konsistenz ihres Bewusstseins zu verarbeiten: ihre selbstständige sittliche Persönlichkeit erhebt sich im Leiden an dieser Liebe. Literarische Reihe (s. II, D 26): Modernisierung des *Hohenlieds*.

BA vor 3374 *Stube … allein:* Die Stube ist der einzige heizbare Raum in vielen älteren Häusern (vgl. engl. *stove*). Dass Gretchen die gesellige Tätigkeit des Spinnens, zu der man sich bei Wärme und Licht traf, allein ausübt, zeigt ihre beginnende gesellschaftliche Isolation durch die Bekanntschaft mit dem vornehmen Herren, wie auch ihr Bedürfnis, durch eine Gleichmäßigkeit erfordernde Tätigkeit ihre Ruhe vom Körper her wiederherzustellen.

3374–93 *Meine Ruh ist hin … Aus dem Haus:* Über die von Pniower (1892) festgestellten Bezüge zum *Hohelied Salomonis* (s. II, D 4) hinaus kann man diese Strophen von Hld. 2,5 und 5,2–7 inspiriert sehen. Dieser Prätext als Liebesdichtung im Kanon religiöser Texte gibt den Blick frei für Goethes moderne Zusammenführung von Sinnlichkeit und Religiosität im Verlauf des Gretchendramas.

3394–3401 *Sein hoher Gang ... sein Kuss!:* Anklänge an die
  Beschreibung des Geliebten Hld. 5,10–16, dort aber immer in Antwortsituationen, während hier modernisiert in
  Isolation.

3406–09 *Mein Busen ... halten ihn!:* vgl. Hld. 7,13 »Ibi
  dabo tibi ubera mea«; Hld. 3,4 »Tenui eum nec dimittam«
  (»Da will ich dir meine Brüste geben« – »Ich hielt ihn
  und will ihn nicht lassen«).

3413 *Vergehen sollt!:* ich würde/müsste ... sterben.

Marthens Garten

Entstanden im Kontext von *Straße I*; wegen der Nähe zu
religiösen Äußerungen Lavaters wird die Szene »frühestens
im Herbst 1774« angesetzt (DjG 5, S. 480). Veränderungen
am *Urfaust*-Text betreffen z. T. religiöse Fragen: V. 3425,
3427, 3460, 3533, 3541. Im Übrigen wenige Sinn-relevante
Eingriffe und die üblichen stilistischen Glättungen. – Madrigalvers, jedoch bei Fausts ›Glaubensbekenntnis‹ V. 3432–
58 die ungereimten freimetrischen Pindar-Verse der Frankfurter Oden Goethes.
Die sogenannte Gretchenfrage »Wie hast du's mit der Religion?« (V. 3415) ist unter dem Gesichtspunkt des Regienamens und der Bedeutung der Frage eine echte Frage der
Margarete. Als Gretchenfrage wäre sie nur eine implizite
Aufforderung zur Heirat, was Mephistopheles auch unterstellt (V. 3525–27, 3534 f.). Faust erkennt, dass sie in ihrer
Liebe sich um das Heil der Seele dieses Ungläubigen sorgt
– um so mehr trifft ihn der Vorwurf des Ungeheuers
(V. 3528), wenn er in vollem Bewusstsein dieser Treue und
Liebe sie mit verblasenem widersprüchlichem Geschwafel
abspeist, nur um die Nacht mit ihr verbringen zu können.
Margarete dagegen emanzipiert in der Auseinandersetzung
mit Faust eine neue, ganzheitliche, den Körper einbeziehende Form der Religiosität aus ihrem bisherigen Kirchenglauben, und zwar in mehreren Schritten: (1) Frage nach

Fausts Haltung zur Religion; (2) Frage nach Fausts aktivem
Verlangen nach den Sakramenten (V. 3425 nennt Messe mit
Eucharistie, und Beichte mit Buß-Sakrament); (3) Frage
nach Fausts Glauben an Gott, nur hier akzeptiert sie seine
Antwort als »leidlich« (V. 3466); (4) zur Begründung, dass
Faust »kein Christentum« hat, kritisiert sie Fausts Zusam-
mensein mit Mephistopheles und entwickelt die verneinende und die bejahende Seite ihrer auf der Fühlfähigkeit
des Körpers beruhenden Liebesreligion (V. 3469–3500).
Ganz im Gegensatz zur Körperfeindlichkeit der Kirche und
ihrer Verteufelung, allenfalls Funktionalisierung der Sinnlichkeit lehnt Margaretes Körper vehement den Teufel
ab, weil sie spürt, »dass er nicht mag eine Seele lieben«
(V. 3490). Damit wird der Körper heilig, die Erfüllung
des Liebesbegehrens unter Anrufung von Gott ist »gut«
(V. 3586). Folglich bedeutet ihr auch die gemeinsame Nacht,
die im 5. Teil der Szene vereinbart wird, ein Tun »für dich«
(V. 3519), mit dem sie Faust von Mephistopheles entfernen
und zu ihrer neugefundenen Religion bekehren will; er hat
dagegen all ihre Bemühung über sich ergehen lassen und
verdächtig schnell ein Schlafmittel bereit, damit er endlich
an sein Ziel kommt. Auch im 6. Teil, der Auseinandersetzung mit Mephistopheles über die Gründe ihrer Fragen,
verteidigt er sie nur mit ihrem Kirchenglauben; die rasante
Emanzipation der neuen Religiosität hat er nicht bemerkt.
Auch als im Schlussteil (7) Mephistopheles eigens auf ihre
physiognomische Fühlfähigkeit hinweist, äußert Faust sich
nicht dazu. – In der literarischen Reihe (s. II, **D 26**) verwendet Goethe wieder eine Form seiner eigenen Dichtungen –
den hymnischen Stil der Frankfurter Oden, die an Pindar
orientiert sind und nach Gretchens alttestamentlicher nun
die altgriechische Tradition einholen.

BA vor 3414 *Marthens Garten:* Durch die Überlassung ihres Gartens an das Liebespaar zeigt Marthe sich der Ein-
schätzung Mephistos V. 3029 f. völlig entsprechend. An-

gesichts dieser gemachten »Gelegenheit« (V. 3341) muss Faust ein Religionsgespräch höchst unpassend vorkommen.

3414 *Heinrich:* Der Vorname des historischen Faust war wohl Georg, der des literarischen Johann. Man kann »Heinrich« als Decknamen verstehen, mit dem Faust z. B. auftritt, um weniger kompromittierend falsches Zeugnis ablegen zu können (V. 3033); man kann ihn mit Heinrich Cornelius Agrippa von Nettesheim verbinden, dem Renaissance-Magier, von dem Goethe viele Lehren und Züge (z. B. den schwarzen Hund) für seine Faust-Figur entlehnt hat. Man kann ihn als Anspielung auf Goethes Freund Johann Heinrich Merck verstehen, dessen Tücke und »Schalkheit« ihm unter den Freunden den Beinamen Mephistopheles eingetragen hatte (vgl. Anm. zu V. 336–343). Alle diese Beziehungen sind möglich, keine ist die einzig ertragreiche für die Faust-Figur und ihre Beziehung zu Margarete.

3415–18 *wie hast du's mit der Religion? ... Lass das:* weitgehend Zitat nach *Dom Juan* III,1 (s. II, **D** 13); der Diener Sganarelle fragt Juan nach seinem Glauben und beginnt: »Ich möchte Eure Gedanken ein wenig genauer wissen. Ist es möglich, daß Ihr überhaupt nicht an den Himmel glaubt?« Dom Juan: »Lassen wir das.« Da er nur ausweichende Antworten bekommt, meint Sganarelle: »Diesen Menschen zu bekehren werde ich viel Mühe haben.« Bekehrung ist also hier wie dort das Ziel der besorgten Partner.

3421 *man muss dran glauben:* Sganarelle (ebd.): »Man muss aber doch etwas auf der Welt glauben. Was glaubt Ihr?« Dom Juan: »Ich glaube, dass zwei und zwei vier ist, Sganarelle; und dass vier und vier acht sind.« – Fausts ›Glaubensbekenntnis‹ kommt durch die Dom-Juan-Situation, in der er sich befindet und an die so deutlich erinnert wird, ins Zwielicht und wird angesichts des schon in der Tasche wartenden Schlaftrunks bedenklich.

3431 *Misshör mich nicht, du holdes Angesicht!:* Er redet sie nicht als Person, sondern als Gesicht, nicht als Verstehende, sondern als Hörende an: er redet nicht für Margarete, sondern nur für das Gretchen, das er möglichst rasch abspeisen möchte, um zum Ziel zu kommen.

3432 *Wer darf ihn nennen?:* vieldiskutiertes Problem des unbekannten oder geheimen Namens Gottes – V. 3454 f. stellt er aber das Nennen frei.

3435–37 *Wer empfinden ... nicht?:* Konstruktion: Wer, der empfindet, darf sich unterwinden (sich trauen) zu sagen: ...? Gottesbeweis durch die Empfindung vor allem bei Rousseau, *Emile* IV, »Profession de foi du vicaire Savoyard«.

3438–41 *Der Allumfasser ... sich selbst?:* Verbindung einer panentheistischen (Gott umfasst alles und ist durch alles) und einer pantheistischen Auffassung (Gott ist alles, erhält alles und damit sich selbst). Die Auffassungen widersprechen einander und dem zuvor angesprochenen Gottesbeweis durch Empfindung.

3442–50 *Wölbt sich ... neben dir?:* Jetzt geht es um die »Herrlichkeit«, die Offenbarung des Göttlichen als sichtbare Welt, zunächst den Makrokosmos-Aspekt V. 3442–45, dann den Erdgeist-Aspekt V. 3446–50, wobei Faust Gretchens Liebeserfahrung als Wirksamwerden des Göttlichen interpretiert (vgl. V. 3188–94). In Widerspruch dazu gerät er, indem er dieses Benennbare in Gefühl auflöst und beliebig macht. Dann entsteht auch die Gleichung »Schau ich nicht ... Nenn es dann ... Gott!«, womit seine Gefühlsreligion ins Diabolische und Luziferische umkippt.

3453 f. *Nenn es dann wie du willst ... Liebe! Gott!:* Lavater, *Physiognomische Fragmente*, Bd. 4 (1778), 1. Abschnitt, 10. Fragment: »nenn' es, beschreib' es, wie du willst – [...] Nenn's Glaube, Liebe, Hoffnung [...] Offenbarer der Majestät aller Dinge, und ihres Verhältnisses zum ewigen Quell und Ziel aller Dinge: [...] ich spreche von unmit-

telbarem Gottesgefühle, nicht von Theologie: [...] Die
Göttlichkeit aller göttlichen Dinge muß gefühlt werden«
(zusammengezogen aus S. 81, 83, 94 f.). Die Unausgego-
renheit solcher nicht unterscheidender Gefühlsreligion
(und Goethes Kritik daran) wird schlagartig klar, wenn
man bedenkt, dass derselbe Faust einen Teufel neben sich
glaubt. Wo ist da das »Gefühl ist alles«? Er redet vom
Gefühl, Margarete fühlt.

3464 f. *Sprache ... ich in der meinen?:* Widerspruch zu der
Ablehnung von Sprache V. 3432, 3455–58. Wohl hat er
die ganze Zeit Sprache benutzt, aber zur Vernebelung.
Margarete hat sich ja auch nicht beeindrucken lassen.

3480 *ein heimlich Grauen:* In der ganzen Passage V. 3469–
3499 beschreibt Margarete die körperlichen Symptome,
die ihr die Gegenwart Mephistos und Fausts V. 3491 f. bereiten; zugrunde liegt die Theorie der Wirkungskreise
(vgl. Anm. zu V. 484), die sich bei Faust und bei Margarete in der Szene *Abend* bestätigt hat. Faust hat diese Fühlfähigkeit bei sich zurückgedrängt, anerkennt sie
aber bei Margarete V. 3494. Margarete betätigt auch wieder ihre physiognomischen Fähigkeiten (V. 3489, vgl.
V. 2682). Sie hat also eine von ihrem Körper geleistete
Fühlfähigkeit, Liebes- und Hassfähigkeit, Erkenntnis,
Sittlichkeit und Religiosität in ihrer Emanzipation vom
Kirchenglauben entwickelt und verlässt sich fortan darauf. Man vergleiche damit Fausts Geschwafel.

3481 *Schelm:* hier: Bösewicht (vgl. Anm. zu V. 336–343).

3521 *Grasaff:* zu Goethes Zeit auch in Frankfurt gebräuchlicher Ausdruck für ›naseweises und unreifes Mädchen‹.

3523 *katechisiert:* nach dem Katechismus auf Glaubensfes-
tigkeit geprüft.

3530–32 *Glauben ... selig machend ist:* Faust redet noch
vom allein selig machenden Glauben der Kirche; er hat
Margaretes Entwicklung und Verselbstständigung von
»man muss dran glauben« (V. 3421) bis »Dir ... muss es
auch so sein« (V. 3500) nicht bemerkt.

3534 *übersinnlicher, sinnlicher Freier:* vgl. V. 2751.

3536 *Spottgeburt von Dreck und Feuer:* Anspielung auf die groteske Kombination von Erddämon und Höllengeist (vgl. Anm. zu V. 1257 f.).

3537 *die Physiognomie:* besser: Physiognomik, denn das ist die Wissenschaft z. B. Lavaters, der vor allem aus der Gesichtsbildung Wesens- und Charakterzüge ablesen wollte, und die Margarete »versteht«. Die Anerkennung ist durchaus ironisch, da sie nur sein »Mäskchen« gelesen hat.

3540 *Genie:* nach der Ableitung von lat. *ingenium* eine im Allgemeinverständnis etwas exzentrische Person, nach der Ableitung von *genius* ein Dämon (meist ein freundlich leitender).

Am Brunnen

Entstanden im Kontext von *Straße I*, wegen des reinen Knittels wohl 1773/74. In Lieschen, die über das unehelich schwanger gewordene Bärbelchen herzieht, ist das mittlerweile ebenfalls schwangere Gretchen mit ihrer eigenen erbarmungslosen Verfolgung von Verstößen gegen die enge bürgerliche Sexualmoral konfrontiert. Diese Schranken wurden von Gesellschaft und (protestantischer) Kirche im 18. Jh. auch da wieder errichtet, wo sie außer Gebrauch gekommen waren (z. B. Kirchenbuße): die Aufklärung brachte einerseits tendenziell die Emanzipation des Individuums, andererseits eine Regulierungswut der Behörden und eine gegenseitige Beaufsichtigung der sich ihrer Eigenverantwortung bewusst werdenden Bürger (vgl. V. 3196–3201). Dieser Welt gehört Gretchen an, auch im Negativen: sie weiß, dass es »Sünde« ist, was sie begangen hat und was ihr jedermann vorwerfen wird. Margarete jedoch wird durch diese Konfrontation gezwungen, gegen die Leute und gegen sich selbst in ihrem Gretchen-Bewusstsein ihre neue Religiosität und Lebenshaltung zu profilieren und sich damit von ihrer

Umwelt zu entfernen (vgl. V. 3545): Bürgerliches Trauerspiel des hohen Preises der Emanzipation sowie Tragödie des in sich gespaltenen Menschen.

3569 *Im Sünderhemdchen Kirchbuß tun!:* Während in katholischen Ländern die Probleme im Zusammenhang mit außerehelichen Schwangerschaften und Kindern meist schon durch die Ohrenbeichte aufgefangen werden konnten und entsprechend weniger Kindstötungen und öffentliche Ächtungen vorkamen, musste in protestantischen Ländern über die harten weltlichen Strafen hinaus die ›Sünderin‹ im Hemd vor dem Altar knien und wurde vom Pfarrer geächtet; Ziel war Abschreckung, Strafe, völliger Ehrverlust. Friedrich II. beseitigte 1746 in Preußen die Kirchenbuße; Sachsen verzichtete auf Wiederaufrichtung wegen der zu befürchtenden Kindstötungen; in Sachsen-Weimar wurde 1763 trotz Gegenantrags die Kirchenbuße beibehalten, erst Goethe konnte sie 1786 beseitigen. Das vieldiskutierte Thema eignete sich deshalb für die paradigmatische Darstellung des Widerspruchs zwischen öffentlich verordneter Sitte und individueller Sittlichkeit, zwischen sozialem und politischem Aufstieg der Bürger und der Emanzipation des Individuums.

3575 f. *Kränzel reißen ... Häckerling streuen:* Verhöhnung der nicht mehr jungfräulichen Braut durch die Altersgenossen: sie zerreißen den Brautkranz und streuen Häcksel statt Blumen.

3577 *schmälen:* schelten.

3584 *bin nun selbst der Sünde bloß:* Ausdruck aus der Fechtersprache: der Waffe und dem Angriff des Gegners ohne Verteidigungsmöglichkeit ausgesetzt sein. »Sünde« ist also für Margarete in Anführungszeichen zu setzen, es ist der Vorwurf, den sie früher anderen gemacht hat und den andere ihr jetzt machen.

3585 *alles was dazu mich trieb:* einerseits das in *Gretchens Stube* artikulierte sinnliche Begehren, andererseits die

Liebe zu Faust und die in *Marthes Garten* sichtbar gewordene ›heilige Qual‹, es für Faust zu tun (V. 3519), um ihn aus den Klauen Mephistos zu befreien (V. 3532 f., 3500). Deswegen war nicht die Nacht mit Faust selbst, aber was sie dazu trieb, »lieb« bzw. »gut«, und für die Einheit dieser Triebkräfte ruft sie nun »Gott« an, einen Gott allerdings, der mit dem in *Marthes Garten* besprochenen nichts mehr zu tun hat.

Zwinger

Entstanden im Kontext von *Straße I*; vermutet wird 1774/1775, da Goethe in dieser Zeit erstmals engeren Kontakt mit einem katholischen Geistlichen (Damian Friedrich Dumeiz, Dechant zu St. Leonhard in Frankfurt, vgl. DjG 4, S. 323; 5, S. 481) hatte, der ihm Kenntnis der in *Zwinger* und *Dom* verwendeten mittelalterlichen Sequenzen und ihres rituellen Gebrauchs vermittelt haben kann. – Textlich geringfügige Änderungen gegenüber dem *Urfaust*. – Anrufung der Muttergottes als Nothelferin, allerdings im prekären Fall einer Versündigung gegen die Gebote der Kirche; deshalb auch kein Wort der Reue und Buße. Sofern Maria am Kreuz stehend als bittend um Rettung des Sohnes vor »Schmach und Tod« gedacht werden kann, setzt Gretchen sich typologisch an ihre Stelle; da sie um ihre persönliche Rettung bittet, setzt sie sich auch an Christi Stelle. Das ist im Bürgerlichen Trauerspiel der Hilferuf in panischer Angst; im Legendendrama der neuen Heiligen Margarete ist es die Vorausdeutung auf die Christus-Funktion Margaretes für Faust (vgl. Anm. zu V. 3585). – Da-capo-Arie aus dem Singspiel (s. II, D 26), also der von Goethe neu erprobten Gattung (vgl. Szenenkommentar zu *Gretchens Stube*, oben S. 168), nun mit Rückgriff auf die altkirchliche Sequenz.

BA vor 3587 *Zwinger:* enger, schon das Kind Goethe ängstigender Gang zwischen den letzten Häusern und der

Stadtmauer oder zwischen äußerer und innerer Stadtmauer. – *Mater dolorosa* ist ein Bild der Muttergottes als
(wörtl.) »Schmerzensmutter« am Kreuz, die Brust oft
von einem Schwert durchbohrt nach der Bildvorstellung
der Sequenz *Stabat mater* (s. III, **T 6**) des Jacopone da
Todi (gest. 1306), aus der Gretchen Motive verwendet,
deren Andachtsrichtung sie aber auf sich umbiegt; nicht
mit Maria will sie leiden, sondern diese soll ihren Blick
von Christus weg auf Gretchen wenden. Die z. T. wieder
auf Bibelstellen zurückgehenden Zitate aus der Sequenz
werden dadurch fast blasphemisch umfunktioniert.

3587 f. *Ach neige, / Du Schmerzenreiche:* Goethe reimt
manchmal im Frankfurter Dialekt (›neische‹–›reische‹).

3608 *Scherben:* Blumentöpfe aus Ton.

3612–15 *Schien hell ... schon auf:* vgl. den von Goethe für
den *Werther* übersetzten Ossian-Text *The Songs of Selma*
(HA 6, S. 110): »Ich sitze in meinem Jammer, ich harre auf
den Morgen in meinen Tränen.« Ging es im *Werther* um
die Opposition zwischen Homer und Ossian, antiker
Objektivität und moderner Subjektivität, so wird in diesem Ausdruckslied typologisches Mit-Leiden objektiv
vorbildlichen Leidens und die Selbstbezogenheit moderner Subjektivität im Leiden kontrastiert.

3616 *Hilf! rette mich von Schmach und Tod!:* vgl. die zwei
Schlussstrophen von *Stabat mater* (s. III, **T 6**). Der Unterschied der Haltungen – ›retten vor‹, ›gerettet werden
durch‹ – ist klar.

Nacht. Straße vor Gretchens Türe

Die Verse 3619–45 und 3650–59 gehören schon zum Be-
stand des *Urfaust*; dort ist die Szene überschrieben *Nacht.
Vor Gretgens Haus.* Die Szene hat keine Entsprechung im
Fragment; der Tod Valentins gehört jedoch aufgrund der
Anspielungen in den Schlussszenen schon zur *Urfaust*-
Konzeption, wurde allerdings wohl erst 1806 ausgeführt.

Die Szene hat mehrere Teile: (1) Monolog Valentins; (2)
Faust, Mephistopheles auf dem Weg zu Gretchen; (3) Mephistos »moralisch Lied«; (4) Faust tötet Valentin im Zwei-
kampf und muss fliehen; (5) man findet Valentin; (6) seine
Rede; (7) Abfertigung Marthes und Gretchens. Nach dem
Tod der Mutter ist Valentin auch juristisch verantwortlich für
das minderjährige Gretchen. Das Motiv des rächenden Bruders, das Goethe auch im *Clavigo* (1774) verwendet, ist in
der Weltliteratur beliebt, spielt in dieser Szene wohl vorran-
gig auf den Laertes im *Hamlet* (s. II, D 9) an, aus dem Mephistopheles ohnehin die 1. Strophe seines Liedes bezieht; der
Soldatenberuf Valentins ruft *Dom Juan* (s. II, D 13) mit der
Figur des Komturs ins Gedächtnis. – Valentin verwendet
meist Knittel, wie auch Gretchen und Marthe, während
Faust und Mephistopheles Madrigalverse sprechen.

BA vor 3620 *vor Gretchens Türe:* nach dem Grimmschen
 Wörterbuch s. v. »Grete« heißt »vor gretleins thür« auch:
 vor dem Haus einer Dirne. Goethe spielt im Blick auf Valentins Verfluchung V. 3730 offenbar mit dieser Zweitbe-
 deutung. – Den Namen VALENTIN entlehnte Goethe
 wahrscheinlich dem Liedchen Ophelias (»Tomorrow is
 Saint Valentine's day«, *Hamlet* IV,5) das Mephistopheles
 für sein Lied benutzt.
3622 *den Flor:* die Blüte, die Schönheit.
3650–54 *Wie von dem Fenster ... Busen nächtig:* deutlich
 als Kontrastsituation zu V. 1194–97 komponiert. Nach
 V. 1350 ist Mephistopheles die Finsternis, die jetzt Fausts
 Gemüt immer mehr einnimmt.
3661 f. *Die herrliche Walpurgisnacht ... übermorgen:* Da
 die Szene *Dom* den Tod der Mutter voraussetzt (vgl.
 V. 3787 f.) und vor *Walpurgisnacht* gestellt ist, muss angenommen werden, dass Faust weiter mit Gretchen verkehrt und sie eine Nacht vor der Totenmesse für ihre
 Mutter besucht, an deren Tod sie sich schuldig fühlt. –
 Walpurgisnacht, die Nacht vom 30. April auf den 1. Mai

(die Hl. Walburga, Fest: 25. Februar, schützt vor Hexenwerk), ist »herrlich«, weil sich hier die »untere« Herrlichkeit des Satan offenbart.

3664 f. *der Schatz ... flimmern seh:* Faust hat, vielleicht durch seine Einteufelung (V. 3371), die Fähigkeit erworben, verborgenes Edelmetall an einer Lichterscheinung (vgl. V. 3916) zu erkennen.

3675 *Geschenke:* Mephistopheles sieht schnöderweise eine Bezahlung darin (vgl. V. 3677).

3682–97 *Was machst du mir ... am Finger:* nach Ophelias Lied aus *Hamlet* IV,5 (s. II, **D** 9), wobei Goethe offenbar die Schlegelsche Übersetzung konsultierte (s. III, **T** 3). Noch deutlicher als aus Mephistos zweiter Strophe geht hier das Dom-Juan-Motiv des zuvor gegebenen Eheversprechens hervor, das gerade deshalb nicht gehalten wird, weil das Mädchen zum Liebhaber kam und sich hingab, bevor sie den »Ring am Finger« hatte. Wenn Mephistopheles mit diesem warnenden Lied Gretchen »betören« möchte (V. 3681), ist das purer Sadismus, denn sie handelt nur noch in Todesangst.

3699 *Vermaledeiter Rattenfänger!:* Anspielung auf die Sage vom Kinderverführer »Rattenfänger von Hameln«. Vermaledeit: von lat. *maledicere* ›Böses sagen, verfluchen‹.

3706 *Flederwisch:* Spottbezeichnung für einen leichten Stoßdegen.

3707 *pariere:* wehre ab.

3715 *Blutbann:* Bei Kapitalverbrechen legte die Kirche die Schuld so lange auf die Gemeinde, bis der Täter hingerichtet war.

3731 *So sei's auch eben recht:* sarkastisch – noch macht sie ihre »Sachen schlecht«, weil sie, wenn schon eine Hure, es dann auch professionell machen müsste; Ausführung V. 3736–39.

3753 *Metze:* im Mittelhochdeutschen Kosename für »Mechthild«, dann generische Bezeichnung für ein leichtes Mädchen, auch Hure (parallele Entwicklung bei »Gretchen«).

Dom

Entstanden im Kontext von *Straße I*; Entstehungszeit aufgrund der Verarbeitung der mittelalterlichen Sequenz ungefähr 1774/75 wie *Zwinger*. Titel im *Urfaust*: *Dom. Exequien der Mutter Gretgens*, denn im *Urfaust* stand der Beginn der Valentin-Szene hinter *Dom*; Valentins Tod war also zur Zeit des Totenamts für die Mutter noch nicht eingetreten. Mit der Platzierung der Valentin-Szene vor *Dom* und der Hinzufügung von V. 3789 in *Faust I* ist zu vermuten, dass das Totenamt für beide gehalten wird. In dieser Szene bricht die Strafgewalt der Kirche, die sie in Gretchens bürgerlicher Gesellschaft in der Hauptsache ausübt (V. 3569), voll über Gretchen herein, und zwar zunächst als mentaler Prozess. Das zeigt sich daran, dass der Chor die Totensequenz *Dies irae* nicht in der Folge der Strophen singt, sondern diese nur fragmentarisch zu hören ist: der Rezipient liest bzw. hört, was Gretchen davon wahrnimmt, d. h. die Wiederholung der Zeile »Quid sum miser tunc dicturus« – »Was werde ich Elende(r) dann sagen« –, und nicht die vom Chor eigentlich zu singende, von Gretchen nicht mehr gehörte Bitte um Rettung und die Zusicherung von Trost und Hoffnung. Produkt von Gretchens Angst ist auch der BÖSE GEIST, der zum einen Teil zusammenfasst, was eigentlich der Chor singt, was sie jedoch selektiv aus dem Gedächtnis sich vorwirft, zum andern Teil beiträgt, was sie persönlich sich vorhalten muss: Tod der Mutter, Tod des Bruders, die »Brandschande Maalgeburt« in ihrem Leib, wie es im *Urfaust* (UF 1326) hieß. Gegen die Verzweiflung, die ihr der selektiv gehörte Chor und ihr böser Geist einreden, also gegen das Aufgeben aller Hoffnung auf göttliche Gnade, setzt sich wieder ihr Körper zur Wehr; er fällt ihn Ohnmacht. – In der literarischen Reihe (s. II, **D 26**) finden wir wie in *Zwinger* die moderne Bearbeitung (das selektive Hören, die prosaischen Verse) eines nun sogar wörtlich zitierten altkirchlichen Textes: der Sequenz *Dies irae* (s. III, **T 1**) des Thomas von Celano (1190–1260).

BA vor 3776 *Amt:* Totenmesse für die durch die (wieder-holte, zu hoch dosierte?) Verabreichung des Schlafmittels (Giftes?) gestorbene Mutter und wohl schon den getöte-ten Valentin. Der BÖSE GEIST verführt nicht zum Bösen, sondern zur Verzweiflung und zur Aufgabe jeder Hoff-nung auf göttliche Gnade. Darauf beruht auch die Be-handlung der Sequenz, die genau vor dem Übergang in die gläubige Bitte um Gnade abbricht und gegen den Fortgang des Liedes die Angst vor dem Gericht wieder-holt. »Wir haben hier ein offenbares Versehen«, meint Düntzer im Kommentar z. St.

3779 *vergriffnen:* abgegriffenen, zerfledderten.

3788 *langen Pein:* der Strafe in Hölle oder Fegefeuer.

3798 f. *Dies irae ... in favilla:* »Tag des Zorns, jener Tag wird das Zeitliche in Asche zerstäuben«; Beginn der zur Totenmesse verwendeten Sequenz (s. III, **T 1**).

3800–07 *Grimm fasst dich! ... Bebt auf!:* Der Geist fasst vor allem den Inhalt der folgenden Strophen zusam-men, greift aber auch schon auf spätere Formulierungen vor.

3811 f. *mein Herz / Im Tiefsten löste:* »Cor contritum quasi cinis« (V. 50).

3813–15 *Judex ergo ... remanebit:* »Wenn der Richter dann zu Gericht sitzen wird, wird das Verborgene offenbart werden und nichts ungerächt bleiben« (V. 16–18).

3821–23 *Verbirg dich! ... Luft? Licht?:* Der Geist denkt höhnisch Gretchens Gedanken an Rettung durch und zeigt sich dadurch als Produkt ihrer Angst. Mit »Luft? Licht?« ahmt er nur noch ihre Hilferufe nach.

3825–27 *Quid sum ... securus:* »Was werde ich Elender dann sagen, welchen Schutzheiligen anflehen, wenn kaum der Gerechte unbesorgt sein kann?« (V. 19–21). Die Wie-derholung V. 3833 ist in der Sequenz nicht vorgesehen, diese geht vielmehr in die Hoffnung auf göttliche Gnade über.

3834 *Fläschchen:* Kleine Gefäße mit scharfem Riechsalz

waren im 18. Jh., dem Zeitalter der Wespentaillen und Schnürleiber, wichtige Utensilien für die Damen, die häufig wegen Sauerstoffmangels in Ohnmacht fielen.

Walpurgisnacht

Eine erste Anregung, Faust zur Walpurgisnacht auf den Blocksberg zu führen, gab wohl Johann Friedrich Löwens *Die Walpurgis-Nacht. Ein Gedicht in drey Gesängen* (1756), wo Faust von »Belzebub dem Blocksberg zugeführt« wird; unter den Dämonen erscheint Lilith als »Schutzgeist einer Buhlerin«; das Stück ist zugleich Literatur- und Zeitsatire wie der Walpurgis-Komplex bei Goethe (J. Fr. Löwen, *Schriften*, 3. Teil, Zitate S. 8–22). Die Nennung »Walpurgis« (V. 2590) zeigt die Planung einer weiteren Hexenszene schon in Rom; an die Ausarbeitung ging Goethe jedoch erst in der dritten Arbeitsphase; indirekt weist darauf die Absicht 1797, »Oberons goldne Hochzeit« in den *Faust* aufzunehmen (an Schiller, 20.12.1797). Die Planungen verdichten sich mit der zufälligen Lektüre von Miltons *Paradise Lost* (s. II, D 12), wo Goethe den Fehler der »unbedingten« Einführung der »Götter, Engel, Teufel, Menschen« entdeckt (an Schiller, 3.8.1799) und daraus den religionsphilosophischen Gedanken der Geschichtlichkeit himmlischer und höllischer Systeme entwickelt; diesen haben wir im *Prolog im Himmel* (s. Anm. zu V. 271, 278) beobachtet und beobachten ihn in *Walpurgisnacht* an der Umstrukturierung der Höllen-Strategie von Satan auf Mammon (s. u.). Zugleich schrieb Goethe am 30. Juli 1799 eine wichtige Ballade *Die erste Walpurgisnacht* (s. III, T 9), die ebenfalls die Geschichtlichkeit der Religionsvorstellungen deutlich werden lässt und auf eine Naturreligion zurückführt, die wohl in einer weiteren Mythologisierung im *Faust* als Oberon/Titania-Beziehung im *Walpurgisnachtstraum* erscheint. Die Ausarbeitung des Komplexes fällt offenbar in die Zeit Ende 1800 bis Februar 1801, wo Goethe sich eine Anzahl von Werken zum Hexen-

wesen und dem Blocksberg-Treiben auslieh, das er, wie verschiedene Fragmente aus dem sogenannten »Walpurgissack« belegen, in einer Reihe von insgesamt sieben Szenen
ausarbeiten wollte (FD 1, S. 624–631, vgl. FD 2, S. 454 f.).
Aus deftigen Passagen eine Bühnenfassung zu basteln
(Schöne, FA), mag zwar wirkungsvoll sein, zerstört aber
Goethes sorgfältige Konzeption von *Walpurgisnacht* und
eliminiert die tiefsinnige (Selbst-)Ironie von *Walpurgisnachtstraum*.
Die Szene muss in engem komplementären Bezug zu *Prolog
im Himmel* mit der Wette über Faust und zur Wette zwischen Faust und Mephistopheles gesehen werden. Mephistos auf den Tanz mit der Hexe und eine mögliche »Schäfer-
stunde« (V. 4182) hinlaufende Regie ist der entscheidende
Angriff auf Fausts Versprechen, sich nicht durch Genuss betrügen zu lassen, sich nicht zu vergessen (V. 4114!), bei sich
zu bleiben. Da die Versuchung des zweiten Adam (V. 4128–
4135; s. II, **D 1**) wegen Proktophantasmist, roter Maus und
Gretchen-Erscheinung misslingt, und weil Faust das ent-
scheidende Wettobjekt im fortgehenden Kampf zwischen
Himmel und Hölle ist, muss die Hölle ihre Strategie der
Überwindung Fausts ändern. Nach Miltons *Paradise Lost*
(s. II, **D 12**) hat der Höllenfürst Mammon nicht nur den
Goldpalast Pandaemonium gebaut, der mittlerweile vom
Höllengrund aufgestiegen und jetzt der Blocksberg ist
(V. 3933); in diesem Palast hat nach Milton (*Paradise Lost*
II) eine Beratung der Höllenfürsten über die Erringung der
Weltherrschaft stattgefunden; Satan als derjenige, der durch
Trieb, Instinkt, sinnliche Versuchung das Menschenge-
schlecht mit Adam und Eva im Paradies verführt, hat wegen
dieses Erfolgs die Führung – bis zu Faust (so Goethe in seinem weitergeschriebenen *Verlorenen Paradies*), der darauf
nicht mehr anspricht. Mammon, der bei Milton zunächst
mit dem Vorschlag einer friedlichen Übernahme der Weltherrschaft durch die Macht und Ordnung des Goldes nicht
durchgedrungen war, kommt jetzt offenbar bei Goethe zum

Zuge: der Zweite Teil ist wesentlich auf Gold und Geld begründet, im 5. Akt bewohnt Faust sozusagen Mammons Palast.

Dass die Mittel der satanischen Verführung veraltet sind wie schon in *Hexenküche* (vgl. oben S. 129, Szenenkommentar), macht Goethe handgreiflich durch dasselbe Verfahren: die Verwendung eines altertümlichen Kupferstichs, hier von Michael Herr 1620, der das Blocksbergstreiben darstellt und in dem die beiden Szenen *Walpurgisnacht* und *Walpurgisnachtstraum* spielen (Abb. 10). Die Veraltung wird dadurch deutlich gemacht, dass, wie die Teilszenen des bekannten Stichs die Hexen- und Teufelvorstellungen des 17. Jh.s wiedergeben, ebenso unübersehbar auch ganz moderne Figuren und Ereignisse aus der Zeit um 1800 eingebaut sind, die Faust und Mephistopheles kennen und kommentieren. Die Verwendung des Kupferstichs ist also äußerst kompliziert; einerseits ist er ein Bildwerk nach den Vorstellungen eines Künstlers aus dem 17. Jh., das der ganzen Raumaufteilung nach erhalten bleibt und in dem Faust und Mephistopheles auf nachzeichenbarem Weg herumgehen und ihre Erlebnisse haben. (Diese Technik der Bildbeschreibung kannte Goethe aus den *Salons* von Diderot.) Andererseits kommen nicht nur sie selbst, sondern auch ein anderer Besucher des Bildraums vor, der Proktophantasmist, der die Existenz der ja an sich nur gemalten Hexen und Gespenster bestritten, unter anderem auch die Existenz Fausts, der gerade mit der jungen Hexe tanzt; ferner nimmt ein zum Bild gehöriges Idol die Gestalt und Züge Gretchens in einem Moment der Zukunft an, nämlich nach der Enthauptung. Man muss sich das Bild also doppelt vorstellen, einmal als imaginären Raum, zum Zweiten als Objekt der Betrachtung, oder, wie das bergsteigende Trio singt, als »Traum- und Zaubersphäre« (V. 3871), als Zeitreise eines Gegenwärtigen in die wüste Vergangenheit und als altes Bild, das Faust mit seinem Blick erwandert. Für ihn kommt es ja auch darauf an, seit seiner Wette in keinem Moment »sich zu vergessen«

Abb. 10 Matthäus Merian d. Ä.: Flugblatt »Zauberey«, 1626.
Radierung nach Michael Herr (1620).
Szenenbild zu *Walpurgisnacht* (linke Bildhälfte)
und *Walpurgisnachtstraum* (rechte Bildhälfte)

(vgl. V. 4114), in seiner schon beim Makrokosmoszeichen geübten Bildmeditation immer bei sich zu sein und sich nicht einen glücklichen Moment zu wünschen. Diese Doppelheit – Faust das fremde alte Zauberei-Blatt Michael Herrs betrachtend, Faust in einem imaginären Erlebnis-Traum – vereitelt schließlich Mephistos Attacke.

Der Weg durch das Bild ist folgender: (1) Aufstieg zum Brocken mit dem Irrlicht (vgl. die Konstellation mit Homunkulus in der *Klassischen Walpurgisnacht*); (2) Flug der Hexen, die, auf Gabeln, Besen, Böcken gefährlich reitend und einander stoßend, die Luft in der Nähe des Betrachters füllen; (3) im Bildvordergrund die kleinen Gruppen, wo Faust und Mephistopheles von Feuer zu Feuer gehen (u. a. die alten Herren, die Trödelhexe). (4) Hinter dem rauchenden Hexenkessel mit Lilith, dem langhaarigen Frauenbild, vorbeigehend, stoßen sie im linken Mittelgrund auf den orgiastischen Tanz der nackten Hexen, Hexer und Teufel; (5) sie werden im Tanzvergnügen gestört durch den Proktophantasmisten, der als moderner Aufklärer nicht im Bild zu finden ist; (6) nach dem Ekel über die rote Maus wendet Faust sich wohl einer »allein und ferne« (V. 4184) im Bildhintergrund beim Galgen stehenden Frauengestalt zu, in der er Gretchen sieht. Doch Mephistopheles richtet gewaltsam seine Aufmerksamkeit auf das Dilettantentheater im rechten Mittelgrund, als dessen Zuschauer neben beleuchteten Groteskfiguren übrigens zwei nur als Schatten von hinten zu sehende Männer mit Hüten ganz rechts auszumachen sind. An den Musikanten wird erkennbar, dass hier sozusagen antizipierend der *Walpurgisnachtstraum* aufgeführt wird. Nach Goethes Schema und den Fragmenten im sogenannten »Walpurgissack« (FD 1, S. 624–631) sollten sich den Szenen I. *Walpurgisnacht*, II. *Walpurgisnachtstraum* auf dem weiteren Weg durch den Kupferstich folgende Szenen anschließen: III. »Gipfel. Nacht. Feuerkoloß« auf der Spitze des Bergs oder hinter ihr, wohin die Scharen strömen; IV. Bergpredigt des Satan mit Einzelstimmen und Chor;

V. »Einzelne Audienzen« mit Kussritual und Beleihung;
VI. Abstieg vom Gipfel mit der Menge, die hüpfend einem
Teufel mit flammenden Händen folgt; VII. »Hochgerichts-
erscheinung« beim Galgen, wo das Idol schon vorher stand,
nun von der um das riesige Feuer gescharten Menge geop-
fert wird und mit seinem über alles strömenden Blut das
Feuer löscht. – So wäre der Kupferstich voll ausgeschritten
worden; dass Goethe die Szenen nicht ausgeführt und in
den *Faust* eingefügt hat, liegt m. E. weniger an der Selbst-
zensur (die A. Schöne vermutet, FA) als an der dramaturgi-
schen Funktionslosigkeit dieser Szenen nach dem definiti-
ven Ausstieg Fausts aus der Satanswelt der Verführung und
des »Blutes« am Ende von *Walpurgisnacht*. Schon der *Walpurgisnachtstraum* ist funktionslos, ein unspielbares Loch in
der Handlung, und wird deshalb als »Intermezzo« und Dilettantenstück angekündigt. Aber bei den geplanten Szenen
III.–VII. wäre Faust nur Zuschauer gewesen bei Dingen, die
ihn nach der Abkühlung durch die Gretchen-Projektion
nicht mehr reizen. Zudem hätte Satan mit seiner nicht mehr
wirksamen Verführungs- und Sexualitäts-Strategie ein Gewicht bekommen, das dem »zum letzten Mal den Hexenberg« (V. 4093) Regierenden eine falsche Betonung gegeben
hätte: nicht mehr Satan, sondern Mammon ist künftig der
Führer der höllischen Mächte, deshalb ist schon das ganze
Bild veraltet und der Satan tritt nicht mehr auf. Die deftigen
Partien aus den Paralipomena herauszunehmen und in eine
Bühnenfassung zu packen geht deshalb wohl an der inneren
Entwicklungslinie der endgültigen Fassung vorbei.

BA vor 3835 *Walpurgisnacht:* Nacht vor dem 1. Mai, dem
   Tag der Hl. Walburga, der Schützerin vor Hexen und
   Zauberei. Der Flug der Hexen zum Blocksberg (dem
   Brocken im Harz) zur Lustbarkeit und Satanshuldigung
   hat in dieser Nacht Tradition. – Die Dörfer Schierke und
   Elend liegen unterhalb des Brocken-Gipfels in südlicher
   Richtung.

3855 *ein Irrlicht:* vermutlich Sumpfgas-Flämmchen über
Sümpfen und Mooren. Mit Faust, Mephistopheles und
Irrlicht ist die Dreierkonstellation vorweggenommen,
wie sie mit Faust, Mephistopheles und der Flammenbildung Homunculus die *Klassische Walpurgisnacht* er-
forscht. Die beiden Teile sind offenbar aufeinander zu
komponiert.

3857 *fodern:* fordern.

3866 *der Herr vom Haus:* vgl. Mt. 10,25: »Haben sie den
Hausvater Beelzebub geheißen, wie viel mehr werden sie
seine Hausgenossen also heißen!«

3871 *Traum- und Zaubersphäre:* »Zaubersphäre« deutet
auf die magisch deformierte Wirklichkeit im Sinne des
fremden alten Kupferstichs; »Traumsphäre« deutet auf
psychisch verzerrte imaginäre Wirklichkeit, wie sie der
Proktophantasmist mit seiner Theorie vom Übermaß des
»Blutes« nahelegt. In den ununterscheidbar gleitenden
Bildraum dieser Doppelsphäre scheint das Trio einzuge-
hen.

3880 *schnarchen:* In der *Klassischen Walpurgisnacht* denkt
Mephistopheles sehnsüchtig an den »Schnarcher« (einen
Felsen, an dem der Wind Geräusche erzeugt) und andere
»Brockenstückchen« zurück (V. 7678–83).

3898 *Masern:* Baum- und Wurzelknollen.

3899 *Polypenfasern:* Zweige und Wurzelenden wie Polypenfasern.

3912 *Zipfel:* Rock, Mantelende. Das auffallende Reimpaar
»Zipfel« – »Gipfel« wird V. 4316/18 und 10087 f. noch
einmal gebraucht, wobei die drei Stellen einander offenbar interpretieren: durch Revolution umgekehrte Gesellschaft, auf deren Spitze nun »der Grund der Hölle« ist
(V. 10072) – die ›Datierung‹ auf etwa 1800 (vgl. Anm. zu
V. 4307–18) – hier der Mammon im Berg, auf dem sich alles abspielt.

3933 *Herr Mammon prächtig den Palast?:* Die von Faust
beobachteten Lichterscheinungen sind die Beleuchtung

des Mammonspalasts, d. h. der ganze Berg ist dieser Palast. Mt. 6,24 wird Mammon als Herr, dem man nicht neben Gott dienen kann, personifiziert, erscheint im Mittelalter, dann vor allem in Miltons *Paradise Lost* (s. II, **D 12**) als Höllenfürst, der dort (I,670–730) dem Satan einen Palast aus purem Gold baut. Dieser steigt jetzt in Goethes Weiterschreibung an die Erdoberfläche und stellt die Geschichtlichkeit der Hölle neben die im *Prolog im Himmel* sichtbar gewordene Geschichtlichkeit des Himmels. Mephistopheles hatte sich schon in *Hexenküche* zum Finanzbaron modernisiert (V.2510) und ist sich klar, dass er »zum letzten Mal den Hexenberg« ersteigt (V.4093), weil entweder das Experiment mit Faust gelingt oder weil Mammon die wirkungslos gewordenen Satans-Verführungen abschafft. Der Mammons-Palast ist das, was diese ›Letzte Walpurgisnacht‹ (als Kontrapost zu der Ballade *Die erste Walpurgisnacht*) trägt und ermöglicht; es ist ein »Glück«, dass Faust es sieht und bewundert (V. 3934), denn damit hat er die zukünftige Herrlichkeit (V. 3661) der Hölle erschaut, das Pendant zur Herrlichkeit des Himmels, das Mephistopheles hier preist wie dort die Erzengel. Vorläufig wird Faust aber noch einmal dem Aspekt des »Blutes«, der Verführung durch die Sinnlichkeit, ausgesetzt.

3936 *Windsbraut:* dämonische Sagengestalt einer wilden Jägerin.

3937 *Mit welchen Schlägen trifft sie meinen Nacken!:* Denen war Faust in *Wald und Höhle* noch zimperlich ausgewichen.

3957 *Die Stoppel ist gelb, die Saat ist grün:* Diesem Frühlingsbild hat Goethe in den Paralipomena eine Art Herbstbild gegenübergestellt: »Die Saat ist gelb die Stoppel ist grün« (FD 1, S. 629). Vielleicht sollte damit die lange Zeit angedeutet sein, die Faust von Margarete entfernt ist.

3959 *Herr Urian sitzt oben auf:* möglich, dass Goethe die

zwei Musikanten, die auf der Bergspitze sitzen, als den Satan betrachtete. Aber auch die Schlange der Huldigungswilligen geht an ihnen vorbei hinter die Bergspitze (Abb. 10). – »Urian« ist ein niederdeutscher Teufelname.

3961 *Es f–t die Hexe, es st–t der Bock:* Goethes Handschrift gibt Auskunft: *farzt – stinckt* (WA I,14, S. 280, Apparat).

3962 *Die alte Baubo:* die unzüchtige Alte, die in der griechischen Mythologie mit ihren Scherzen die um Persephone/Kore trauernde Demeter wieder aufzuheitern suchte. In Berlin befindet sich eine Terracotta, die eine auf einem Schwein reitende Baubo vorstellt (Abb. 11). Sie ist die griechische Delegation in der nordischen Walpurgisnacht, wie später Mephistopheles in der klassischen.

3968 *Ilsenstein:* nordöstlich des Brockens.

4004 *HALBHEXE:* Wie in der klassischen (und schon in *Hexenküche*) betont Goethe auch in der nordischen Walpurgisnacht die grotesken Zwischenformen.

4008 *Salbe:* Hexensalbe, aus halluzinierenden Drogen hergestellt.

4023 *Junker Voland:* nach mhd. *vâlant* ›Teufel‹ – den altertümlichen Hexen entsprechend ein altertümlicher Teufelname.

4040 *Da muss sich manches Rätsel lösen:* Im Gegensatz zu Mephistos Intention, Faust in die Fänge einer Hexe zu führen, interessiert sich dieser für Wissensfragen.

4045 *kleine Welten:* Mikrokosmen, Kinder.

4048 *nur um meinetwillen:* vgl. V. 1652.

4054 *aufs Neue:* nachdem Faust Gretchen verlassen hat.

4057 *Ein Hundert Feuer:* vgl. V. 7059.

4067 f. *Mit ihrem tastenden Gesicht … abgerochen:* Das Böse bleibt intellektuell ein Rätsel (V. 4041); mit der Licht-, Fühl-, Geruchs-Wahrnehmung ihrer Fühlhörner erfasst die Schnecke aber das Böse; das ist auch Margaretes körperliches Begreifen.

4076 *Nationen:* Im Blick auf die jetzt folgenden Anspielungen auf aktuelle Zeitereignisse lässt sich die Klage des al-

Abb. 11 Baubo (V. 3962–67), Terracotta

ten Generals vielleicht auf die Erfolge des jungen Feldherrn Bonaparte beim Volk beziehen.

4084 *PARVENU:* (frz.) Emporkömmling.

4086 *kehrt sich alles um und um:* ›Revolution‹ (*revolutio* bedeutet wörtl. ›Umwälzung‹), durch die andere Parvenus nach oben kommen.

4104–09 *Kein Dolch ... durchstochen:* Die Trödelhexe bietet auch auf Herrs Kupferstich ihre Waren an; im Moment verhökert sie die Requisiten des Gretchendramas.

4113 *Neuigkeiten:* Betonung der Geschichtlichkeit der Satanswelt.

4114 *nur nicht selbst vergesse:* Sich nicht zu vergessen ist seit der Wette die Bedingung für Fausts Existenz in der Zeit.

4119 *Lilith:* von Jesaia (34,14) genannte Männer und Kinder mordende Verführerin, in der die jüdische Bibelinterpretation angesichts der doppelten Erschaffung der Frau (1. Mose 1,27, 1. Mose 2,22) die erste, ins Satansreich übergewechselte Frau Adams sah.

4129 *Apfelbaum:* Doppelanspielung auf den Baum der Erkenntnis 1. Mose 3,1–7 (s. II, **D** 1) und Hld. 7,9 (s. II, **D** 4); dadurch Interpretation der Versuchung durch die Schlange und Erkenntnis des Bösen und Guten als Entdeckung der Sexualität.

4136–43 *Einst hatt ich ... nicht scheut:* handschriftliche Auskunft Goethes über die Auslassungen: *ungeheures Loch – groß – rechten Pfro[p]f – das große Loch* (WA I,14, S. 280, Apparat).

4144 PROKTOPHANTASMIST: eigentlich: Broktophantasmist, derjenige, der mit dem Hintern phantasiert, dies auf zu viel »Blut« zurückführt und sich durch Ansetzen von Blutegeln davon kuriert (V. 4174 f.). Satire auf den Altaufklärer Friedrich Nicolai (1733–1811), der 1791 von Halluzinationen geplagt war, sich auf die beschriebene Weise kurierte und zum großen Spaß der gelehrten Welt dies 1799 in einer Abhandlung für die Berliner Akademie der Wissenschaften publizierte. Wichtig ist die Figur hier, weil sie Fausts Erlebnisse, den Tanz mit einer Hexe aus einem uralten Kupferstich, als Phantasmen einer durch zu viel »Blut« und Trieb überreizten Phantasie erklärt und damit Faust durch Zwang zur Reflexion hindert, sich selbst zu vergessen.

4153 f. *vorwärts gehen ... im Kreise drehen:* Fortschritte des Dämonischen, Stillstand der einst fortschrittlichen Aufklärung.

4161 *spukt's in Tegel:* noch einmal lächerlich, war Nicolai einem Scherz (angeblicher Spuk in einem Haus in Berlin-Tegel) aufgesessen.

4169 *eine Reise:* eine der vielen Reisebeschreibungen Nicolais.

4173 *soulagiert:* erleichtert, sich Besserung verschafft.

4179 *Ein rotes Mäuschen:* Der Ekel ist die rettende Körperreaktion, die Faust vor dem Versinken in gefühllose Sinnlichkeit schützt.

4183 *Mephisto:* Dass Faust hier das einzige Mal den Namen (wenn auch nur die Kurzform) kennt und nennt, ist Signal dafür, dass er den Dämon momentan beherrscht und seinen Versuch, ihn durch Genuss mit der Hexe zu betrügen, endgültig durchkreuzt hat.

4190 *Idol:* Götzenbild.

4194 *Meduse:* in der griechischen Mythologie eine der Gorgonen, deren direkter Anblick versteinerte. Perseus enthauptete sie mithilfe eines Spiegels.

4200 *wie sein Liebchen:* Das fern stehende Idol erweckt also Erinnerung an Liebe, was für die liebelose Höllenwelt ebenso kontraproduktiv ist wie Mephistopheles, der Böse und Schalk, im Himmel des *Prologs*. Die Komplementarität der Sphären wird noch einmal betont; *Walpurgisnacht* ist das Gegenstück zum *Prolog im Himmel*, durch die Wirkung der unteren Makrokosmos- und Erdgeist-Mächte »Gold« und »Blut« zugleich zur Szene *Nacht*.

4211 *Prater:* Wiener Vergnügungspark.

4214 *SERVIBILIS:* dienstbarer Geist (lat. *servire* ›dienen‹).

4217 *Dilettant:* laienhafter Liebhaber künstlerischer Tätigkeiten.

4221 *Wenn ich euch auf dem Blocksberg finde:* Goethe als Autor des folgenden Dilettantenstücks weist sich damit selbst den Platz zu.

Walpurgisnachtstraum

Für Schillers *Musen-Almanach für das Jahr 1798* schrieb
Goethe eine Fortsetzung der *Xenien*, die Schiller jedoch
nicht aufnahm, weil er »eine recht fromme Miene« machen
wollte (an Goethe, 2. 10. 1797). Goethe schrieb zurück:
»Oberons goldne Hochzeit haben Sie mit gutem Bedachte
weggelassen, sie ist die Zeit über nur um das Doppelte an
Versen gewachsen, und ich sollte meinen, im Faust müsste
sie am besten ihren Platz finden« (an Schiller, 20. 12. 1797).
Die Erweiterung um zwei Drittel des ursprünglichen Vers-
bestandes geschah offensichtlich im Blick auf eine Verwendung im *Faust*, die ja auch durch die Ankündigung eines
Dilettantenstücks und vor allem durch das Theaterchen in
der rechten Hälfte des Kupferstichs (Abb. 10) legitimiert ist.
Gruppierungen der Vierzeiler, deren Zusammenhang stre-
ckenweise unmittelbar ins Auge fällt, hat es mehrere gegeben, am ausführlichsten zuletzt von Walter Dietze (1969),
der feststellt, innerhalb eines Rahmens (1–9, 42–44) werde
»von ästhetischer zu erkenntnistheoretischer und schließlich zu massiv gesellschaftskritischer Aussage« vorgeschrit-
ten (referiert in FD 2, S. 486); das heißt, dass hier die funda-
mentalen Themen des *Faust* in einer anderen, unspielbaren
und nicht von den gewaltigen Bildern des Stückes getrage-
nen Form behandelt werden und Zusammenhänge stiften,
wie ja auch der *Faust*-Text mit seinen selbstständigen Ein-
heiten von Szenen und Akten seine Zusammenhänge erst
erkennen lässt, wenn man diese selbstständigen Teile als
»einander gegenübergestellte und sich gleichsam ineinander
abspiegelnde Gebilde« betrachtet (an Iken, 23.9.1827) – die
Vierzeiler, selbstständig und doch aufeinander verweisend,
radikalisieren dieses Prinzip. Neben der Funktion als The-
menkondensat und als hermeneutische Anweisung ist die
intertextuelle Beziehung zu Shakespeares *Sommernachtstraum* (s. II, D 8) sowohl thematisch wie poetologisch als
Anweisung zur intertextuellen Lektüre überhaupt äußerst

aufschlussreich. Nicht nur die Reflexion des kunstvollen Dramas in einem künstlich dilettantisch geschriebenen und gespielten, aus der Mode gekommenen Stücktyp, sondern auch die Kondensierung zentraler Themen – bei Shakespeare z. B. gesellschaftlich behinderte Liebe, Missverständnis, Tragik, bei Goethe s. o. – in einem demonstrativ kruden Handlungszusammenhang charakterisieren beide Texte. Goethe hat die intertextuelle Beziehung (s. II. D 26) am Ende von *Hexenküche* markiert und das Gretchendrama damit eingeleitet. Nimmt man das Auftreten von Oberon und Titania bei Shakespeare außerhalb, bei Goethe innerhalb des Dilettantenstücks als Indiz, so lässt sich auch die Vertauschung der Stelle der Pyramus/Thisbe-Handlung vermuten: die Handlung von Gretchen und Faust wird damit als durch soziale Hindernisse, vor allem aber durch die in den Liebenden selbst entstandenen Missverständnisse und falschen Vorstellungen tragisch geworden kommentiert. Bleibt bei Shakespeare die tragisch endende Liebe in das Dilettantenstück eingeschlossen und kommt die in Aufruhr geratene Natur und Gesellschaft wieder in Harmonie, so ist der Befund im *Faust* genau umgekehrt: der dilettantische *Walpurgisnachtstraum* stellt unter den zentralen Themen keinen sichtbaren Zusammenhang her, Oberon und Titania leben nur getrennt gut, der bei Shakespeare von der gewaltsamen Naturmacht bis zur schönen Beziehung allbestimmende Eros hat seine Macht mittlerweile verloren (sie wird im Zweiten Teil neu aufgebaut).

Man hat sich das ganze Intermezzo von dem »Verflucht Geschnarr« der Musikanten begleitet vorzustellen, die allerdings nur in einmal »fortissimo« und »tutti« ausbrechen, vom Kapellmeister aber immer wieder zur Aufmerksamkeit und zum korrekten Spiel ermahnt werden müssen.

BA vor 4223 *Walpurgisnachtstraum ... Intermezzo:* ›Intermezzo« ist ein Zwischenspiel, das hier dem »interlude« in der intertextuellen Beziehung zu Shakespeares *Sommer-*

nachtstraum (s. II, **D** 8; vgl. oben, Szenenkommentar)
entspricht. Daher die Szenerie (V. 4225 f.), die Figuren
Oberon und Titania sowie Puck (Ariel stammt aus dem
Sturm), das Dilettantenstück, die Umstülpung der Pyra-
mus/Thisbe-Handlung in die Außenhandlung Faust/
Gretchen und umgekehrt der auf Gesellschaft und Natur
bezogenen Themen in die dilettantisch gestaltete ›Bin-
nenhandlung‹. Die der Praxis der Weimarer Maskenbälle
entstammenden Vierzeiler verhalten sich wie die Fragmente der Romantiker äußerlich unabhängig, stehen aber
gedanklich in einer unerschöpflichen Fülle von Kommen-
tar-, Erweiterungs-, Umkehrungs-, Parodie- und Satire-
verhältnissen zueinander. Diese hier auch nur anzudeuten
(ein Beispiel s. Anm. zu V. 4231) ist unmöglich; wir beschränken uns im Wesentlichen auf die Erklärung der
Personen und historischen Anspielungen.

4224 *Miedings wackre Söhne:* die Bühnenarbeiter, Helfer
und Nachfolger des Hoftischlers und Bühnenbildners Johann Martin Mieding (gest. 1782) in Weimar. Die Szene
ist der Wald des *Sommernachtstraums.*

4227 *HEROLD:* vgl. V. 5065 ff.

4231 *OBERON:* nach Alberich, dem Elfenkönig der nordischen Sagenwelt, bekannt neben dem *Sommernachtstraum* (s. II, **D** 8) aus Wielands Epos *Oberon* (1780),
Wranitzkys *König der Elfen. Oberon* (Singspiel, 1790).
Der leidenschaftlich-gewalttätige Oberon hat Titania, die
auf Schönheit, Ordnung, Harmonie bedachte Feenköni-
gin zur Frau; Goethe scheint in den bei Shakespeare so
charakterisierten Naturgottheiten historische Vorgänger-
gestalten der himmlischen und höllischen »Herrlichkeit«
aus Ordnung und Energie, Makrokosmos/Erdgeist gesehen zu haben. Durch Einbeziehung Ariels (aus Shakespeares *Tempest*) kann er die Opposition auf der Diener-
ebene wiederholen und gleichzeitig durch Pucks mephi-
stophelisches Hinken und Ariels »himmlisch reine Töne«
die Opposition Himmel/Hölle hinzufügen. In diesem

Naturgötter-System ist also das gesamte religiöse System des *Faust* mit Himmel/Hölle, Männer/Frauengottheiten, Ordnung/Energie mit den Aspekten Einigkeit/Scheidung und Geschichtlichkeit kondensiert, die religiöse und naturphilosophische Lesart des *Faust* auf 20 Zeilen zusammengezogen.

4271–74 ORTHODOX ... *Teufel:* Orthodox: wörtl. der ›Rechtgläubige‹ (nach griech. *orthós* ›recht, richtig, wahr‹, *dokéo* ›glauben, meinen‹); wohl Friedrich Leopold Stolberg, der sich in borniert christlicher Kritik mit Schillers Gedicht *Die Götter Griechenlands* auseinandergesetzt hatte.

4279 PURIST: Reinheitsfanatiker.

4303 XENIEN: wörtl. ›Gastgeschenke‹ (griech. *xénion*); eine Sammlung bissiger literaturkritischer Epigramme Schillers und Goethes im *Musen-Almanach für das Jahr 1797.*

4307–18 HENNINGS ... *Gipfel:* Der dänisch-holsteinische Staatsmann August von Hennings (1746–1826) gab 1794–1800 eine Zeitschrift *Genius der Zeit* heraus, die er 1801 in *Genius des neunzehnten Jahrhunderts* umbenannte. »ci-devant« (frz., wörtl. ›vormals, ehemals‹) V. 4315 ›datiert‹ also den *Walpurgisnachtstraum* und die *Walpurgisnacht* (vgl. V. 3912) auf 1800/01 und charakterisiert mit dem französischen Ausdruck *ci-devant* für die vorbürgerlichen Adligen die politisch unklare Stellung der Zeitschrift. MUSAGET: wörtl. ›Musenführer‹ (griech. *musēgétēs*); *Der Musaget. Ein Begleiter des Genius der Zeit*, ebenfalls von Hennings herausgegeben, hatte Schiller und Goethe wegen der *Xenien* angegriffen.

4321 f. *Er schnopert ... Jesuiten:* wahrscheinlich Nicolai (vgl. Anm. zu V. 4144), der sich besonders intensiv am Ausspüren des im Untergrund weiterarbeitenden, zwischen 1773 und 1814 verbotenen Jesuitenordens beteiligte.

4323 KRANICH: wahrscheinlich Johann Kaspar Lavater (1741–1801), vgl. dazu HA 1, S. 90 (Gedicht *Diné zu*

Coblenz, »Zwischen Lavater und Basedow ...«), und
Goethe zu Eckermann, 17.2.1829.

4327 WELTKIND: vgl. das in Am. zu V. 4323 genannte Gedicht, wo es am Ende heißt: »Prophete rechts, Prophete
links, / Das Weltkind in der Mitten«.

4330 Konventikel: kleine Privatversammlung von Frommen.

4334 unisonen: eintönigen.

4339 FIDELER: Die beiden Vierzeiler V. 4335–42 wurden
erst 1826 geschrieben. Mit »Fideler« ist wohl ein die Fie-
del spielender Musiker gemeint, der durch den Dauer-
Grundton des Dudelsacks (Bordun), übertragen: den ge-
meinsamen Hass, mit allen anderen auf eine Tonart
zwangsweise eingestimmt wird.

4355 SUPERNATURALIST: der aus der Erscheinung von Uner-
klärlichem, das er als Offenbarung der Transzendenz versteht, auf die Existenz Gottes schließt.

4367 Sanssouci: frz., wörtl. ›Sorgenfrei‹, zugleich von Friedrich II. erbautes Schloss, Inbegriff der Kultur des Ancien
Régime in Deutschland, deren Protagonisten sich nach
der Revolution »um und um« (V. 4086) gekehrt haben.
Ebenso sind die ehemaligen Hofschranzen verarmt
(V. 4371), die Irrlichter aus dem Sumpf sind die neue politische Klasse (V. 4374), die Sternschnuppe der ehemalige
Träger eines Ordens, die Massiven die als Masse auftre-
tenden unteren Volksschichten.

4394 zum Rosenhügel: Anspielung auf Oberons von Ro-
senbüschen umblühten Palast (Wieland, Oberon XII, Str.
61–69), wohin der durch das empörte Volk in äußerste
Bedrängnis gebrachte Hüon mit seiner Braut fliehen
kann – aus der »politischen« Realität ins »alte romantische Land« wie so viele der Zeitgenossen um 1800. Dass
Faust ihm dorthin nicht folgen kann, zeigen die folgenden Szenen; Ariels Einladung ist zweideutig wie seine
Funktion zu Beginn von Faust II.

Nach allgemeiner Meinung gehört die Szene in die erste Zeit der Niederschrift der uns heute bekannten *Urfaust*-Texte und zeigt doch schon eine genaue Planung des Stücks: Schicksal Gretchens; Hinweis auf die »abgeschmackten Freuden«, die erst der *Faust I* ausführt; Hinweis auf die Tötung eines Menschen (wohl Valentin) durch Faust; Hinweis auf die im *Urfaust* und noch im *Fragment* unausgeführten Teile der Mephistopheles-Handlung: Auftreten als Hund (die Rückverwandlung ist nirgends ausgeführt), Unfähigkeit Fausts zur Rückverwandlung und deshalb Anrufung des Großen Geistes, Mephistopheles als Angehöriger der Hölle, mit der Faust »Gemeinschaft« gemacht hat.

Obwohl er von Anfang an wusste, dass Gretchen so enden würde (V. 3363–65), sucht er jetzt mit großem rhetorischem und stimmlichem Aufwand die Schuld von sich abzuwälzen, wird immer kleinlauter und kann schließlich auf Mephistos Frage: »Wer war's, der sie ins Verderben stürzte? Ich oder du?« (Z. 41 f.) nur noch wild umherblicken und muss sogar die Unschuldsbeteuerung Mephistos widerspruchslos entgegennehmen. Bemerkenswert ist die Distanz, aus der er von Gretchen spricht: Sie ist »das holde unselige Geschöpf« – liebenswürdig, glücklos, ein Neutrum, keinmal nennt er den Namen –; in der zweiten langen Rede geht es um die kühle Feststellung Mephistos, sie sei die erste nicht, also um ein numerisches Problem, das ihm das Mark durchwühlt – er ist mit sich und seinem Schmerz, nicht mit Gretchen als etwa geliebter und wertvoller Person befasst. Retten will er sie um seinet-, nicht um ihretwillen. Zu erinnern ist allerdings auch an die Programmatik, zu genießen, was der ganzen Menschheit zugeteilt ist; dazu gehören Schuld und Schmerz und, wie man sieht, die Würdelosigkeit des Versuchs, eine klar erkannte Schuld doch noch auf andere zu schieben. Dass Faust das alles durchmacht, gehört zum Programm; dass er nicht wie sonst über alles reflektiert und sich in Distanz dazu setzt,

zeigt, dass er nicht mehr »genießt« (V. 1771), was ihm zugeteilt ist, dass er sich in seinem Schmerz und Schuldgefühl
vergisst (vgl. V. 4114) und damit in seinem Streben zum
zweiten Mal an seiner menschlichen Beschränkung scheitert. Goethe hat wahrscheinlich deshalb die Szene nicht in
Verse umgearbeitet, wenngleich er sie stilistisch von den
Kraftausdrücken der Sturm- und Drang-Zeit gesäubert hat.

1 f. *Erbärmlich auf der Erde lange verirrt:* Dies lässt erkennen, dass Gretchen aus ihrer Stadt geflohen war und entweder eingefangen wurde oder wie Susanna Margaretha
Brandt (die Kindsmörderin, deren Prozess Goethe in
Frankfurt beobachtete) wegen Mittellosigkeit zurück-
kehrte.

12 *Sie ist die Erste nicht:* Zitat aus den Prozessakten der Susanna Margaretha Brandt.

15 *nächtlicherweise:* doppeldeutig: Mephistopheles ist »Teil
der Finsternis« (V. 1750) und trieb seinen Schabernack bei
Nacht. Im Originaldruck: »nächtlicher Weise«.

24 *des ewig Verzeihenden:* Fausts erstes Glaubensbekenntnis, sicher aus dem Gefühl heraus, jetzt Verzeihung wirklich zu brauchen.

30 f. *Willst fliegen … dich uns?:* Obwohl erst in *Vor dem
Tor* ausgeführt, wird hier schon der Flugwunsch Fausts
(V. 1091, 1118–25) als Aufdringen und Herbeirufung interpretiert, was keinesfalls korrekt ist. Faust nimmt auch
das widerspruchslos hin.

33–35 *Großer herrlicher Geist … an den Schandgesellen
mich schmieden:* vgl. Anm. zu V. 3217.

36 *sich letzt:* genießt.

52 *Noch das von dir?:* Entrüstung darüber, dass Mephistopheles ihm auch noch den Mord an Valentin anlastet. Er
hat aber kein Gegenargument, nur Flüche.

55 *alle Macht:* vgl. Mt. 28,18: »Mir ist gegeben alle Gewalt
im Himmel und auf Erden.«

55 *Türners:* Gefängniswärters.

Nacht, offen Feld

Entstanden im Kontext von *Trüber Tag. Feld*. Die kleine Szene eröffnet durch das Hexenbild eine Beziehung zu Shakespeares *Macbeth* (s. II, D 11), wo die Hexen am Anfang und zu Beginn des 4. Akts erscheinen, zunächst trügerische und dann niederschmetternde Voraussagen machen. In *Walpurgisnacht* versuchte die junge Hexe Faust trügerisch abzulenken, hier könnte man niederschmetternde Voraussagen befürchten, aber Mephistopheles gehorcht Faust nicht mehr: er gibt vor, nicht zu wissen, was die Hexen tun, und drängt einfach weiter. Faust ist machtlos geworden.

4399 *Rabenstein:* Richtstätte außerhalb der Stadt, wo nach der Hinrichtung die Raben zuflogen. (Gretchen wird auf dem Marktplatz enthauptet, vgl. V. 4587–89.) Die Hexenzunft und ihre seltsamen Bewegungen hat man mit Bürgers *Lenore* in Verbindung gebracht: »Sieh da! Sieh da! am Hochgericht / Tanzt um des Rades Spindel, / Halb sichtbarlich bei Mondenlicht, / Ein luftiges Gesindel.«

Kerker

Entstanden im Kontext von *Trüber Tag. Feld*, im *Urfaust* jedoch in Prosa. »Einige tragische Szenen waren in Prosa geschrieben, sie sind durch ihre Natürlichkeit und Stärke, in Verhältnis gegen das andere, ganz unerträglich. Ich suche sie deswegen gegenwärtig in Reime zu bringen, da denn die Idee wie durch einen Flor durchscheint, die unmittelbare Wirkung des ungeheuern Stoffes aber gedämpft wird« (an Schiller, 5.5.1798). Die Bemerkung betrifft offenbar nur *Kerker*, denn die anderen uns bekannten »tragischen Szenen« *Trüber Tag. Feld* und *Nacht, offen Feld* wurden nicht versifiziert. Bei der Umarbeitung in Reime änderte Goethe nicht nur das Vokabular, sondern fügte viele gedanklich neue Teile ein; besonders wichtig sind: V. 4407–10 Entlastung Gretchens, Selbstanalyse Fausts; V. 4451–59 Gretchens Umdeutung seiner Körper- und Wortrhetorik ins Religiöse; V. 4461–69 (wie V. 4435) Hohelied-Zitierungen; V. 4470–78 Erkennung, Freude, Hoffnung; V. 4546–49 trotz Freiheitswunsch vernünftige Ablehnung der Flucht unter der Voraussetzung, dass Faust sie wieder allein lässt; V. 4584 Entschuldigung mit dem Lauf der Dinge; V. 4601 Zitat Hexe von Endor; V. 4603 f. Identifikation des Teufels; V. 4611 »Ist gerettet!« und »Her zu mir!«, also scharfe Trennung der ›Besitzanteile‹ von Himmel und Hölle. Ausführlicher, reflektierter im Vergleich zwischen *Urfaust* und *Faust I* ist Margaretes Erschrecken darüber, dass Faust nicht mehr küssen kann, und ihre Abkehr von ihm dargestellt (V. 4484–97).

Denn da ist nicht nur das arme geängstigte Gretchen des Bürgerlichen Trauerspiels, das letztlich die Bestrafung durch ihre repressive Gesellschaft einer Zukunft mit dem ungetreuen Verführer vorzieht, sondern da ist eine starke heilige Margarete, die das Sensorium ihres Körpers verfeinert und ihm noch entschiedener vertraut. Faust kann nicht mehr küssen, seine Lippen sind kalt, er hat keine Liebe mehr; es wird ihr bang wie früher nur beim Anblick Mephistos, es graut ihr vor ihm, sie stößt ihn von sich und leidet nicht, dass er sie hinausträgt. Diese Hl. Margareta von Antiochia wird nicht durch den Teufel versucht, sondern durch den Geliebten, der nun allerdings weitgehend »eingeteufelt« ist (V. 3371); den Teufel selbst erkennt sie unmittelbar. Bemerkenswert ist nun, dass dieses auf die Intuition ihres Körpers und auf das Wertkriterium des Küssenkönnens, also der kirchlich eher dem Teufel zugeordneten Sinnlichkeit, gestützte Sensorium ausgerechnet gegen den Teufel wirkt und dass diese neue Religiosität ausgerechnet »von oben« legitimiert wird. Komisch ist, dass der so modern sich aufspielende Teufel noch an den alten Maßstäben festhält, die ihm natürlich eine weitere Seele für seine Hölle eingebracht hätten. Damit erhebt sich eine Margarete über

Faust – der Regiename ist hier wieder eingeführt –, die eine
Leib und Seele, Ordnung und Energie integrierende Naturreligion des Lebens und der Liebe entwickelt und in ihrer
Todesangst sieghaft gegen alle Versuchung verteidigt hat.
Faust dagegen ist auch mit seinem zweiten Versuch, Gott zu
werden und alle Dinge zu sein, gescheitert: in Margarete,
dem Mikrokosmos, hätte er, und sogar in ihrer integralen
Religiosität, »alle Dinge« in seinem innern Selbst genießen
können. Aber er sah sie durch seine doppelte Konditionierung in *Hexenküche* nur als Engel oder Puppe und konnte
das auch nur, weil er sich durch seine Wette den Genuss des
glücklichen Augenblicks verboten hatte und sich der unun-
terbrochenen Reflexivität verpflichtete. Nach der durch Erinnerung im letzten Moment vereitelten Versuchung zur
Selbstvergessenheit in *Walpurgisnacht* und der kläglichen
Unfähigkeit, das brennende Schuldgefühl über das Schicksal Gretchens reflexiv zu bewältigen (*Trüber Tag. Feld*), hat
er in *Kerker* seine Fassung, seine Reflexivität, damit auch
seine Liebelosigkeit wiedergewonnen. Wer noch sagen
kann: »Der Menschheit ganzer Jammer fasst mich an«
(V. 4406), den fasst der Menschheit Jammer nicht ganz an.
Deshalb steht die Szene wieder in Versen.
Sie hat mehrere Teile: (1) Faust vor dem Kerker; (2) Gesang;
(3) Fehlidentifikation Fausts durch Margarete, Wächter-
phantasie; (4) Erkennung und Entdeckung seiner Liebelosigkeit; (5) Selbstbezichtigung, Fürsorgeempfehlung; (6)
Freiheit?; (7) Todesphantasie und Flucht zum Vatergott bei
Mephistos Erscheinen. – *Macbeth* (s. II, D 11) ist präsent in
Margaretes Schuldhalluzination, wobei sie allerdings korrekt das Blut an Fausts Händen fühlt (V. 4512–14). *Hamlet*
(s. II, D 9) ist präsent in Margaretes Gleiten zwischen Verwirrung und Bewusstseinsklarheit wie bei Ophelia, wobei
sie aber nicht mehr die Verlassene ist, sondern Faust aus in-
nerem Grauen aktiv verlässt. *Dom Juan* (s. II, D 19) ist präsent, sofern Faust am Ende mit »Her zu mir!« vom Teufel
geholt wird. Als Endpunkt der literarischen Reihe (s. II,

D 26) in *Faust I* singt Margarete ein authentisches Volkslied, ungekürzt und unbearbeitet, wie Goethe es schon 1774 kannte und es hier nur durch die singende Mörderin perspektiviert: Rückgriff des Modernen in die archaische Tiefenschicht aller Dichtung.

BA vor 4405 *Kerker:* Das Kerkerbild (V. 398, 1194, 2694), ergänzt durch Höhle (V. 394, 3232), Keller, Zwinger, zieht ein Netz enggeschlossener Räume durch den *Faust*, die den offenen krass gegenüberstehen und das Pulsieren von Systole und Diastole abbilden. Obwohl die Tür offen ist, bleibt Margarete im Kerker.

4405 f. *Schauer … Jammer fasst mich an:* »Jammer« ersetzt »Grauen« des *Urfaust*; vielleicht hat Goethe den Begriff ersetzt, um eine adäquate Übersetzung der Begriffe *phóbos* und *éleos* zu bringen, die Aristoteles durch die Tragödie erzeugt wissen will. Faust ist sich jedenfalls bewusst, dass er eine Tragödie erlebt, und hat damit wieder die reflexive Distanz zu den Ereignissen, die ihm diese Feststellung ermöglicht. Wie er sich das spontan erfahrene Glück verwehrt hat, so auch das unmittelbar erfahrene Leid.

4411 *Fort! … heran:* Er ermahnt sich, in seinem Rettungswerk fortzufahren; das Zagen bedeutet Verzögerung, die den Tod näher heranzieht.

4412–20 *Meine Mutter … fliege fort!:* Margarete singt das Lied des getöteten Kindes im Märchen vom Machandelboom und beschuldigt damit sich und den Schelm Faust (V. 4414); zugleich hofft sie nach der Logik des Märchens, dass das getötete Kind sich rächen und weiterleben wird. Schon deshalb darf sie den Kerker nicht verlassen. Das Märchen kannte Goethe schon früh, vgl. Brief vom März 1774 an Sophie von La Roche.

4435 f. *Nah war der Freund, nun ist er weit … zerstreut:* vgl. Hld. 5,6 (s. II, **D 4**), wo der Freund wegen des Zögerns der Sprecherin weggeht, sie ihm durch die Stadt nachirrt, von den Wächtern aufgegriffen, geschlagen, als Hure ihres Schleiers beraubt wird (Hld. 5,7).

4450 *deuten:* auf Margarete anwenden.

4461 *Das war des Freundes Stimme!:* Hld. 2,8; die folgende Befreiung nach Hld. 2,9 f.

4467 *Heulen und Klappen der Hölle:* vgl. Mt. 8,12.

4495 f. *Wo ist dein Lieben / Geblieben?:* vgl. *Dom Juan* III,5: »meine Leidenschaft für Doña Elvira ist verbraucht« (s. II, **D** 13).

4514 *Ist Blut dran:* Erinnerung an Lady Macbeth (s. II, **D** 11), auch an ihr schlafwandlerisches Reden.

4578 *Sonst hab ich dir ja alles zulieb getan:* vgl. V 3520 und *Dom Juan* IV,6, wo Doña Elvira sagt: »ich habe für Euch alles getan«.

4590–92 *Stäbchen ... Blutstuhl:* Zum Zeichen, dass das Todesurteil gesprochen ist, bricht der Richter ein Stäbchen entzwei; die verurteilte Kindsmörderin wird auf einen Stuhl gebunden und vom Henker enthauptet.

4601 *Was steigt aus dem Boden herauf?:* Bezug zum Weibe von Endor 1. Sam. 28,8–20; die Hexe soll für Saul den verstorbenen Propheten Samuel von den Toten heraufbeschwören. Der verkündet Saul, dass der Herr sein Feind geworden und von ihm gewichen ist. Das bedeutet für Faust natürlich um so mehr, dass er Mephistopheles ausgeliefert ist, deshalb ist sein Verzweiflungsruf nach Hiob 3,3 »O wär' ich nie geboren!« berechtigt; seine Katastrophe ist vollständig; deshalb graut es nun Margarete vor ihm wie vor Mephistopheles, und ihr Kerker ist ihr ein »heiliger Ort«, an dem ihr neuer Glaube triumphiert und sie sich zuversichtlich dem Menschengericht stellt und dem Gericht Gottes übergibt.

4608 f. *Ihr Engel! ... mich zu bewahren!:* »Der Engel des Herrn lagert sich um die her, so ihn fürchten, und hilft ihnen aus. Schmecket und sehet, wie freundlich der Herr ist. Wohl dem, der auf ihn traut« (Ps. 34,8 f.). Für die erste Weimarer Inszenierung dichtete Goethe einen Engel hinzu.

4611 *Ist gerettet!:* neu im *Faust I.* Da Margarete auf den christlich-kirchlichen Zusammenhang von Reue, Buße, Gnade nicht zurückgreift, könnte auf dieser Basis Mephistopheles mit »Sie ist gerichtet!« im Recht sein. »Oben« aber hat man offenbar andere, die Religiosität Margaretes einschließende und heiligende Maßstäbe. Denn auch bei der heiligen Margareta von Antiochia (wie bei der heiligen Margareta von Cortona) kam eine Stimme von Himmel; Margarete beginnt auch sogleich mit ihren verhallenden Rufen ihr Rettungswerk an Faust.

II. Dialogische Beziehungen

1. Beziehungen zu anderen Dichtungen (intertextuelle Beziehungen)

Goethes *Faust* ist eine Dichtung, die in vielfältiger Weise auf andere Dichtungen Bezug nimmt, mit ihnen in Dialog tritt, sie umschreibt, weiterschreibt, gegenschreibt, parodiert, modernisiert, in jedem Fall tiefere Bedeutung durch diesen Dialog gewinnt und nicht selten dem beantworteten Text eine neue geistreiche Interpretation zuteil werden lässt, beruht doch jede solche Antwort auf Goethes vorausgehendem Verständnis des beantworteten Textes: beides also, Vorverständnis und Antwort, ist mithin am *Faust* abzulesen.

Mit der Theorie und den Problemen solcher Betrachtung von Literatur befasst sich die »Intertextualitätsforschung« (vgl. auch FD 3, S. 714–725); der Sache nach ist der Dialog der Literatur so alt wie die Literatur selbst, gibt es doch zur *Ilias* auch gleich den *Froschmäusekrieg* als ihre Parodie. Goethes Lehrer der Intertextualität und ihrer Leistungsmöglichkeiten waren Lessing mit der fünften seiner *Abhandlungen über die Fabel* (1759) und Herder mit seiner Fragmentreihe *Über den neuern Gebrauch der Mythologie* in der 3. Sammlung der Fragmente *Über die neuere deutsche Literatur* (1767, von Goethe 1772 gelesen und angewandt), wobei »Fabel« und »Mythos« nicht bloß die äsopischen Fabeln bzw. griechischen Götter- und Heldengeschichten waren, sondern literarische Stoffe schlechthin bezeichneten. Diesen Theorien gemäß stand Goethe nicht etwa unter dem ›Einfluss‹ gelesener Texte, sondern gebrauchte, bearbeitete, beantwortete sie neu im besprochenen Sinne. Dabei lässt sich anhand von auffälligen Zitaten und Anspielungen (›Markierungen‹) nachweisen, dass die Antwort auf einen ›Prätext‹ durchaus nicht auf eine Stelle oder Szene beschränkt sein muss, sondern von punktuellen Bezugnahmen über lokale bis zu nahezu vollständiger Beanspruchung des *Faust*-Textes für eine Antwort auf einen fremden Text gehen kann. Punktuell ist z. B. Mephistos Spiel mit Marthes Gefühlen in *Der Nachbarin Haus* bezogen auf Shakespeares *Merchant of Venice* III,1 (vgl. Anm. zu V. 2865–72); lokal ist die starke Beziehung zu Shakespeares *Sommernachtstraum* durch das ganze Gretchendrama hindurch; vom *Prolog im Himmel* bis *Grablegung* am Ende des Zweiten Teils reicht die Beziehung zum Buch Hiob des Alten Testaments.

Intertextuelle Beziehungen sind offene Angebote zur Vertiefung; man muss sie nicht und muss keinesfalls alle verfolgen, um zu einem Verständnis des Textes zu gelangen. Ein Kommentar jedoch, der Deutung nicht festlegen, sondern vielfältige Möglichkeiten des Verständnisses eröffnen möchte, soll auch auf diesem Gebiet Richtungen und Perspektiven andeuten; dabei kann er sich nicht darauf beschränken, die deutlichen Markierungen eines Prätextes aufzuzählen, sondern er muss auf die Lesbarkeit anderer Passagen, Figuren, Handlungszüge in beiden Texten unter dem Gesichtspunkt ihres Bezugs hinweisen. Potenziell liegt ja der Prätext vollständig unter dem vollständigen *Faust*-Text, und unter dieser Annahme erhalten nicht nur die markierten zitathaften Stellen Beziehungssinn, sondern auch andere Teile beider Texte. Vorsicht, Sorgfalt, Plausibilität sind gefordert, um diese offenen Lesungen nicht in die Beliebigkeit bloßer Assoziationen abgleiten zu lassen. Die folgenden Kurzanalysen beziehen sich auf Texte, zu denen schon im *Faust I* Verbindung aufgenommen wird; die Nennung der Markierungen sucht die Beziehung jeweils plausibel zu machen, dann werden in gebotener Kürze Folgerungen angedeutet, die sich aus der Beziehung für beide Texte ergeben. Zu hoffen ist, dass auf diese Weise neue, noch nicht in diesen die Weltliteratur integrierenden Zusammenhängen beschriebene, Lesungen des *Faust* erschlossen werden.

D 1 *Adam*

Markierungen: V. 2048, 3220, 3225 f., 3324, 3339–41, 4119–4123, 4128–35, 11085 f., 11565–569. Aus dem biblischen Adam-Komplex wird insbesondere die Versuchung mit dem Versprechen der Gottähnlichkeit betont, das Mephistopheles dem Schüler ins Stammbuch schreibt; dabei interpretiert Goethe den Genuss des Apfels als Entdeckung der Sexualität und lässt Mephistopheles von Gott als Kuppler reden, der im Paradies »Gelegenheit« gemacht und mithin den ›Sündenfall‹ selbst proviziert habe. Da Faust durch die neuerliche Versuchung nicht in Selbstvergessenheit geführt werden kann (Aufklärung, Ekel und Erinnerung an die Liebe stützen ihn, vgl. Anm. zu V. 4144, 4179, 4200), scheitert der Versuch des Satan endgültig, die Menschheit durch ihre Sinnlichkeit zu besiegen – Faust ist ja aufgrund der Wette des *Prologs im Himmel* die entscheidende Experimentalfigur (vgl. **D 3**). Daraus resultiert die neue Strategie der Hölle: Versuchung durch Geld (vgl. **D 12**).

Mit Herder sieht Goethe also das Paradiesgeschehen nicht als Sündenfall, der den Menschen erlösungsbedürftig macht (vgl. Anm. zu V. 737), sondern als ›Risiko‹, das den Menschen zum ständigen Grenzüberschreiter auf dem Weg zu sich selbst werden lässt. Daraus leiten sich des neuen Adam Faust sieben Entgrenzungs- und Gottwerdungsversuche in den zwei Teilen des *Faust I* und den fünf Akten des *Faust II* her. Sie enden sämtlich tragisch, weil Fausts »Streben«, die bewusste Konzentration des in alle Entwicklungsrichtungen gehenden »dunklen Drangs« auf eine Richtung, den Menschen jeweils aus dem Gleichgewicht bringt und alles, was nicht im Zentrum der Aufmerksamkeit steht, zum Hindernis macht (vgl. Anm. zu V. 317, Kommentar zu *Der Tragödie Erster Teil*, oben S. 33 f.); Menschheitstragödie durch den Widerspruch zwischen unbedingtem Drang und kreatürlicher Beschränkung, Tragödie der Moderne durch den auf eine Strebung konzentrierten Drang und die damit selbst verschärfte Beschränkung, die jeweils nur an einer

Stelle momentan durchstoßen wird (z. B. V. 489 f., 614–629, 3240–46). Die Entgrenzungsversuche setzen jedoch immer höher an, so dass im 5. Akt Faust das Paradies einer neuen Menschheit auf einer »neusten Erde« selbst schafft, wie er schon seit seiner Wette sein eigener Gott und Satan ist (D 3).

D 2 *Moses*

Markierungen: V. 475 f., 3218 f., *Grablegung* mit Kampf zwischen Engeln und Teufeln nach Jud. 9; s. dazu: Burdach, *Faust und Moses.* – Moses wird vom Herrn im brennenden Dornbusch (2. Mose 3,2–6) und in der Wolkensäule aufgesucht (2. Mose 13,21 f. u. ö.). »Er aber sprach: So laß mich deine Herrlichkeit sehen. Und er sprach [...]. Mein Angesicht kannst du nicht sehen; denn kein Mensch wird leben, der mich sieht« (2. Mose 33,18–23). Moses ist ein »Knecht« des Herrn (vgl. V. 299) und aufgrund der zweimal zitierten Erscheinung der Herrlichkeit des Herrn sowie des berühmten Kampfs um seinen Leichnam neben den vielen andern »Knechten« Gottes besonders prominent. So kommt neben der Parodie der Bescherung des Wassers aus dem Felsen (2. Mose 17,6; 4. Mose 20,11) durch Mephistos Produktion von Weinen aus der Tischplatte (im *Urfaust* wurde das durch Faust ausgeführt) vor allem das gelobte Land in den Blick, in das Moses das Volk Israel führt: zunächst in *Auerbachs Keller* durch das Traubenwunder und die Vision des »schönen Landes« (V. 2315), dessen Genuss wie die Trauben nur durch Vertreibung und ›Kannibalismus‹ möglich ist (4. Mose 13 f.), dann aber durch Fausts Führerschaft für die neuzeitlichen Europäer, die ja seit dem *Prolog im Himmel* durch Faust repräsentiert werden (D 3). Das gelobte Land, in das Faust das neue Volk, nämlich die durch Aggressivität, Habgier und Geiz getriebenen und manipulierten Menschenmassen, kondensiert in den DREI GEWALTIGEN V. 10323–344, führt, ist die durch »Krieg, Handel und Piraterie« (V. 11187) eroberte Welt, in der durch »Kolonisieren« (V. 11274) die Völker verjagt, unterdrückt, ausgebeutet, ver-

nichtet werden wie Philemon und Baucis im 5. Akt. Dass
Goethe diesen Imperialismus und Kolonialismus des
19. Jahrhunderts in Zusammenhang mit Faust als neuem
Moses bringt, zeigt nicht nur der Kampf um die Seele des
Toten, sondern schon das Lemurenlied, wo die für die im-
mensen Erdarbeiten der Landgewinnung angeworbenen
»geflickten Halbnaturen« gehört haben: »ein weites Land /
Das sollen wir bekommen« (V. 11511–518). Seit *Auerbachs
Keller* bleibt also durchgängige Interpretation, dass das gelobte Land als Illusion zu betrachten ist, die nur durch Ver-
drängung, Ausbeutung, Selbstausbeutung realisiert werden
kann – am eindruckvollsten symbolisiert durch die Messer,
mit denen die Gesellen in *Auerbachs Keller* drauf und dran
sind, einander die Nasen abzuschneiden in der Illusion, dass
es die Trauben aus dem versprochenen Land seien (4. Mose
13,23 f.).

D 3 *Hiob*

Markierungen (die Wörtlichkeit erschließt sich bei Benut-
zung der Luther-Übersetzung!): V. 299 (Hiob 1,8), 312
(H. 1,11), 470 (H. 18,5 f. 21), 498 (H. 25,4–6), 1254 f.
(H. 40,15–24), 1562–71 (H. 7,13–16), 1587–1602 (H. 3,1–26),
1775 (H. 6,9), 4596 (H. 3,3), 4620 (H. 5,7), 6813 f.
(H. 32,18 f.), 10224–31 (H. 38,8–11), 11499 f. (H. 18,5 f.),
11542 f. (H. 38,8–11), 11809 (H. 2,7). Die Zahl und Durch-
gängigkeit der Markierungen – viele davon an wörtlichen
Zitaten kennbar – weist die Beziehung zum Buch Hiob als
eine der tragenden im *Faust* aus. Anhand der Geschichte
von dem Stolz des Herrn auf seinen gottesfürchtigen
Knecht Hiob und der dem Satan gegebenen Erlaubnis, ihn
zu foltern und seine Standhaftigkeit zu prüfen, konnte die
Frage gestellt werden, wie ein moderner Mensch in Versuchung des Abfalls vom Herrn zu führen sei, und diese Frage
bleibt unter dem Ansturm des Mephistopheles offen bis
zum Schluss. Dass es sich pointiert um die Versuchung des
Modernen handelt, wird in der Hiob-Szene des *Prologs im*

Himmel sogleich an der Rückfrage der Satansfigur »Den Doktor?« und der daraufhin erst so gewagten Behauptung »Meinen Knecht!« (V. 299) deutlich: Ein Doktor der Theologie, der sich »weder vor Hölle noch Teufel« (V. 369) und mithin nicht vor Gott fürchtet, sondern Gott werden möchte, wird mit Hiob und Jesus (vgl. V. 375 mit Mt. 4,8), den vorbildlichen der Versuchung ausgesetzten Knechten des Herrn, in eine Reihe gestellt! Wahrscheinlich bezog sich Goethe bei dieser historisch-anthropologischen Frage nach der Versuchbarkeit des Menschen auf Lessings *Erziehung des Menschengeschlechts* (1780). Der hatte mit der Unterscheidung des Alten und des Neuen Testaments als zwei Lehrbüchern der lernenden Menschheit, mit der Unterscheidung des »sinnlichen Juden« und des »geistigen Christen« (§ 23), der unmittelbaren Belohnung und Bestrafung, wie Hiob und seine Freunde sie erwarten (§ 29), und der Erwartung jenseitiger Belohnung und Strafe bei den Christen, mit der Versuchung Hiobs durch Wegnahme von Gütern und Gesundheit (§ 6) und der Versuchung Jesu durch das Angebot der Weltherrschaft (Mt. 4,8, von Goethe mehrfach zitiert) die Geschichtlichkeit der Religionsvorstellungen und der Versuchbarkeit des Menschen herausgestellt. Mit der Frage nach der Versuchbarkeit des modernen Menschen schreibt Goethe Lessings Werk weiter, das mit der Hoffnung auf »die Zeit der Vollendung« schließt, wo der Mensch »das Gute tun wird, weil es das Gute ist« (§ 85). Wenn, so lässt sich Goethes Gedankengang rekonstruieren, der Mensch keine Instanz der unmittelbaren oder für die Ewigkeit versprochenen Strafe bzw. Belohnung mehr braucht, wird er sich auch selbst in Versuchung führen. Ins Bild gesetzt bedeutet dies: er wird die Hiob-Wette über sich selbst abschließen, wird Herr, Satan, Hiob selbst sein, wird sich selbst foltern und in Versuchung bringen, die Folter zu beenden, wird »alt und lebenssatt« (Hiob 42,17) nicht sterben, sondern auch noch sich selbst den Tod geben. Genau dies geschieht durch die Verdoppelung der Wette – alter-

tümlich im *Prolog im Himmel*, modern in *Studierzimmer II*
– und durch eine Neuinterpretation des Gegenprinzips: der
Satan im Buch Hiob ist ein konkurrierender Gegengott
zum jüdischen Jehova; nach der christlichen Interpretation
des Herrn durch die Engel (vgl. Anm. zu V. 265 f.) wird
auch das mit dem Regienamen »Mephistopheles« auftretende Gegenprinzip zum christlichen Teufel funktionalisiert
(V. 343).

Faust nun, der sich sein Gegenprinzip aus einem Pudel in
die verwandte Gestalt eines Gelehrten beschwört, schafft
sich das Prinzip der Verneinung (V. 1338) seines Geistes, seines Wollens und Bestrebens, das ihn sich selbst vergessen zu
lassen, zu befriedigen, glücklich und selbstgefällig zu machen sucht, indem es technisch perfekt Wünsche erfüllt, immer größere Wünsche erzeugt und den Wünschenden immer unausweichlicher von sich abhängig macht (V. 3243–
3246). Die erste Falle, die er sich mit diesem Prinzip stellt,
ist das anthropomorphe »Mäskchen« (V. 3539), das die Verneinung kommunikabel, gesellig, Argumenten zugänglich,
freundschaftlich dienend und zu Freundschaftsdiensten berechtigt (V. 4048) erscheinen lässt, einfach als das Andere
seiner selbst; Hiobs Freunde, die ihn als andere seiner selbst
zum Eingeständnis verborgenen Unrechts, zum Zweifel an
sich selbst bereden wollen, haben dieselbe anthropomorphe
Versucher-Funktion. Die Modernisierung des Wett-Kom-
plexes zeigt sich nicht nur darin, dass eine Wette alten Stils
von den Göttern und eine Wette neuen Stils von Faust geschlossen wird, sondern auch darin, dass beide Götter am
Ende von der Bühne verschwunden sind, während bei Hiob
am Ende nur vom Satan keine Rede mehr ist: Mephistopheles wird von den Engeln »ins Proszenium gedrängt« (BA
vor V. 11780), der Herr ist gar nicht mehr zu finden
(V. 11832 f.) und durch eine »Göttin« (V. 12103) ersetzt.

Für einen Menschen, der Gott und Satan und Hiob zugleich
sein will, muss die Rede des Herrn, in der er auf seine
Schöpfermacht pocht und jede Rechtfertigungspflicht von

sich weist, eine besondere Provokation sein. In der Tat konzentrieren Faust und Mephistopheles sich darauf, den Schöpfungs- und Herrschaftsanspruch des Herrn zu bestreiten und damit zu konkurrieren. Im 4. Akt will Faust durch eigene Tat Herrschaft und Eigentum gewinnen (V. 10187 f.). Die Gewinnung von Eigentum konkurriert mit der Landgewinnung des Herrn durch Ausschluss des Meers, »da ich ihm den Lauf brach mit meinem Damm und setzte ihm Riegel und Türen und sprach: ›Bis hieher sollst du kommen und nicht weiter; hier sollen sich legen deine stolzen Wellen!‹« (Hiob 38,10 f.). Aus dieser Konkurrenz resultiert das Eindeichungsprojekt im 5. Akt, das »vielen Millionen« Wohnraum »auf der neusten Erde« (V. 11563–11566) bieten soll. Metaphorisch wird die Errichtung eines Damms gegen das wütende und unberechenbare Meer von Faust für »leidenschaftlich aufgeregtes Blut« verwendet, das »Den freien Geist [...] Ins Missbehagen des Gefühls versetzt« (V.10202–205). Auch die Saint-Simonisten, deren Gesellschaftsexperiment Goethe in seinen letzten Jahren aufmerksam verfolgte, suchten gegen die Habgier der »prolétaires« einen »Damm« zu errichten (s. FD 2, S. 1043) und so Herrschaft über sie auszuüben. Mephistopheles hat eine bessere Lösung, die Fausts Verzweiflung über die »Zwecklose Kraft, unbändiger Elemente« (V. 10218 f.) auch im Blick auf die unbändigen Leidenschaften der Menschen Rechnung trägt: er zieht die »Quintessenz« aus dem »Prass« der Proletarier, rafft »Urgebirgs Urmenschenkraft« zusammen und kondensiert sie in drei Riesen RAUFEBOLD, HABEBALD und HALTEFEST (V. 10316–344), den Allegorien von Aggressivität, Habgier und Geiz, lässt sie für sich kämpfen und die Welt unterwerfen. Die Riesen lösen sich in der Schlacht wieder in die Menschen auf, aus denen sie zusammengesetzt sind (V. 10581 f.); sie haben die Struktur des Großindividuums, das Thomas Hobbes als Leviathan bezeichnet hat: die nach seiner Anthropologie allein durch den Egoismus getriebenen Menschen sind zu einem Organismus verbunden, der nach Hiob 41,25 »König über alle Söhne des Übermuts« ist. Das Untier Leviathan, unbesiegbar und unlenkbar (Hiob 40,25) und damit das stärkste Machtargument des Herrn, wird durch Mephistopheles gleich dreifach geschaffen und als aggressive, habgierige oder geizige Pöbel-Masse beliebig einsetzbar und manipulierbar. Faust und Mephistopheles haben also den Gott Hiobs mit seinen Ansprüchen und Leistungen eingeholt. Aber, wie gesagt, der Herr ist weg.

D 4 *Das Hohelied Salomonis*

Markierungen: V. 3187 (Hld. 5,4), 3337 (Hld. 4,5), Preis des Geliebten in *Gretchens Stube* (Hld. 5,11–16), 3406 f., (Hld. 7,12), 3408 f. (Hld. 3,4), 3410 f. (Hld. 8,1), 4128 f. (Hld. 7,9), 4435 f. (Hld. 5,6 f.), 4461–69 (Hld. 2,8–10; 5,1); unvollständige Analyse von Pniower 1892. – An Merck schrieb Goethe am 10./11. Oktober 1775: »Ich habe das hohe Lied Salomons übersetzt, welches ist die herrlichste Sammlung Liebeslieder, die Gott erschaffen hat.« Die Auffassung des Hohelieds als Liebesdichtung war bis in diese Zeit blockiert durch das Problem der Theologen, einen weltlichen und hocherotischen Text unter den kanonischen Texten des Alten Testaments zu rechtfertigen; nach den Regeln des mehrfachen Schriftsinns wurde das Hohelied allegorisch, moralisch und anagogisch gedeutet. Die literale Lesung als *Lieder der Liebe* hat erst Herder gewagt, der seit 1772 an einer Übersetzung und der Geschichte der Übersetzungen arbeitete und mit seiner These Goethe zu einer intensiven Befassung anregte (Herders Werk war 1776 fertig und wurde 1778 veröffentlicht, vgl. KHA 3, S. 431–521, 1199–1209). Goethe war offensichtlich gerade durch das im Alten Testament vorliegende Phänomen der Heiligung sinnlicher Liebe und ihres unverhohlenen Ausdrucks im männlichen und weiblichen Begehren fasziniert: das ist die im Apriori des Leibes begründete, in Wärme, Hingabe, Fähigkeit zu lieben und zu küssen sich äußernde Religion der Liebe, die Margarete entwickelt und der verneinenden Kälte Mephistos entgegensetzt. Es ist deshalb sinnvoll, dass die Hohelied-Markierungen in *Gretchens Stube* als dem vollen Einsatz dieser sinnlichen Religion und in der Verfassung der Szene *Kerker* mit der Offenbarung der Liebesunfähigkeit Fausts und Margaretes Grauen vor ihm wie vor Mephistopheles (V. 3480, 4610) gehäuft anzutreffen sind.

D 5   *Homer: Odyssee*

Markierungen: V. 10 (Od. XI,37), 4194 (Od. XI,634), 7154 f. (Od. XII,39–54), 7206 (Od. XII,186–191), 9000 (Od. XI,1–19), 9004 (Od. IV,81–93), 9975 (Od. XI,539), 9976 f. (Od. X,510). – Im Buch XI der *Odyssee* beschreibt Odysseus, wie er im Hades opferte, um von dem Seher Teiresias Auskunft über den rechten Weg aus seiner Irrfahrt zu erhalten – Goethe zitiert die Stelle in *Zueignung* und setzt sich damit an die Stelle des Odysseus: »Da versammelten sich aus der Tiefe die Seelen der Toten« (XI,37); Freunde, Gefährten stiegen aus dem »dunstigen Dunkel« (57), dreimal sucht er den »Schatten« der Mutter zu fassen (206–208). Im selben Buch wird Odysseus wegen seiner Erzählung gelobt: »Dir aber sind gestaltet die Worte und edel die Sinne, / Wie ein Sänger hast du mit Kunst die Geschichte berichtet / Aller Argeier und deine eigenen traurigen Leiden« (367–369, Übers. Hampe). Auch Goethe wiederholt in seiner »Klage / Des Lebens labyrinthisch irren Lauf« (V. 13 f.) und zugleich das strebende Irren (V. 317) Fausts als des Repräsentanten der neuzeitlichen Menschheit. Damit zeigt sich die *Odyssee* als wichtiger Subtext des *Faust*: Odysseus, verständigster der Menschen, schließt sich der Fahrt um Rückeroberung der (möglicherweise sogar gespenstischen) Helena an, irrt und strebt, bis er zur frühgeliebten Penelope heimkehrt, nachdem die Phaiaken ihn nach todesähnlicher Fahrt in Ithaka abgesetzt haben. Auch um Odysseus streiten sich Götter (Athene und Poseidon), und er begeht trotz seines Listenreichtums viele Fehler, die seine Irrfahrt verlängern.

Dante zählte ihn (*Inferno* XXVI,19 ff.) zu denen, die von ihrem *ingegno* gedrängt werden, das Unvordenkliche zu fassen, die Grenzen der Menschheit zu durchstoßen und der *superbia* oder gar *follia* anheim zu fallen, wo nicht die *virtù* oder die Liebe helfender Frauen den Exzess verhindern. (*Faust* als Neuschreibung der *Ilias* wird in »Erläuterungen und Dokumente« zu *Faust II* behandelt.)

D 6 *Dante Alighieri: Divina Commedia (um 1306–21)*

Markierungen im *Faust I*: V. 615 (Paradiso XXVI,106–108), 708 (Inferno 1), 4076–79 (Inferno IV,6–105). Die markierten Bezüge gehören alle der Schaffensphase um 1800 an, also einer Zeit, als Goethe bereits die für den *Faust II* tragende durchgängige Beziehung auf die *Divina Commedia* geplant hatte. Diese Beziehung wird in den »Erläuterungen und Dokumenten« zu *Faust II* behandelt. – Seine Kenntnis über die für den *Prolog im Himmel* und für die Selbsteinschätzung als »mehr als Cherub« (V. 618) wichtige Engelhierarchie bezog Goethe wohl aus Paradiso XXVIII,97 ff., wahrscheinlich auch die Erkenntnis von der begrenzten, jedoch durch Liebe kompensierten Einsicht der Engel (V. 344–349, Paradiso XXVIII,106–108), die der lieblosen Erkenntnis des teuflischen Schalks entgegengesetzt wird. – Die Anfangssituation der *Divina Commedia*, in der Dante von den wilden Tieren gehindert wird, weiter zur Sonne entgegenzusteigen und auf Wunsch Beatrices von Vergil durch Hölle und Fegefeuer zum Paradies geleitet wird, ist prominent am Anfang von *Faust II* mit Dantes Terzinen aufgenommen. Aber schon die entschlossene Abwendung von der »holden Erdensonne« nach den niederschmetternden Erfahrungen der Szene *Nacht* (V. 708 f.) kann als genaue Umkehrung von Dantes Anfangssituation gelesen werden: wie Dante der Weg zur Sonne verwehrt wird, so wird Faust durch die Himmelstöne der Osterfeier der Weg in die »dunkle Höhle« des Todes verwehrt; wie Dante durch die Hölle muss, so kommt Faust nicht gleich durch »die ganze

Hölle« oder »ins Nichts« (V. 714–719), sondern erst »durch die Welt zur Hölle« (V. 242). Was im Zweiten Teil ausführlich zu zeigen ist, nämlich die Konzeption der Wege Fausts im neuschreibenden Rückbezug auf die *Divina Commedia*, wird also hier schon sichtbar.

D 7   *Ludovico Ariosto: Orlando Furioso (1516)*

Markierungen: V. 41 (*Orlando furioso* X,4), 702–705 (*Orlando furioso* XXXIV,68 ff.). Die deutlichste Markierung des Goethe seit seiner Jugend bekannten Epos sind die Stanzen (Ottaverime) der *Zueignung*, die bei Ariosto ein unübertroffenes Vorbild fanden. Mit dem »Wahn«, die »schwankenden Gestalten [...] fest zu halten« (V. 1–4) macht sich das sprechende Ich der *Zueignung* zu einem der irrenden Ritter Ariostos, die Abenteuern und Minnedamen meist erfolglos nachjagen und insbesondere im Zauberschloss des Atlante durch Trugbilder und Blendwerke genarrt werden. So muss am Ende des *Faust* der Autor mit seinem »Finis« am »Unbeschreiblichen« die Grenze seines Schreibens eingestehen, hat er doch in *Grablegung* und *Bergschluchten* schon keine eigenen Bilder und Handlungen mehr entworfen, sondern bloß die fremden Bilder aus dem Camposanto in Pisa miteinander dialogieren lassen.

Auch Faust mit seinen stets scheiternden Strebungen, Gott zu werden, besonders mit der Suche nach Helena, die auch bei ihm nur eine Schauspielerin in einem »Stück« (BA nach V. 10038) und vielleicht wie (nach Euripides) in Troja nur ein Trugbild ist, erscheint unter diesem Gesichtspunkt wie einer von Ariostos manischen Helden. Nach dem Selbstentzug der Helena bricht Faust nicht wie der enttäuschte Orlando in vernichtende Raserei aus, aber sein mit Mephistopheles und den Drei Gewaltigen als Inbegriffen entfesselter Ur-Instinkte durchgeführtes Kolonisationswerk ist global destruktiv und endet in der sich selbst aufhebenden Utopie eines vom Despoten beherrschten freien Volks auf freiem Grund. Deshalb ist es auch sinnvoll, am Ende von *Nacht*

den Feuerwagen V. 702 f. ambivalent zu sehen wie Fausts
Selbstmordabsicht insgesamt, die ihn »zu neuen Sphären
reiner Tätigkeit« und »ins Nichts« führen kann: Einerseits
wird Elia, der Prophet, Magier und Zeuge des Herrn, von
einem Feuerwagen in den Himmel geholt (2. Kön. 2,11), andererseits fliegt im *Orlando furioso* Graf Astolfo in demsel-
ben Vehikel von Dantes Paradiesberg zum Mond, wo er allegorische Darstellungen des menschlichen Wahns, der Ver-
geblichkeit alles Strebens und der Eitelkeit aller irdischen
Größe zu sehen bekommt, was alles auf Faust zutrifft. Da
Faust diese Reise nicht unternimmt, kann er auch nicht,
analog zu Astolfos Auftrag, Orlandos verlorenen Verstand
zu holen, seinen eigenen Verstand von dort wiederbekom-
men: die Erde hat ihn wieder, aber nicht als Verständigen,
sondern als Irrenden und Wähnenden.

D 8 *Shakespeare: Ein Sommernachtstraum (1595/96)*

Markierungen: V. 2603 f. (*Ein Sommernachtstraum* V,1,10 f.);
Walpurgisnachtstraum mit den Figuren Oberon und Titania
sowie Puck, der sein Gegenspiel in Ariel aus Shakespeares
Sturm hat. Der Untertitel »Intermezzo« spielt an auf das
»interlude« (*Ein Sommernachtstraum* I,2,6) von Pyramus
und Thisbe, das die Handwerker bei Hof präsentieren.
Durch die Markierung am Ende von *Hexenküche* ist potenziell das Gretchendrama insgesamt als auf den *Midsummer
Night's Dream* bezogen lesbar. Da Oberon und Titania, Figuren der Haupthandlung, im Intermezzo erscheinen, und
die tragische Liebesgeschichte des »interlude« in Goethes
Haupthandlung, erscheint das Verhältnis von Haupthandlung und Spiel im Spiel bei Goethe umgestülpt; die Komödie mit tragischem Einschluss wird zur Tragödie mit komi-
schem Einschluss. Der Dilettantismus des Zwischenspiels
bleibt erhalten (V. 4217–20); bei Shakespeare schlecht ge-
spielt und für den Anlass des Hochzeitsfests ungeeignet, ist
es bei Goethe unspielbar und als zeitbezogene Satire ungeeignet für die Menschheitstragödie *Faust*. Dennoch themati-

siert das Handwerkerstück Shakespeares auf seine naive
Weise die zentralen Probleme der Figuren auf den Ebenen
der Naturgötter, des Herzogspaars, der jugendlichen Bürger: die Hindernisse des guten und liebenden Zusammenlebens in Egoismus, Zwang, Missverständnis, erzwungener
oder erkaltender Bindung. Ebenso thematisiert der *Walpurgisnachtstraum* die zentralen Probleme des Faust (vgl. oben
S. 196, Szenenkommentar). Die beiden Naturgötter Oberon
und Titania werden von Goethe offenbar als Erscheinungsformen des universalen Gegensatzes von Energie und Ordnung (Erdgeist – Makrokosmos, zwei Seelen in der Brust)
interpretiert (vgl. auch III, **T 9** *Die erste Walpurgisnacht*);
die Möglichkeit ihrer Verbindung nur durch Scheidung
(V. 4245 f.) zeigt, dass der Riss in der Natur, den Shakespeare noch durch Magie der Zaubertropfen (vgl. den Trank
der Hexe) heilbar glaubt, für Goethe nicht mehr zu kitten
ist oder nicht von der Natur her zu heilen ist wie bei
Shakespeare, sondern von den Menschen her geheilt werden
müsste. Dies ist der Sinn der Umstülpung der tragischen
Liebeshandlung in den Rahmen als Gretchendrama: durch
die doppelte Konditionierung mittels Zauberbild und Hexentrank ist Faust unfähig, Margarete als Persönlichkeit zu
begegnen; stattdessen über- und unterfordert er sie heillos
und ist, wie Mephistopheles ankündigt, bei ihr schon auf
dem Weg zu Helena.

D 9   *Shakespeare: Hamlet (1601)*

Markierungen: V. 664–667 (*Hamlet* V,1), V. 719 (*Hamlet*
III,1,56–82), *Nacht. Straße vor Gretchens Türe* mit dem rächenden Bruder (*Hamlet*: Laertes) und dem Lied Mephistos
nach Ophelias Lied *Hamlet* IV,5 (s. III, **T 3**), V. 11531–538
(*Hamlet* V,1,67–70, 77–80, 100–103). Hinzu kommt in *Kerker* die deutliche Beziehung der singenden, zwischen Wahn-
vorstellungen und luziden Momenten, Trauer, Furcht, sinn-
lichem Begehren schwankenden Margarete zu der von
Hamlet zurückgestoßenen Ophelia, wie ja auch der Kampf

zwischen Faust und Valentin an das Gefecht zwischen
Hamlet und Laertes erinnert, nur dass nicht Valentins Säbel
vergiftet ist wie der Degen des Laertes, sondern dass Faust
von Mephistopheles verteidigt Valentin ersticht. Hamlets
Verhältnis zu Ophelia wird vergiftet durch ihre Funktion
als Lockvogel, in die sie sich von ihrem Vater Polonius hin-
einschwatzen lässt, und durch die Tötung des Polonius, als
Hamlet den Lauscher hinter der Tapetentür ersticht. Faust
gibt Gretchen ein Schlafmittel, an dem die unbequeme Lau-
scherin bei Fausts und Gretchens Liebesnacht stirbt; Mephistopheles benutzt Gretchen als Lockvogel der Sinnlichkeit (V. 3324–29), um ihn vollends ›einzuteufeln‹ (V. 3371)
und auf die endgültige Selbstvergessenheit (V. 4114) in der
Walpurgisnacht vorzubereiten. Goethe verschärft in Gret-
chen/Margarete also wesentliche Züge der Ophelia-Figur
um ein Vielfaches. Dasselbe gilt für Hamlet und Faust. Ist
für Hamlet die Zeit aus den Fugen und er dazu ausersehen,
sie wieder einzurichten, so betrifft das den Zustand des
Staates Dänemark; da er bereits Teil dieses Systems ist,
kommt er in einen Widerspruch mit sich selbst, der nur tragisch enden kann und dem Retter Fortinbras die Bühne
überlässt. Daher sein berühmter Monolog »Sein oder
Nichtsein …« (III,1), in dem er den Selbstmord erwägt.
Faust muss in seinem ersten Monolog feststellen, dass der
Mensch überhaupt und der neuzeitliche Mensch im Besonderen aus den Fugen ist: der Mensch hat den Drang nach
Wissen und kann »nichts wissen« (V. 364); als Geschöpf
überhaupt zugleich unbedingt und beschränkt, bringt sich
der neuzeitliche Mensch diesen inneren Widerspruch da
zum Bewusstsein, wo er unbedingtes, wahres Wissen anstrebt und nicht z. B. mit dem in den Heiligen Schriften of-
fenbarten Wissen zufrieden ist. Faust fühlt sich hinsichtlich
seiner anthropologischen Situation also in einer Lage wie
Hamlet: Teil dessen, was zu reparieren er aufgefordert ist
(tatsächlich ist er ja durch die Wette im Himmel der
»Knecht« und Testfall), aber was da aus den Fugen ist, über-

steigt das Problem Hamlets absolut, denn im Grunde soll
Faust die Schöpfung in ihrem inneren Widerspruch reparieren. Daher, nach dem Scheitern der Versuche, Übermensch
zu werden, Gott als dem »Spiegel ew'ger Wahrheit« nahe
zu kommen, und »schaffend, Götterleben zu genießen«
(V. 615—20), der Gedanke an Selbstmord, entweder um die
Beschränkung abzustreifen und als »freie Kraft [...] durch
die Adern der Natur zu fließen« (V. 617—619, 704 f.) oder
»ins Nichts« zu gehen (V. 719). Jeder seiner Versuche endet
so; die Wiederkehr einer *Hamlet*-Markierung am Ende des
5. Akts erinnert daran. Dann aber sind auch die beiden Zyniker von der Bühne verschwunden (vgl. D 3), deren Schöpfung Faust reparieren sollte: eine Göttin spielt Fausts Fortinbras.

D 10   *Shakespeare: Othello (1604)*

Markierung: BA vor V. 2759 (*Othello* IV,3). Desdemona,
von Othello in ängstliche Ungewissheit versetzt, lässt sich
von der Dienerin Emilia auskleiden und singt das Lied einer unglücklich verliebten Magd »which express'd her fortune« (T 4). Dieses Lied hätte auch Margaretes Schicksal genau ausgedrückt; mit dem Thule-Lied singt sie ein Lied von
Treue über den Tod hinaus auch in einem nicht ehelich
sanktionierten Verhältnis – aber die utopische Brechung
durch den »Thule«-Begriff nimmt die schöne Hoffnung
gleich wieder zurück: auch ihr Lied »express'd her fortune«.

D 11   *Shakespeare: Macbeth (1606)*

Markierungen: V. 2540–52 (*Macbeth* I,1), 4514 (*Macbeth*
V,1). Die »englisch«, wie Engel lispelnden und dabei lügen-
den (V. 1141) Geisterchöre des *Faust* sind an den Hexenpro-
phetien des *Macbeth* orientiert. Faust wird damit in Parallele gestellt zu dem unrechtmäßigen Usurpator, der in unge-
zähmtem Ehrgeiz im Vertrauen auf zweideutige magische
Versprechungen Verbrechen begeht. Nur: Faust usurpiert
nicht das Reich eines schottischen Königs, sondern das

Reich Gottes. Am deutlichsten an das Treiben der Hexen und die falschen Prophetien für Macbeth (I,1; IV,1) erinnert die Szene *Nacht, offen Feld*, wo Faust Auskunft wünscht, die ihm Mephistopheles aber verweigert. Das zeigt an dieser Stelle, wie mächtig der Diener und wie abhängig der Herr geworden ist, eine unmittelbare Anwendung der Erkenntnis: »The instruments of darkness tell us truths. / Win us with honest trifles, to betray's / In deepest consequence« (*Macbeth* I,3,124–126). Natürlich spielt auch der Hexenkessel, der in *Macbeth* IV,1 appetitlich gefüllt wird, in *Hexenküche*, *Walpurgisnacht* und *Nacht, offen Feld* eine Rolle; bezeichnend ist die Parallele zum Hexeneinmaleins in der gewaltsamen Umwertung der Werte: »Fair is foul, and foul is fair« (*Macbeth* I,1,11) – »Und Neun ist Eins, / Und Zehn ist keins« (V. 2550 f.).

D 12   *Milton: Paradise Lost (1667)*

Markierungen: V. 243–268 (Engelsgesänge im *Paradise Lost*), 450 (P. L. VII,364 f.), 702 (P. L. III, VI, VII Jesu Himmelfahrt im Feuerwagen), 3933 (P. L. I,670–730 sowie II). Kritik an Miltons *Paradise Lost* gab Goethe wahrscheinlich die entscheidende Idee der Geschichtlichkeit und Eingeschränktheit theologischer und mythologischer Vorstellungen, die ihm die Einführung Mephistos, den *Prolog im Himmel*, die endgültige Konzeption der *Walpurgisnacht* und die theologische Gesamtkonzeption des *Faust* (vgl. **D 19**) ermöglichte. Am 31. Juli 1799 nahm er »zufällig« Miltons Werk in die Hand und schrieb am 3. August 1799 über seine fortgehende Lektüre an Schiller: »Der Hauptfehler, den er begangen hat, nachdem er den Stoff einmal gewählt hatte, ist, daß er seine Personen, Götter, Engel, Teufel, Menschen, sämtlich gewissermaßen unbedingt einführt und sie nachher, um sie handeln zu lassen, von Zeit zu Zeit in einzelnen Fällen, bedingen muß, wobei er sich denn zwar auf eine geschickte, doch meistens auf eine witzige Weise zu entschuldigen sucht.« Daraus resultiert bei Goethe die Ge-

schichtlichkeit der Männer- und Frauengottheiten (vgl.
D 19) und der Stellung des Menschen zu ihnen, z. B. Fausts
Wette mit sich selbst (vgl. D 3). Milton berichtet, Mammon
habe dem Satan einen Palast aus purem Gold gebaut, Pandaemonium, in dem im Buch II die Strategiedebatte über
die Rückgewinnung der Weltherrschaft mittels des Menschen geführt wird. Moloch plädiert für offenen Krieg (vgl.
V. 10109 f.), Mammon für Frieden und Errichtung einer effi-
zienten Gegenwelt, Beelzebub für Verführung des neuen
Menschengeschlechts; dies zu vollbringen unternimmt Satan, muss sich zur Schlange erniedrigen, um Eingang ins Paradies zu gewinnen, verführt aber dann erfolgreich Eva, mit
der Adam aus Solidarität und im vollen Bewusstsein seines
Ungehorsams in den sauren Apfel beißt. Um Faust bemüht
sich in Gestalt Mephistos vielleicht Beelzebub, der Fliegengott (V. 1334, 1517, 2427) selbst, um ihn wie Adam (vgl.
D 1) durch Sinnlichkeit zu verführen. Vergeblich bei Margarete, im letzten Moment verhindert in der *Walpurgisnacht*:
da Faust die moderne Testperson ist, zeigt sich die Sinnlich-
keits-Strategie als überholt. Die Hölle modernisiert sich,
wie schon *Hexenküche* zeigt, und zwar nicht nur in modi-
scher Kleidung und gekauftem Adelstitel (V. 1492–2511),
sondern in der Strategie, die Menschen nun durch den
Mammon beherrschen zu lassen (vgl. D 24): dessen Goldpalast hebt sich vom Höllengrund und ist in *Walpurgisnacht*
schon der Blocksberg (V. 3915–34), auf dem die orgiastische
Satansmesse »zum letzten Mal« (V. 4093) stattfindet, bevor
im Zweiten Teil das Gold die Welt regiert (1. Akt), der Höllengrund ganz auf die Erde kommt (V. 10071) und Fausts
Palast das Bauwerk des Mammon ist, in dem die Schätze
der Welt gehortet werden (V. 11205–208) und von dem aus
sein Arm »die ganze Welt umfasst« (V. 11225 f.): »Gold ist
so unbedingt mächtig auf der Erde, wie wir uns Gott im
Weltall denken« (HA 14, S. 78; *Geschichte der Farbenlehre*).
Die Korrektur Miltons hinsichtlich der Geschichtlichkeit
der Figuren ermöglicht es Goethe also, *Paradise Lost* wei-

terzuschreiben; Fausts Schöpfung eines paradiesischen Landes im 5. Akt erscheint damit als Parodie von Miltons *Paradise Regain'd*.

D 13   *Molière: Dom Juan (1665)*

Markierungen: V. 359 (*Dom Juan* III,1), 368 f. (D. J. I,1; III,1), 498 (D. J. I,2), 884–902 (D. J. I,2), 1682 f. (D. J. I,2), 2011–39 (D. J. III,1), 2605 (D. J. II,2, vgl. T 5), 2651 (D. J. I,2), 2802–04 (D. J. II,2), BA vor 2865 Marthe (D. J. Mathurine), 2911 (D. J. II,2, vgl. T 5), 3021 (D. J. II,2, vgl. T 5), 3073 f. (D. J. II,2, vgl. T 5), 3081 f. (D. J. II,2, vgl. T 5), 3099 (D. J. II,2, vgl. T 5), 3351 (D. J. I,2), 3415–18 (D. J. III,1), 3421 (D. J. III,1), 3442–45 (D. J. III,1), 3533 (D. J. III,1), 4495 f. (D. J. III,5), 4578 (D. J. IV,6), 6789 (D. J. IV,5). Die Beziehung zu Molières *Dom Juan* ist eine der am dichtesten markierten; bis hinein in das Personal gehen die Anklänge. So hat Margarete viel von Done Elvire, ihr Bruder Valentin, Soldat wie der Commandeur, wird von Faust im Gefecht getötet wie der Commandeur durch Dom Juan; vor Done Elvire flieht Juan aufs Land und in den Wald wie Faust vor Margarete, wobei die Motive (Überdruss bzw. Skrupel) allerdings entgegengesetzt sind; endlich sucht Elvire Juan zur Reue und zur Rückkehr in den Schoß der Kirche zu bewegen, was bei ihm ganz gegen ihr Programm die Leidenschaft wieder weckt, während sie »all die unwürdige Glut, die ich für Euch fühlte, [...] diese ganzen schändlichen Aufwallungen einer irdischen und rohen Liebesleidenschaft« hinter sich gelassen habe (*Dom Juan* IV,6): Margaretes neue Religiosität schließt jedoch gerade diese »irdische und rohe Liebe« ein, der sie sich nicht schämen will, sondern die ihr zum Kriterium für ihre Beziehung zu Faust wird, das dieser nicht erfüllt. – Andererseits ist Margarete in der ersten *Garten*-Szene nach Molières Charlotte gestaltet (vgl. T 5) wie Marthe nach Mathurine, wobei sich zeigt, dass Margarete sehr viel kecker um Fausts Liebe wirbt, als die vorsichtige Charlotte sich auf Juans Schmeicheleien einlässt. Interessant ist auch, dass Dom Juan gleichzeitig um die heiratslustige Mathurine und die vorsichtigere Charlotte wirbt und sie gegeneinander ausspielt, während Goethe Faust werben und Mephistopheles sich gegen das Andringen Marthes zur Wehr setzen lässt – ein Hinweis darauf, dass auch hier Mephistopheles als Fausts anderes Selbst zu verstehen ist. Tritt Faust insbesondere im Gretchendrama als ›ein‹ Don Juan auf und zeigt damit die erste der im 19. Jahrhundert häufigen Zusammenführungen beider Figuren, so weist Goethes Bezugnahme deutlich über eine Gleichsetzung im Sinne der Unersättlichkeit im Wissen / in der Sinnlichkeit hinaus. Gewiss stürmen beide über die menschlichen Grenzen hinaus, gewiss fürchten beide nicht Hölle noch Teufel, aber während gerade der freche Unglaube dem spanischen Libertin den grässlichen Abgang bringt, erlöst Faust sozusagen sein fehlender Glaube, seine ständigen, gar vom Teufel unterstützten Versuche, Gott zu werden, wenn er auch in jedem seiner Versuche scheitert. Ähnlich verschärft Goethe das Problem der Treue: während Dom Juan sich zu langweilen beginnt, wenn er den Widerstand einer Frau überwunden hat, zwingt Faust sich durch seine Wette, sich in der Untreue, im ständigen Weiterschreiten, in der Rastlosigkeit unverbrüchlich treu zu sein. Gehen Juan die heißesten Liebesschwüre und Eheversprechen glatt von der Zunge, so gibt Faust weder Margarete noch im 3. Akt Helena ein Liebesversprechen, das ihn an eine der Frauen binden würde; ironischerweise spricht er zu dem Dia-Bild der Helena etwas, das einer Liebeserklärung ganz nahe kommt (V. 6487–6500). Dom Juan, der Spaß haben will (*Dom Juan* I,2), und Faust, bei dem von Freude nicht die Rede sein darf (V. 1765), sind einander in einer mannigfaltigen und tiefsinnigen Weise zugeordnet.

D 14 *Molière: Amphitryon (1668)*

Markierungen: *Prolog im Himmel*, den auch Molières *Amphitryon* aufweist, wo das nahezu tragische irdische Geschehen auf eine Laune, eine Zerstreuung des Jupiter und des

Mercure zurückgeführt wurde (zugleich satirische Anklage
gegen Ludwig XIV. und seinen Hof). Auch Fausts Schicksal
wäre aufgrund der leichtfertig angezettelten Wette im Himmel ein problematisches Trauerspiel, in dem das Leid des
modernen Hiob wieder auf das zynische Experiment
zweier transzendenter Mächte zurückgeführt wird; da er
aber die Wette selbst noch einmal eingeht und damit sein eigener Herr und Teufel wird, bringt er es schließlich so weit,
dass beide Zyniker von der Bühne verschwinden (vgl. **D 3**),
nicht mit Blitz und Donner wie die beiden Götter und
unter der Prophezeiung der Geburt des Sohnes Herkules,
sondern heimlich der eine, von den Engeln ins Proszenium
gedrängt der andere, und der Wiedergeborene ist das Un-
sterbliche, ›sonst Faust genannt‹. Diese Beziehung beleuch-
tet also die komisch-burleske Seite des *Faust* (und die
Ungerechtigkeit Goethes in seiner Kritik an Kleists *Amphitryon*).

D 15 *Rousseau: Julie, ou La Nouvelle Héloïse (1761)*

Markierungen: Die Szene *Abend. Ein kleines reinliches
Zimmer* ist voll von Direktzitaten aus Brief I,54 (T 8),
z. B. das »Heiligtum«, der »Zauberduft«; die Fetischisierung
der Kleidung bei Rousseau kehrt wieder in der Fetischisierung des Sessels und des Bettes. Das Auslegungsproblem
des »eingebornen Engels« (V. 2710, vgl. die Anm.) wird ge-
klärt durch Rousseaus »chef-d'œuvre unique de la nature«
(Lettre I,55); auch das »Spiel von jedem Druck der Luft«
(V. 2724, vgl. die Anm.) ist direkt zitiert aus Rousseaus Brief
I,26, wo er die »empfindsamen Seelen« als »vil jouet de l'air
et des saisons« bezeichnet. Goethe lässt das Erlebnis des
»Heiligtums« dieses Zimmers allerdings auch heiligend auf
Faust wirken, im Gegensatz zu Saint-Preux, der die Nacht
mit Julie verbringt: Faust will fort, kennt sich selbst nicht
mehr, und Mephistopheles muss das Kästchen selbst depo-
nieren, das nun seinerseits Margaretes Sinne und Werte
schwinden lassen wird, wie er seinen »Zauberduft« auf sie

wirken und ihr Schauer über den Leib jagen lässt. So wie
diese Szene Margarete und Gretchen auseinanderzuspalten
beginnt, so auch den Faust, der den Engel anbetet und noch
einmal in *Wald und Höhle* Margarete nicht berühren will,
und den Faust, der »Appetit« auf das »Püppchen«, die
»Dirne« hat. Mit Fausts »Ich weiß nicht soll ich?« (V. 2738)
hat Mephistopheles freie Hand.

D 16   *Rousseau: Pygmalion (1770)*

Markierungen: V. 7438 f., 7447, 7460, BA vor 8424. Goethe
urteilte über die *scène lyrique* Rousseaus: »Diese wunder-
liche Produktion schwankt gleichfalls zwischen Natur und
Kunst, mit dem falschen Bestreben, diese in jene aufzulö-
sen. Wir sehen einen Künstler, der das Vollkommenste ge-
leistet hat, und doch nicht Befriedigung darin findet, seine
Idee außer sich, kunstgemäß dargestellt und ihr ein höheres
Leben verliehen zu haben; nein, sie soll auch in das irdische
Leben zu ihm herabgezogen werden. Er will das Höchste,
was Geist und Tat hervorgebracht, durch den gemeinsten
Akt der Sinnlichkeit zerstören« (HA 9, S. 489; *Dichtung und
Wahrheit*, 11. Buch). Der Pygmalion Rousseaus gibt seiner
Statue, die Aphrodite für ihn belebt, den Namen Galathée;
die lyrische Szene vom mythischen Künstler, der sich in sein
Werk verliebt oder der sich den Gegenstand seiner Liebe
selbst produziert, verbindet sich über diesen (im ursprünglichen Mythos nicht mit Pygmalion verknüpften) Namen
mit der Reihe der Galatea-Gemälde einerseits, bei Faust mit
den Projektionen der Helena andererseits, die er »sehnsüchtigster Gewalt / Ins Leben ziehn« will. Die Reihe der Projektionen beginnt mit dem Zauberbild in *Hexenküche*, wo
ihm im Kristallspiegel die künftige Geliebte (vgl. V. 878–
880) oder die Frau Welt oder der »Inbegriff von allen Himmeln« im Bild seiner Seele gezeigt wird. Er erfährt im Betrachten, dass das Bild im Dunst verschwimmt, wenn er sich
zu nahe heranwagt (V. 2434 f.): das bedeutet nach der von
Goethe mit Moritz gleichzeitig zu *Hexenküche* entwickel-

ten Ästhetik, dass er im Betrachten eigennützig nach dem privaten Genuss strebt (vgl. FD 2, S. 304 f., FD 3, 254 f.). – Margarete ist Engels- und Dirnenprojektion Fausts zugleich; in der Szene *Abend* ist er nahe daran, in Achtung vor der Heiligkeit der Engelsprojektion fortzugehen und nicht wiederzukehren; da er dann Mephistopheles die Regie überlässt und sich nach tatsächlicher Flucht in *Wald und Höhle* doch in Versuchung führen lässt, weiß er zugleich, dass er Margarete zerstören wird. – Im 1. Akt des Zweiten Teils wird das Problem durch die Ambivalenz der Zeile 4727 »Am farbigen Abglanz haben wir das Leben« angekündigt – »haben wir« kann heißen ›ist uns gegeben‹ und ›besitzen wir‹; der Umgang mit den Diabildern von Helena und Paris zeigt den Übergang von einer zu der anderen Bedeutung: Faust, obwohl er »das Fratzengeisterspiel« doch selbst macht (V. 6546), greift in den Vorführapparat, um Paris aus dem Bild zu beseitigen und sich selbst an seine Stelle zu setzen. Er verfällt damit genau der Täuschung des »Habens«, denn als er sie zuerst sieht, erfährt er nicht ein Objektives, sondern »tief im Sinn / Der Schönheit Quelle reichlichstens ergossen« und schließt wieder eine Wette ab: »Verschwinde mir des Lebens Atemkraft, / Wenn ich mich je von Dir zurückgewöhne!« (V. 6487–94). In der Tat, mit dem Griff nach der »Fratzengeister«-Helena verschwindet ihm »des Lebens Atemkraft«; sein Leben geht mindestens für die zwei folgenden Akte nur im Kopf weiter. – Im 2. Akt erklärt Chiron ihm deutlich, Helena sei eine ›mythologische Frau‹, ein Konstrukt der Dichter (V. 7428 f.), ja Faust ist selbst Dichter geworden und hat das Bild von Correggio »Leda mit dem Schwan« in poetischen Schweifreimstrophen rekonstruiert und in die fremde Landschaft »geschickt« (V. 7271–7312), d. h. die Zeugung der Helena noch einmal poetisch inszeniert. Aber nun will er diese mythologische Frau »sehnsüchtigster Gewalt, / Ins Leben ziehn« (V. 7438 f.), ein Projekt, für das Chiron ihn für »verrückt« erklärt (V. 7447). – Im 3. Akt findet Faust tatsächlich die Lösung des Pygmalion-Problems: der ganze Akt ist ein »Stück« (BA nach V. 10038), das heißt, die auftretende Helena ist gar nicht eine irgendwie historische Frau, sondern eine poetische Figur in einem klassizistischen Fragment, einem fragmentarischen Ritterstück und einem fragmentarischen Singspiel, und Faust ist nicht Faust, sondern ein Kreuzritterfürst, ein arkadischer Schäfer, der mit der Helena-Figur einen Sohn Euphorion hat. Faust spielt Rollen (wie auch Mephistopheles) mit einer unbekannten Schauspielerin, die Helena in drei Rollen spielt und vielleicht eine Art mythischen Substrats aller von Dichtern erfundenen und erfindbaren Helenen ist, die auch über ihre Rolle mitbestimmt und Poetin ihrer selbst ist (V. 7433 f.) wie Faust und Mephistopheles. Da sie am Ende ihrer homerischen Erscheinung und Wesensart völlig entfremdet ist, und Euphorion der Überlebendige aus Langeweile sich zu Tode gestürzt hat, verlässt sie auch Euphorion. Faust. Möglicherweise war sie ein Gespenst, wie Euripides behauptet. Jedenfalls hat sich das Pygmalion-Problem, dem Faust am Ende wieder unterlag, indem er die höchste Schönheit unsichtbar in ein arkadisch-literarisches Felsental einsperrte und sie damit endgültig verlor, damit gelöst: Faust ist nicht mehr Dichter, in seiner Welt gibt es keine sichtbare Schönheit mehr, nur noch die Seelenschönheit der ehemaligen Margarete (V. 10064).

D 17   *Lessing: Minna von Barnhelm (1767)*

Die Markierung ist in diesem Fall nicht an einzelnen Textstellen, sondern in der auffälligen Vierzahl der ›Gelehrten‹ und ihrer Travestie in *Auerbachs Keller* zu finden. Denis Diderot hatte in seiner Dramentheorie des *genre sérieux* vorgeschlagen, nicht mehr Einzelhelden oder bloße Typen auf die Bühne zu stellen, sondern Menschen in bestimmten beruflichen oder gesellschaftlichen Situationen. Lessing hatte *Das Theater des Herrn Diderot* übersetzt, samt seinen Musterstücken vom *Familienvater* und vom *Natürlichen Sohn* (1760). Er erkannte, dass bei Diderots Forderung ent-

weder die charakteristische Individualität einer Figur oder
die soziologisch geforderte Vollständigkeit der Problemdar-
stellung verloren gehen müsse, wenn man z. B. an einem
einzigen unehelichen Sohn alle möglichen oder typischen
Verhältnisse und Schwierigkeiten einer solchen gesellschaftlichen Lage zeigen wollte. Er löste die dramaturgische Aufgabe, indem er in *Minna von Barnhelm* vier Soldaten in
verschiedenen Rängen, Altersstufen, Charakterisierungen
auftreten ließ: Tellheim, Werner, Just, Riccaut. Ein Gelehrtenquartett mit derselben inneren Struktur stellt Goethe auf
die Bühne: Faust, Wagner, Schüler, Mephistopheles (als
Faust in der Schülerszene); in *Auerbachs Keller* ebenso Altmayer, Brander, Frosch und das alte Weinfass Siebel. Im
Gelehrtendrama geht es Goethe wie Lessing darum, ein
Stück »von spezifisch temporärem Gehalt« (HA 9, S. 281;
Dichtung und Wahrheit, 7. Buch) zu schreiben; wie dieser
die desolate Situation der preußischen Soldaten nach dem
Siebenjährigen Krieg, so wollte Goethe die ebenso desolate
Situation von Gelehrten nach dem Zusammenbruch des
Glaubens an die Möglichkeit, Wahrheit zu finden, zur Dar-
stellung bringen. Gelehrte am Ende des Optimismus der
Aufklärung: das geht in dieser »spezifisch temporären« Le-
sung aus dem Bezug zu Lessings tragischer Komödie her-
vor.

D 18 *Lessing: Emilia Galotti (1772)*

Markierung: Konstellation Prinz – Marinelli – Emilia wie
Faust – Mephistopheles – Margarete; der Schlusssatz von
Lessings Stück: »Ist es zum Unglücke so mancher nicht genug, dass Fürsten Menschen sind; müssen sich auch noch
Teufel in ihren Freund verstellen?« (V,8) legt die Durchführung eines Bürgerlichen Trauerspiels mit einem Gesellen
Fausts, der aus einem veritablen Teufel hervorgegangen ist
und ihn in sich trägt, gewissermaßen nahe und lässt die Erweiterung des Faust-Stoffes um das Bürgerliche Trauerspiel
des Gretchendramas plausibel erscheinen. Goethe lässt nun

Margarete weit über Emilia hinauswachsen, was wiederum
die das Bürgerliche Trauerspiel überfrachtende Figur des veritablen Teufels rechtfertigt: Emilia erschrickt in V,7 vor sich
selbst; ihre Unschuld sei zwar über alle Gewalt erhaben:
»Aber nicht über alle Verführung. [...] Ich habe Blut, mein
Vater, so jugendliches, so warmes Blut als eine. Auch meine
Sinne sind Sinne. Ich stehe für nichts. Ich bin für nichts gut.
Ich kenne das Haus der Grimaldi. Es ist das Haus der
Freude. Eine Stunde da, unter den Augen meiner Mutter;
und es erhob sich so mancher Tumult in meiner Seele, den
die strengsten Übungen der Religion kaum in Wochen be-
sänftigen konnten. – Der Religion! Und welcher Religion?
– Nichts Schlimmers zu vermeiden, sprangen Tausende in
die Fluten und sind Heilige!« Auch Margarete hat die Tu-
gendmaßstäbe der »Religion« und der Gesellschaft internalisiert (V. 3577–83); auch sie hat »Blut« und »Sinne«
(V. 3374–3413), aber sie stellt sich dem Sündenvorwurf und
rechtfertigt unter Anrufung Gottes genau das, was sie zur
Sünde trieb (V. 3585 f.). Sie verändert damit die »Religion«
der Emilia und ihrer eigenen Gesellschaft zur Heiligung einer zwischen Körper und Geist, »Blut« und Eros ungeteil-
ten Liebe, die von Mephistopheles nach altem Maßstab verdammt, vom Himmel nach offensichtlich neuen Kriterien
anerkannt wird. Diese religiöse Dimension rechtfertigt die
dem Bürgerlichen Trauerspiel sonst fremde Einführung des
Teufels statt eines teuflischen Menschen wie Marinelli, Ha-
senpoth, Wurm und anderen dergleichen Figuren. Die intertextuelle Beziehung zu Lessings Bürgerlichem Trauerspiel
Emilia Galotti ist also für das Gretchendrama so bedeutend
wie die zur *comédie sérieuse Minna von Barnhelm* für das
Gelehrtendrama. Auch die Lesart der *Emilia Galotti* als
Tragödie – das Scheitern im Versuch, das von andern auf sie
projizierte Bild im Leben zu verwirklichen – wird im Gretchendrama gesteigert: Margarete scheitert im Versuch,
Fausts zwei Bilder von ihr – Engel und Dirne – zu verwirklichen.

2. Lesarten (intratextuelle Beziehungen)

Innertexliche Beziehungen im *Faust* entstehen dadurch, dass Goethe erkennbar Themen und Probleme behandelt, die seinen Text fast wie eine theoretische Abhandlung lesbar machen und ihn sowohl in sich, komplementär zu der äußeren Selbstständigkeit der Teile, durchgängig verbinden wie auch nach außen hin in die entsprechenden Diskurse und Diskussionen seiner Zeit einbeziehen. Vorbild in dieser Hinsicht waren ihm wohl Lessings *Minna von Barnhelm* (vgl. **D 17**) mit ihrem »spezifisch temporären Gehalt« und die daran sich orientierenden Zeitstücke wie Lenz' *Hofmeister* oder *Soldaten*, in denen zeitgenössische Themen diskutiert wurden. Goethe ging insoweit darüber hinaus, als er die sieben wichtigsten und durchgängig geführten Themen in einem der sieben ›Akte‹ (zwei Dramen des Ersten Teils, 5 Akte des Zweiten) systematisch entfaltete und dies einerseits im Zusammenhang mit den Entgrenzungs- und Gottwerdungsversuchen Fausts tat, andererseits im Sinne einer Bilanzierung der Neuzeit durchführte. Mit den sieben Entgrenzungsversuchen folgte er der Anthropologie des Renaissancephilosophen Ficino, der sieben Dimensionen beschrieb, in denen die Seele Gott zu werden drängt (dazu ausführlich FD 3, S. 114–119); die besondere Ausrichtung der Neuzeit sah Goethe darin, dass sie sich strebend und damit irrend auf je eine dieser Dimensionen konzentriert und wegen der Vernachlässigung der anderen Richtungen mit jedem dieser Versuche scheitert. Alle Richtungen werden also kontinuierlich beschritten, die Konzentration auf jeweils eine davon erzeugt die »exzentrische Positionalität« und das unglückliche Bewusstsein Fausts, bedingt den momentanen rasanten Fortschritt und das Scheitern der jeweiligen Projekte, die allerdings immer höher und anspruchsvoller ansetzen.

In den Kommentaren zum Gelehrten- bzw. zum Gretchendrama wurde schon auf die zwei ersten Strebungen nach absoluter Erkenntnis und absolutem Gut bzw. nach der Allheit der Dinge hingewiesen; die weiteren Strebungen werden in den Kommentaren zu den Akten des Zweiten Teils besprochen. Hier folgen kurze Hinweise auf wesentliche thematische Zusammenhänge, die aus den Dimensionen der anthropologischen Entwicklung sich ergeben und aus den Strebungen folgen oder sie vorbereiten. Pauschal sei verwiesen auf die jeweils den ganzen Text durchwandernde Darstellung der folgenden Lesarten in FD 3, S. 152–713.

D 19   *Religiöse Lesart (vgl. FD 3, S. 152–240)*

Schwerpunkt im Gelehrtendrama, wo Faust versucht, die Erkenntnis und Schaffenskraft Gottes, repräsentiert durch Makrokosmos- und Erdgeistzeichen und ihre Metamorphosen in den zwei Seelen, im paulinischen und johanneischen Christentum, in Fausts Wette mit sich selbst, zu erringen (V. 614–621). Theologisch wird im Ersten Teil zwischen *Prolog im Himmel* und *Walpurgisnacht* ein System von himmlischen und höllischen Männergottheiten aufgespannt, im Zweiten Teil zwischen Müttern und MATER GLORIOSA ein System von oberen und unteren Frauengottheiten. Im Ersten Teil wird eine Frau gerettet, im Zweiten ein Mann. Sinnvoll ist es, neben diesen mythischen Figurationen des Göttlichen die diskursspezifischen im Auge zu behalten, z. B. Leben oder Licht im naturphilosophischen, Gold im ökonomischen Diskurs, oder die Reduktion all dieser figurativen Entfaltungen auf Prinzipien wie Bejahung/Verneinung (V. 1338) oder das männlich drängende und das weiblich ziehende Prinzip (V. 12110 f.) zu bedenken. In die zeitgenössische Religionsdiskussion schaltete Goethe sich durch diesen sorgfältig gestalteten »vollkommnen Widerspruch« (V. 1557) in der Weise ein, dass die Dichtung sich selbst und die Welt als Herrlichkeit (V. 250) zeigt, d. h. als ambi-valente erhabene Erscheinung und geheimnisvolle Offenbarung des unfassbaren Lebens und Lichtes der Welt.

D 20   *Naturphilosophische Lesart (vgl. FD 3, S. 241–295)*

Eng mit dem Schluss von **D 19**, der Herrlichkeit und dem Leben, verknüpft ist die Lesart, die von der Allheit ausgehend die ordnenden und energetischen Prinzipien darin zu erfassen sucht. Diese Lesart wird im Gretchendrama entfaltet; *Wald und Höhle* ist eine zentrale Szene. Vor allem im Zweiten Teil führt Goethe über längere Strecken und in schlagenden Bildern einzelwissenschaftliche Diskussionen aus Alchimie/Chemie, Physik, Geologie, Biologie durch, ist aber sichtlich bemüht, das Prinzip des »vollkommnen Widerspruchs« auch hier durchzuführen: Vulkanist und Neptunist werden im 2. Akt trotz Goethes Neigung zum Neptunismus beide zum Spott; auch hier führt die Dichtung auf das zwischen zwei Meinungen liegende Problem, das nie endgültig gelöst werden kann. Naturphilosophische Grundbegriffe wie Kraft, Ordnung, Organisation haben dieselbe Struktur des »offenbaren Geheimnisses« und seiner »Gestaltung, Umgestaltung«.

D 21   *Magische Lesart (vgl. FD 3, S. 296–391)*

Mit den Sätzen »Drum hab ich mich der Magie ergeben« (V. 377) und »Könnt ich Magie von meinem Pfad entfernen« (V. 11404) spannt Goethe einen großen Bogen über den *Faust*. Der Kenner der Renaissancemagie und der Magie des 18. Jahrhunderts identifizierte in seiner Zeit viele Phänomene als magisch, womit nicht etwa Zauberkunststücke zu bezeichnen sind, sondern beobachtbare Wirkungen ohne naturwissenschaftlich nachweisbare Ursachen. Das sind vor allem zwischenmenschliche Phänomene wie auratische, psychische, soziale Wirkungen, die auf der Einbildungskraft, der Fähigkeit bei Sender und Empfänger beruhen, sich ›in etwas hineinzusteigern‹, und Phantasmen für bare Wirklichkeit zu nehmen und diese im zwischenmenschlichen Verkehr zu befestigen. Fausts Anrede »Mein schönes Fräulein« (V. 2605) ist das fingierte Missverständnis, dieses Bürgermädchen könnte eine Adlige sein, und setzt bei ihr die

Phantasie sozialer Emanzipation in Gang. Das Papiergeld, das Mephistopheles im 1. Akt des Zweiten Teils einführt, beruht auf verabredeter kollektiver Täuschung; es hat keine Deckung in Realwerten, sondern funktioniert nur, solange jeder vom andern glaubt, er glaube an die Zahlungskraft des Papiers. Und so weiter; die Magie hört nach dem Satz von der Unmöglichkeit, sich von Magie zu befreien, nicht auf, sondern wird von Faust am Schluss souverän eingesetzt: er äußert den Wett-Satz vom schönen Augenblick in einem Moment, wo er nicht zutrifft, und setzt durch den bloßen Buchstaben den Mechanismus seiner Tötung in Gang, zu der Mephistopheles aber keine sachliche Berechtigung hat.

D 22   Geschichtliche Lesart (vgl. FD 3, S. 392–508)

Von der *Zueignung*, die die Geschichtlichkeit des poetischen Prozesses thematisiert, bis zur MATER GLORIOSA, die als »Göttin« (V. 12102) den verschwundenen HERRN des *Prologs im Himmel* ablöst, wird jede Figur, jede Situation, jede Handlungsentwicklung im *Faust* in ihrer Geschichtlichkeit zum Bewusstsein gebracht. Religionsvorstellungen sind geschichtlich – der Herr hat sich das Lachen abgewöhnt (V. 278), sein Gegner heißt nicht Satan, sondern Mephistopheles, und das Objekt ihrer zynischen Wette heißt nicht Hiob, sondern Faust und ist »Doktor« (V. 299), also einer, der das Buch Hiob »durchaus studiert« hat (V. 357). Dieser Faust trägt mit seiner Knittelversrede im ersten Monolog Züge des Renaissancemagiers und wird durch das Stück hindurch begleitet bis zum Großunternehmer, Kolonialherrn und Imperialisten, wobei in den einzelnen Akten chronologische Markierungen wie technische Entdeckungen oder spektakuläre Ereignisse den Fortschritt durch die Zeit andeuten. Entwicklungslinien wie die Modernisierung des Bösen (V. 2495–2511) oder die von *Hexenküche* bis zum Ende des 3. Akts geführte Suche nach Helena durchziehen den Text als Steigerungsprozesse oder das »seit Jahrhunderten immer größer und breiter werdende« Gorgonenhaupt

(FD 1, S. 603) der Hölle, die die Menschheit sich selbst bereitet. Das sentimentalisch gespaltene neuzeitliche Bewusstsein ist präsent und wird inszeniert durch die kontinuierlich geführte Gleichzeitigkeit von Vergangenem und Gegenwärtigem, Progress und Retardation: auf dem Gebiet der literarischen Gattung konfrontiert das Gelehrtendrama das Warndrama der Renaissance mit der *comédie sérieuse* der Goethezeit; der über dreitausend Jahre gespannte 3. Akt lässt attische Tragödie, Ritteroper und Oper sowie ihre modernen Adaptationen in Klassizismus, Romantik und Oper des 19. Jahrhunderts dialogieren. Damit ist *Faust* zugleich ein an historischen Bildern und Beispielen geführter geschichtsphilosophischer Text.

D 23 *Soziologische Lesart (vgl. FD 3, S. 509–580)*

Von der gesellschaftlichen Lage der Gelehrten in einer Epoche der Skepsis und des Erkenntniszweifels (dargestellt für Renaissance und Goethezeit) bis zur saint-simonistischen Gesellschaftsutopie von »freiem Grund mit freiem Volke« ziehen sich durch den *Faust* Analysen und Entwürfe von Gesellschaften; die bürgerliche Emanzipation des 18. Jahrhunderts mit dem Preis, den die Heldinnen der Bürgerlichen Trauerspiele dafür zu zahlen hatten, zeigt sich im Gretchendrama; der 1. Akt des Zweiten Teils führt die Umstrukturierung der Gesellschaft durch das Geld vor, der 2. Akt spielt in der *Klassischen Walpurgisnacht* eine Reihe soziologischer Formationen durch; der 3. Akt entfaltet eine historische Reihe von Herrscherbildern (Menelaos bis Faust in Arkadien), der 4. Akt analysiert mit den Drei Gewaltigen, die Faust von da an begleiten, unterstützen und bedrohen, die Phänomene der modernen von Aggressivität, Habgier und Geiz gelenkten Massengesellschaft, »Urgebirgs Urmenschenkraft« (V. 10317).

D 24　*Ökonomische Lesart (vgl. FD 3, S. 581–638)*

Nicht erst die Papiergeldschöpfung im 1. Akt des Zweiten
Teils eröffnet die ökonomische Lesart, sondern die Rede
vom Mangel an »Gut« und »Geld« im Monolog des Gelehrten (V. 374), dem sein technischer Berater dann auch
klarmacht, dass man sich mit Geld sechs Hengste, ihre
Kräfte, Geschwindigkeit und das gesellschaftliche Ansehen
des Herrn kaufen kann, der sechsspännig fährt. Was das
Kästchen mit dem Gold und Schmuck bei Margarete bewirkt, braucht nicht beschrieben zu werden; schon *Hexenküche* hat eine allegorische Lesart, die den Übergang vom
Merkantilismus über die Physiokratie-Versuche zum Kapi-
talismus als Parallelentwicklung der zur Französischen Revolution führenden Ereignisse darlegt. Die ökonomische
Relevanz der Papiergeld-Einführung bis zum Kolonialismus, der die Reichtümer der ganzen Welt in Fausts Palast
häuft, liegt auf der Hand und markiert die ökonomische
Entwicklung Europas bis etwa 1830.

D 25　*Anthropologische Lesart (vgl. FD 3, S. 639–713)*

Fausts erster Monolog beginnt mit einem anthropologischen Problem, das Goethe zeitlebens beschäftigte: der
gleichzeitigen Unbedingtheit und Beschränkung des Menschen (kosmologisch, theologisch und anthropologisch er-
örtert in *Dichtung und Wahrheit*, Ende des 8. Buchs: unbedingt durch die alldurchwaltende göttliche Lebensenergie,
die im Menschen als »dunkler Drang« (vgl. V. 328) oder
Eros (V. 8479) wirkt, beschränkt durch die Kreatürlichkeit,
die Endlichkeit, das Dasein in Raum und Zeit, die Begrenzung der Kräfte und Fähigkeiten. Das Problem begleitet
den Menschen und tritt bei Faust gleich anfangs als Diskre-
panz zwischen unendlichem Wissenwollen und Begrenzung
des Wissens auf, hier aber tragisch verschärft durch eine
Forderung nach endgültigem absolut wahrem Wissen, wie
die Neuzeit sie an die Erkenntnis stellte. Konnte bis zum
Beginn der Neuzeit das Offenbarungswissen aus der Schrift

immer als das Wissen betrachtet werden, das Gott dem Menschen als für sein Dasein brauchbar zumisst, so ist gerade die Faustfigur der *Historia von D. Johann Fausten* dadurch gekennzeichnet, dass sie mit diesem von oben und aus Büchern erhältlichen Wissen nicht zufrieden ist und sich deshalb auf die Magie und auf die Empirie einlässt. Dieses neuzeitliche Streben nach absolutem Wissen verschärft den anthropologischen Widerspruch tragisch: Goethes Faustfigur leidet verzweifelnd daran, »dass wir nichts wissen können« (V. 364 f.). Die Tragik des Widerspruchs zwischen Unbedingtheit und Beschränkung ist also zugleich anthropologisch absolute und durch die Verschärfung in der Neuzeit kulturanthropologisch begründete Tragik. Der Grundwiderspruch und seine Radikalisierung zeigt sich nicht nur hinsichtlich der Wahrheit und der Schöpferkraft (V. 615, 620), sondern in jedem der Versuche Fausts, die menschlichen Grenzen zu durchstoßen – alle Dinge zu werden (Gretchendrama), alles zu leisten (1. Akt), überall und immer zu sein (2. Akt), die göttlichen Herrschertugenden zu besitzen (3. Akt), höchsten Reichtum und höchste Lust zu erringen (4. Akt), sich zu verehren wie Gott (5. Akt) –, so dass es gerechtfertigt ist, den Titel *Faust. Eine Tragödie* im Sinne der Tragödie des Menschen und des neuzeitlichen Menschen ernst zu nehmen. Auch die Apotheose im 5. Akt ist tragisch, weil Fausts letzte Strebung, die Spur seiner Erdetage auf Äonen hinaus zu bewahren, nicht eingelöst wird: von seinem »Unsterblichen« wird im Himmel jeder peinliche Erdenrest von Fausts Individualität abgestreift, übrig bleibt die durch Lebensmühe aufgeladene Energie, und das große Werk des paradiesischen Landes ist einerseits durch einen Sumpf verpestet und wird andererseits von Neptun dem Wasserteufel verschlungen werden (V. 11546 f.).

3. Literarische Zeitbezüge
(chronotextuelle Beziehungen)

D 26   *Literarische Reihe*

Die chronologische Entwicklung durch den *Faust I* hindurch wird durch eine Reihe von Zitierungen zeitcharakteristischer Literaturformen markiert, die im Gelehrtendrama vom Osterspiel des Spätmittelalters bis zu den Volksliedertravestien der späten siebziger Jahre des 18. Jahrhunderts in *Auerbachs Keller* der Literaturentwicklung folgt; im Gretchendrama wird die im letzten Drittel des Jahrhunderts gängige poetische Praxis benutzt, in immer weiterem Rückgriff ältere Literaturformen zu modernisieren, angefangen von Margaretes Thule-Ballade bis zum authentisch unveränderten Lied aus dem Märchen vom Machandelboom. Die literarische Reihe wird am Ende der Szenenkommentare jeweils angesprochen.

III. Textvorlagen

In einigen Szenen des *Faust* hat Goethe Texte anderer Dichter nicht nur mit kurzen Anspielungen markiert, sondern einer ganzen Passage zugrunde gelegt und sie immer in bedeutungsvoller Weise »neu gebraucht« (Herder), d. h. dem in ihnen behandelten Gegenstand eine neue Wendung, Modernisierung, Vertiefung gegeben. Umgekehrt verleiht er damit seinem eigenen Text geschichtliches Profil. Dasselbe Verfahren lässt sich bei den von ihm benutzten Kupferstichen beobachten (Abb. 7 und 10, oben S. 128 und 186 f.). Die Texte sind im Kommentar mit der Sigle **T** und der hier folgenden Nummerierung (die ihrer chronologischen Entstehung folgt) angeführt.

T 1 *Thomas von Celano (1190–1260): Dies irae*

In commemoratione omnium animarum	Die Sequenz der Totenmesse
Dies irae, dies illa Solvet saeclum in favilla Teste David cum Sibylla.	Tag des Zornes – er wird tagen, / wird die Welt in Staub zerschlagen, / Wie Sibyll und David sagen.
Quantus tremor est futurus, Quando iudex est venturus, Cuncta stricte discussurus!	Welches Grauen wird sich regen, / Ist der Richter auf den Wegen, / Streng sein Urteil abzulegen!
Tuba mirum spargens sonum Per sepulcra regionum Coget omnes ante thronum.	Die Drommeten furchtbar klingen / Und bis in die Gräber dringen, / Alle vor den Thron zu bringen.

Mors stupebit et natura,   Schaudern werden Tod und Le-
Cum resurget creatura   ben, / Wenn sich die Geschöpf
Iudicanti responsura.   erheben, / Sich zum Richter zu
                                  begeben.

Liber scriptus proferetur,   Jenes Buch wird nachgesehen, /
In quo totum continetur,   In dem alle Urteil stehen, / Wie
Unde mundus iudicetur.   sie dieser Welt ergehen.

Iudex ergo cum censebit   Kommt der Richter zum Ge-
Quidquid latet, apparebit,   richte, / Drängt Verborgenes
Nil inultum remanebit.   zum Lichte, / Ungesühntes
                                  wird zunichte.

Quid sum miser tunc   Was soll dann ich, Ärmster, sa-
                dicturus,   gen, / Welchen Schutzherrn soll
Quem patronum rogaturus,   ich fragen, / Da Gerechte fast
Cum vix iustus sit securus?   verzagen?

Rex tremendae maiestatis,   Strenge Majestät, dich rege, /
Qui salvandos salvas gratis,   Du der Schwachen liebe
Salva me, fons pietatis.   Pflege, / Quell der Güte, mich
                                  umhege!

Recordare, Iesu pie,   Jesus, laß ins Ohr dir schallen: /
Quod sum causa tuae viae,   Ich zwang dich zum Erdenwal-
Ne me perdas illa die.   len, / Laß mich an dem Tag
                                  nicht fallen!

Quaerens me sedisti lassus,   Mich zu suchen schuf dir Pla-
Redemisti crucem passus,   gen, / Löstest mich, ans Kreuz
Tantus labor non sit cassus.   geschlagen, / Solches Mühn
                                  muß Segen tragen!

Iuste iudex ultionis,
Donum fac remissionis
Ante diem rationis.

Du gerechter Richter, leihen / Wolltest du mir dein Verzeihen, / Eh ich muß dem Tod mich weihen.

Ingemisco tamquam reus,
Culpa rubet vultus meus,
Supplicanti parce, Deus.

Ach, ich seufz nach Sünders Sitte, / Röte deckt des Antlitz' Mitte: / Schon mich, Gott, da ich dich bitte!

Qui Mariam absolvisti,
Et latronem exaudisti,
Mihi quoque spem dedisti,

Der du die Marie entsündet / Und dem Schächer Heil verkündet, / Hast auch Hoffnung mir entzündet.

Preces meae non sunt
                    dignae,
Sed tu, bonus, fac benigne,
Ne perenni cremer igne.

Nicht verdients mein innig Flehen, / Doch laß gnädig nicht geschehen, / Mich in ewger Glut vergehen.

Inter oves locum praesta
Et ab hoedis me sequestra
Statuens in parte dextra.

Laß mich bei den Schafen weiden, / Wollest mich von Bökken scheiden / Und zu deiner Rechten leiden!

Confutatis maledictis,
Flammis acribus addictis
Voca me cum benedictis!

Sind die Schlechten vergenommen / Und in Feuerglut gekommen, / Ach, dann ruf mich mit den Frommen!

Oro supplex et acclinis,
Cor contritum quasi cinis,
Gere curam mei finis!

Demutsvoll mein Flehn ich sende, / Staubzermalmt im Herzen: wende / Sorgend dich zu mir am Ende!

———————   ———————

Lacrimosa dies illa,	Jenen Tag wirds Tränen ge-
Qua resurgit ex favilla	ben, / Wenn die Menschen sich
Iudicandus homo reus;	erheben / Aus dem Staub zum
Huic ergo parce, Deus.	Richterthrone / Schuldbeladen:
	Gott, sie schone!

Pie Iesu Domine,	Lieber Jesus, Herrscher du,
Dona eis requiem!	Schenke ihnen ewge Ruh!

Hymnen und Vagantenlieder. Lateinische Lyrik des Mittelalters mit deutschen Versen. Hrsg. von Karl Langosch. Darmstadt: Wissenschaftliche Buchgesellschaft, ⁴1975. S. 86–89.

T 2 *Jacopone da Todi (gest. 1306): Stabat mater*

De compassione beatae Mariae	Maria unter dem Kreuz
Stabat mater dolorosa	Unterm Kreuz die schmerzens-
Iuxta crucem lacrimosa,	reiche / Mutter stand, die trä-
Dum pendebat filius,	nenbleiche, / Als ihr Sohn ge-
Cuius animam gementem,	kreuzigt ward; / Durch ihr
Contristantem et dolentem	Herz das klagerfüllte, / Das
pertransivit gladius.	betrübte, schmerzumhüllte /
	Drang das Schwert des Kum-
	mers hart.

O quam tristis et afflicta	Wie war traurig, angstbeladen /
Fuit illa benedicta	Diese Mutter voller Gnaden /
Mater unigeniti,	Um den eingebornen Sohn! /
Quae maerebat et dolebat	Wie sie litt und wie sie bebte, /
Et tremebat, dum videbat	Zitterte, als sie erlebte / Des er-
Nati poenas incliti.	wählten Sohnes Hohn!

Quis est homo, qui non
          fleret,
Matrem Christi si videret
  In tanto supplicio?
Quis non posset contristari,
Piam matrem contemplari
  Dolentem cum filio?

Wem wird nicht die Zähre kommen, / Der Maria wahrgenommen / In des Grames Bitterkeit? / Wen nicht Trauer mitumfangen, / Der Maria sieht so bangen, / Leiden mit des Sohnes Leid?

Pro peccatis suae gentis
Vidit Jesum in tormentis
  Et flagellis subditum;
Vidit suum dulcem natum
Morientem, desolatum,
  Dum emisit spiritum.

Ach, für seines Volks Vergehen / Mußt sie Jesum Christum sehen, / Wie ihn Pein und Geißel schlug, / Sehen auch den Sohn, den lieben, / Ohne Trost im Tod geblieben / Bis zum letzten Atemzug.

Pia mater, fons amoris,
Me sentire vim doloris
  Fac, ut tecum lugeam;
Fac, ut ardeat cor meum
In amando Christum Deum,
  Ut sibi complaceam.

Mutter, Liebesquell, mich lehre / Spüren deines Schmerzes Schwere, / Daß wie du betrübt ich bin; / Wolltest mir das Herz entzünden, / Meine Lieb in Christus gründen, / Daß ich seine Gnad gewinn!

Sancta mater, istud agas,
Crucifixi fige plagas
  Cordi meo valide,
Tui nati vulnerati,
Tam dignati pro me pati,
  Poenas mecum divide!

Heilge Mutter, laß gelingen, / Daß mir Christi Wundmal dringen / Kräftig in das Herz hinein! / Deines Sohns, der meinetwegen / Sich die Qual ließ auferlegen, – / Gib mir von des wunden Pein!

Fac me vere tecum flere,
Crucifixo condolere,
   Donec ego vixero;
Iuxta crucem tecum stare
Et me tibi sociare
   In planctu desidero.

Laß mit dir mich wahrhaft weinen, / Mich mit Christi Schmerz vereinen, / Bis mein Leben ich verlier! / Unterm Kreuz mit dir zu weilen / Und das Leid mit dir zu teilen, / Das erflehe ich von dir.

Virgo virginum praeclara,
Mihi iam non sis amara,
   Fac me tecum plangere,
Fac, ut portem Christi
              mortem,
Passionis fac consortem
   Et plagas recolere!

Jungfrau der Jungfrauen hehre, / Eines mir nicht mehr verwehre: / Mit dir trauern möchte ich; / Laß mich Christi Tod mittragen, / Wie man ihn ans Kreuz geschlagen, / Wie er litt, laß fühlen mich!

Fac me plagis vulnerari,
Cruce fac inebriari
   Et cruore filii;
Flammis ne urar succensus
Per te, virgo, sim defensus
   In die iudicii!

Laß die Wundmal in mich schlagen, / Laß das Kreuz mich trunken tragen, / Spüren auch des Sohnes Blut! / Daß nicht Flammen mich verschlingen, / Wollst am jüngsten Tag mir bringen, / Jungfrau, deine Hilf und Hut!

Christe, cum sit hinc exire,
Da per matrem me venire
   Ad palmam victoriae;
Quando corpus morietur,
Fac, ut anima donetur
   Paradisi gloriae!

Christus, scheid ich todumfangen, / Durch die Mutter laß gelangen / Mich zu Siegespalm und Preis! / Werden meine Glieder sterben, / Laß die Seele doch erwerben / Das beglänzte Paradeis!

Ebd. S. 44–47.

T 3 *William Shakespeare: Ophelias Lied*
    (Hamlet IV,5; 1601)

Ophelias Liedchen »To-morrow is Saint-Valentine's day« in
Szene IV,5 von Shakespeares *Hamlet, Prince of Denmark*
liegt Mephistos »moralisch Lied« V. 3682–97 zugrunde.
Goethe benutzte die Übersetzung August Wilhelm von
Schlegels:

> Auf morgen ist Sankt Valentins Tag,
>   Wohl an der Zeit noch früh,
> Und ich, 'ne Maid, am Fensterschlag
>   Will sein eu'r Valentin.
>
> Er war bereit, tät an sein Kleid,
>   Tät auf die Kammertür,
> Ließ ein die Maid, die als 'ne Maid
>   Ging nimmer mehr herfür.
>
> Bei unsrer Frau und Sankt Kathrin!
>   O pfui! was soll das sein?
> Ein junger Mann tuts wenn er kann,
>   Beim Himmel, 's ist nicht fein.
>
> Sie sprach: eh ihr gescherzt mit mir,
>   Gelobtet ihr mich zu frein.

Er antwortet:
> Ich brächs auch nicht, beim Sonnenlicht!
>   Wärst du nicht kommen herein.

Shakspeare's dramatische Werke. Übers. von Au-
gust Wilhelm von Schlegel und Ludwig Tieck.
Neue Ausg. in 9 Bdn. Bd. 4. Berlin: Reimer, 1854.
S. 445.

T 4   *William Shakespeare:*
         Desdemonas Lied von der Weide (Othello IV,3; 1604)

In Shakespeares *Othello, the Moor of Venice* IV,3 lässt sich
Desdemona, die Frau des eifersüchtig gemachten Othello,
voll von Todesahnungen von ihrer Kammerfrau Emilia auskleiden:

DESDEMONA.
   My mother had a maid call'd Barbara;
   She was in love, and he she lov'd prov'd mad
   And did forsake her; she had a song of »willow«;
   An old thing 't was, but it express'd her fortune,
   And she died singing it; that song to-night
   Will not go from my mind; I have much to do
   But to go hang my head all at one side,
   And sing it like poor Barbara. [...]
      The poor soul sat sighing by a sycamore tree,
         Sing all a green willow;
      Her hand on her bosom, her head on her knee,
         Sing willow, willow, willow:
      The fresh streams ran by her, and murmur'd her moans;
         Sing willow, willow, willow:
      Her salt tears fell from her, and soften'd the stones; –

DESDEMONA. Meine Mutter hatt' ein Mädchen – Bärbel hieß
sie –, / Die war verliebt, und treulos ward ihr Schatz / Und
lief davon. Sie hatt' ein Lied von Weide, / Ein altes Ding,
doch paßt' es für ihr Leid; / Sie starb, indem sie's sang. Das
Lied heut nacht / Kommt mir nicht aus dem Sinn; ich hab zu
schaffen, / Daß ich nicht auch den Kopf so häng und singe /
Wie's arme Bärbel. [...] / *Das Mägdlein saß singend am Fei-*
genbaum früh, / Singt Weide, grüne Weide! / Die Hand auf
dem Busen, das Haupt auf dem Knie, / Singt Weide, Weide,
Weide! / Das Bächlein, es murmelt und stimmet mit ein; /
Singt Weide, grüne Weide! / Heiß rollt ihr die Trän'
und erweicht das Gestein; /

Lay by these: –
> *Sing willow, willow, willow:*

Prithee, hie thee; he'll come anon. –
> *Sing all a green willow must be my garland.*
> *Let nobody blame him, his scorn I approve* –

Nay, that's not next. Hark! who is it that knocks?

EMILIA.

It is the wind.

DESDEMONA.

> *I call'd my love false love, but what said he then?*
> *Sing willow, willow, willow:*
> *If I court moe women, you'll couch with moe men.*

> The Complete Works of William Shakespeare. Ed.
> by W. J. Craig. London: Oxford University Press,
> 1954. S. 970.

Leg dies beiseite – / *Singt Weide, Weide, Weide!* / Bitt dich,
mach schnell, er kommt sogleich – / *Von Weiden all flecht ich
mir nun den Kranz* – / *O scheltet ihn nicht, sein Zorn ist mir
recht* – / Nein, das kommt später – horch! wer klopft da? –
EMILIA. Es ist der Wind.
DESDEMONA. *Ich nannt' ihn du Falscher! was sagt' er dazu?* /
Singt Weide, grüne Weide! / *Seh ich nach den Mädeln, nach
den Buben siehst du.*

> William Shakespeare: Othello. Tragöd:e. Übers.
> von Wolf Heinrich Graf Baudissin. Hrsg. von
> Dietrich Klose. Stuttgart: Reclam, 1971. S. 88 f.

T 5 *Molière: Dom Juan ou Le Festin de pierre (1665)*

Der hier vorgelegte Ausschnitt aus der Szene II,2 weist
viele Parallelen zu den Gesprächen zwischen Margarete und
Faust in *Marthes Garten* auf. Die Beziehung zu Molières
Stück ist damit keineswegs erschöpft (s. II, **D 13**).

DOM JUAN *bemerkt Charlotte:* Ei, ei, wo kommt denn dies andere Bauernmädchen her, Sganarell? Hast du schon etwas Hübscheres gesehen? Sprich, findest du nicht, daß die der andern nichts nachgibt?

SGANARELL: Allerdings. *Beiseite:* Wieder mal was Neues!

DON JUAN *zu Charlotte:* Ei mein schönes Kind! Wie komme ich zu solch angenehmer Begegnung? Was! findet man in diesen ländlichen Gefilden, zwischen diesen Bäumen und Felsen, Mädchen wie Euch?

CHARLOTTE: Wie Ihr seht, Herr.

DON JUAN: Seid Ihr aus diesem Dorfe?

CHARLOTTE: Ja, Herr.

DON JUAN: Und Ihr wohnt hier?

CHARLOTTE: Ja, Herr.

DON JUAN: Ihr nennt Euch?

CHARLOTTE: Charlotte, Euch zu dienen.

DON JUAN: Ach, das schöne Mädchen! Und was für durchdringende Augen!

CHARLOTTE: Gnädiger Herr, Ihr macht mich ganz beschämt.

DON JUAN: Ach, Ihr braucht Euch nicht zu schämen, wenn Ihr die Wahrheit hört. Sganarell, was sagst du dazu? Kann man etwas Angenehmeres sehen? – Dreht Euch bitte ein wenig um – wenn's beliebt! Ach, welch hübscher Wuchs! Und nun den Kopf etwas in die Höhe, bitte schön! Ach, was für ein niedliches Gesicht! Schlagt die Augen richtig auf! Ach, wie schön die sind! Laßt auch bitte einmal Eure Zähne sehen. Ach, wie allerliebst sie sind, und was für appetitliche Lippen! Ich bin ganz entzückt und habe noch niemals ein so liebreizendes Wesen gesehen.

CHARLOTTE: Gnädiger Herr, es beliebt Euch so, das zu sagen, und ich weiß nich, ob Ihr mich damit nur aufziehn wollt.

DON JUAN: Ich Euch aufziehen? Behüte mich Gott hiervor! Dazu hab ich Euch viel zu lieb, und ich rede mit Euch recht aus Herzensgrunde.

CHARLOTTE: Wenn das so is, bin ich Euch großen Dank schuldig.

DON JUAN: Durchaus nicht; Ihr seid mir für all das, was ich Euch sage, keinerlei Dank schuldig, Ihr habt es nur Eurer Schönheit zuzuschreiben.

CHARLOTTE: Ach Herr, was Ihr da sagt, is viel zu hoch für mich, und ich hab nich genug Verstand, um Euch zu antworten.

DON JUAN: Sganarell, schau dir mal ihre Hände an.

CHARLOTTE: Pfui, gnädiger Herr, die sin wer weiß wie schwarz.

DON JUAN: Ei, was redet Ihr da! Es sind die schönsten von der Welt. Laßt sie mich küssen, ich bitte Euch.

CHARLOTTE: Ach, Herr, Ihr tut mir zu viel Ehre an. Hätt ich das vorher gewußt, würd ich sie mir bestimmt mit Kleie abgewaschen haben.

DON JUAN: Nun sagt mir auch, schönste Charlotte, Ihr seid doch sicherlich noch nicht verheiratet?

CHARLOTTE: Nein, Herr, aber ich werd es bald sein mit Peter, dem Sohn der Nachbarin Simonette.

DON JUAN: Was! Ein Mädchen wie Ihr sollte die Frau eines gewöhnlichen Bauern werden? Nein, nein, das hieße solch große Schönheit entweihen, und Ihr seid nicht geboren, um in einem Dorf zu leben. Ihr verdient ohne Zweifel ein besseres Schicksal; und weil der Himmel das wohl weiß, hat er mich eigens hierhergeführt, damit ich diese Heirat verhindern und Euerm Liebreiz Gerechtigkeit verschaffen soll. Mit einem Wort, schöne Charlotte, ich liebe Euch von ganzem Herzen, und es steht nur bei Euch, daß ich Euch diesem elenden Orte entreiße und Euch zu dem Stande erhebe, den Ihr verdient. Meine Liebe geht freilich ein wenig rasch vor; was tut's? Es ist die Wirkung Eurer großen Schönheit; man verliebt sich in Euch in einer Viertelstunde ebensosehr, wie man es bei andern in einem halben Jahre tun würde.

CHARLOTTE: Wahrhaftig, gnädiger Herr, ich weiß nich, was ich tun soll, wenn Ihr so sprecht; was Ihr sagt, gefällt mir gar wohl, und ich hätte die größte Lust von der Welt, wenn ich Euch glauben könnte; aber mir wurde immer gesagt, daß man vornehmen Herren nie glauben dürfe und daß ihr Hofleute Aufschneider seid, die nur drauf aus sind, Mädchen unglücklich zu machen.

DON JUAN: Ich gehöre nicht zu jenen Leuten.

SGANARELL *beiseite:* I bewahre!

CHARLOTTE: Seht, gnädiger Herr, man läßt sich ja nich gerne unglücklich machen. Ich bin'n armes Bauernmädel, aber ich habe doch auch meine Ehre im Leibe und möchte lieber tot sein als mir die Ehre nehmen lassen.

DON JUAN: Was! Ich sollte so ein verworfenes Gemüt haben, ein Mädchen wie Euch unglücklich zu machen? Ich sollte so niederträchtig sein, Euch die Ehre zu nehmen? Nein, nein, dafür habe ich zu viel Gewissen. Ich liebe Euch ehrlich und redlich, Charlotte, und um Euch zu zeigen, daß ich wahr spreche, so wißt, daß ich keine andre Absicht habe, als Euch zu heiraten. Wollt Ihr noch einen stärkeren Beweis? Ich bin bereit, sobald Ihr wollt, und nehme den Mann dort zum Zeugen des Wortes, das ich Euch hiermit gebe.

SGANARELL: Nein, nein, habt keine Furcht. Er wird sich mit Euch verheiraten, sooft Ihr wollt.

DON JUAN: Ach, Charlotte, ich sehe wohl, daß Ihr mich noch nicht kennt. Ihr tut mir großes Unrecht, wenn Ihr mich nach andern beurteilt; wenn es schon Betrüger auf der Welt gibt, die nur darauf ausgehen, Mädchen zu verführen, dann dürft Ihr mich nicht dazu zählen und die Aufrichtigkeit meines Wortes nicht in Zweifel ziehen; und außerdem gibt Euch Eure Schönheit völlige Sicherheit. Wenn man so gebaut ist wie Ihr, muß man über alle derartigen Befürchtungen erhaben sein. Glaubt mir, Ihr seht nicht aus wie eine, die man verführt, und was mich angeht, gesteh ich Euch, ich würde mir tausendmal das

Herz durchbohren, wenn ich nur den geringsten Gedanken gehabt hätte, Euch zu betrügen.

CHARLOTTE: Mein Gott, ich weiß nich, ob Ihr wahr sprecht oder nich, aber Ihr macht, daß man Euch glaubt.

DON JUAN: Wenn Ihr mir glaubt, laßt Ihr mir sicherlich Gerechtigkeit widerfahren, und ich wiederhole Euch nochmals das Versprechen, das ich Euch gegeben habe. Nehmt Ihr es nicht an? und willigt Ihr nicht ein, meine Frau zu werden?

CHARLOTTE: Jawohl, wenn meine Tante nichts dagegen hat.

DON JUAN: So schlagt ein, Charlotte, da Ihr selber einverstanden seid.

CHARLOTTE: Aber mindestens, gnädiger Herr, betrügt mich nich, bitt schön! Es wär 'ne Gewissenssache für Euch, denn Ihr seht ja, wie vertrauensselig ich bin.

DON JUAN: Wie! Ihr zweifelt, scheint's, noch an meiner Aufrichtigkeit? Wollt Ihr, daß ich Euch die fürchterlichsten Schwüre leiste? Der Himmel soll mich ...

CHARLOTTE: Um Gottes willen, schwört nich! Ich glaub Euch ja auch so.

DON JUAN: Gebt mir denn ein Küßchen als Pfand Eures Wortes.

CHARLOTTE: O gnädiger Herr, wartet, bis wir verheiratet sin, bitt schön! Darnach wird ich Euch küssen, so viel Ihr wollt.

DON JUAN: Na gut, schöne Charlotte! ich will alles, was Ihr wollt; überlaßt mir nur Euer Händchen und erlaubt, daß ich ihm durch tausend Küsse das Entzücken ausdrücke, von dem ich ...

Molière: Don Juan oder Der steinerne Gast. Übertr. von Gustav Fabricius. In: Molière: Komödien. Aus dem Frz. übertr. von Gustav Fabricius und Walter Widmer, mit einem Nachw. von Victor Klemperer. München: Winkler, 1970. S. 348–351.
© 1970 Artemis & Winkler Verlag, Düsseldorf.

T 6 *Gottfried Wilhelm Leibniz: Essais de théodicée (1710)*

In diesen *Abhandlungen zur Rechtfertigung Gottes, über
die Güte Gottes, die Freiheit des Menschen und den Ursprung des Übels* versuchte Leibniz, die Güte Gottes trotz
des Übels, des Leides und des Bösen in der Welt zu vertei-
digen. Mephistopheles zieht einen großen Teil seiner Anklage im *Prolog im Himmel* aus dem § 147 von Leibniz'
Werk; in der Übersetzung sind die von Mephistopheles benutzten Stellen kursiviert und einige Verszahlen aus dem
Faust eingefügt. Das aus dem Lateinischen übersetzte Gedicht »Als Jupiter ...« stammt von Claudius Claudianus
(*Carmina*, hrsg. von L. Jeep, Leipzig 1876, Bd. 2, S. 176,
Nr. XLIII: *In sphaeram Archimedis*).

Ein besonderer Grund für die scheinbare *Unordnung im
Bereiche des Menschen* [V. 296] liegt ferner im Folgenden:
Gott hat ihn mit einem *Abbild seiner Göttlichkeit be-
schenkt, indem er ihm die Intelligenz gegeben hat* [V. 284 f.].
In seinem kleinen Gebiet lässt er ihn in gewisser Weise ge-
währen. [...] Er selbst wirkt darin nur auf *verborgene* Weise
[V. 271], denn er sorgt für Sein, Kraft, Leben, Vernunft,
ohne sich sehen zu lassen. Hier hat der freie Wille seinen
Spielraum [V. 285]: Gott aber macht sich sozusagen ein Spiel
mit den kleinen Göttern, die er zu schaffen für gut fand,
wie wir unser Spiel mit den Kindern treiben, die sich so be-
schäftigen, wie wir es unbemerkt nach Gutdünken fördern
oder hindern. Der Mensch ist hier also gleichsam ein *kleiner
Gott in seiner eigenen Welt*, oder seinem Mikrokosmos, den
er auf seine Art regiert: manchmal tut er darin Wunder, und
seine Kunstfertigkeit ahmt oft die Natur nach: »Als *Jupiter*
im kleinen Glase den Aether betrachtet, *lachte er* und
sprach zu den Göttern: Ist die Macht der Sterblichen schon
so weit fortgeschritten, ihr Götter? Schon wird meine eigene Arbeit auf dem gebrechlichen Erdkreis verspottet. Die
Ordnung der Natur, die Verlässlichkeit der Dinge, die Ge-

setze der Götter, alles hat der Alte aus Syrakus [Archimedes] mit seiner Kunstfertigkeit übernommen. [...] Die kleine Hand stellt sich als Konkurrentin der Natur heraus.«

Gottfried Wilhelm Leibniz: Die philosophischen Schriften. Hrsg. von Carl I. Gerhardt. 7 Bde. Berlin: Weidmann, 1875–80. Nachdr. Hildesheim / New York: Olms, 1978–96. Bd. 6, S. 197. – Übers. U. G.

T 7 *Christian Fürchtegott Gellert:*
Die Ehre Gottes aus der Natur (1757)

Die Ehre Gottes aus der Natur

Die Himmel rühmen des Ewigen Ehre;
  Ihr Schall pflanzt seinen Namen fort.
Ihn rühmt der Erdkreis, ihn preisen die Meere;
  Vernimm, o Mensch, ihr göttlich Wort!

Wer trägt der Himmel unzählbare Sterne?
  Wer führt die Sonn' aus ihrem Zelt?
Sie kömmt und leuchtet und lacht uns von ferne
  Und läuft den Weg gleich als ein Held.

Vernimm's und siehe die Wunder der Werke,
  Die die Natur dir aufgestellt!
Verkündigt Weisheit und Ordnung und Stärke
  Dir nicht den Herrn, den Herrn der Welt?

Kannst du der Wesen unzählbare Heere,
  Den kleinsten Staub fühllos beschaun?
Durch wen ist alles? O gib ihm die Ehre!
  Mir, ruft der Herr, sollst du vertraun!

Mein ist die Kraft, mein ist Himmel und Erde;
  An meinen Werken kennst du mich.
Ich bin's und werde sein, der ich sein werde,
  Dein Gott und Vater ewiglich.

> Ich bin dein Schöpfer, bin Weisheit und Güte,
>   Ein Gott der Ordnung und dein Heil;
> Ich bin's! Mich liebe von ganzem Gemüte
>   Und nimm an meiner Gnade teil!

Gellerts Werke. Auswahl in zwei Teilen. Hrsg., mit Einl. und Anm. vers. von Fritz Behrend. Berlin [u. a.]: Bong, [1910]. Bd. 1, S. 262.

T 8   *Jean-Jacques Rousseau:*
      Julie, ou La Nouvelle Héloïse (1761)

Der vierundfünfzigste Brief

An Julien

Ich lange an, voll von einer Bewegung, die beim Eintritt in diese geheiligte Freistätte noch stärker aufwallt. Julie! Hier bin ich in Deinem Kabinette, hier, im Heiligtum alles dessen, was mein Herz anbetet. Die Liebe leuchtete mir und leitete meine Schritte; ich bin glücklich hereingekommen, ohne von jemandem bemerkt zu werden. Reizender, glücklicher Ort, du hast einst gesehen, wie so viele zärtliche Blicke zurückgehalten, so viele brennende Seufzer erstickt wurden; du sahest das erste Feuer meiner Liebe entstehen und sich nähren; nun sollst du beim zweitenmal sehen, wie sie gekrönt wird! Du Zeuge meiner ewigen Beständigkeit, sei auch Zeuge meines Glückes und verbirg auf ewig die Wonne des getreuesten und glücklichsten unter den Menschen!

Wie bezaubernd ist dieser geheimnisvolle Ort! Alles begünstigt und nährt hier das Feuer in meinem Herzen. O Julie! Er ist von Dir erfüllt, und mein brennendes Verlangen erfaßt alles, was an Dich erinnert. Ja, alle meine Sinne werden hier zur gleichen Zeit trunken. Ich weiß nicht, welcher fast unmerkliche Wohlgeruch, anmutiger als die Rose, flüchtiger als die Schwertlilie, sich hier überall verbreitet. Hier glaube ich Deiner Stimme einnehmenden Ton zu hören. Jeder Teil

Deines Putzes, den ich hier und da erblicke, stellt meiner feurigen Einbildungskraft den vor, den er an Dir selbst bedeckt. Dieser leichte Kopfputz, den lange blonde Haare schmücken, die er zu bedecken vorgibt; das glückliche Halstuch, über das ich doch ein Mal wenigstens mich nicht werde beschweren müssen; das geschmackvolle und doch schlichte Negligé, das den Geschmack derer, die es trägt, so gut bekundet; die niedlichen Pantoffeln, die ein geschmeidiger Fuß ohne Mühe ausfüllt; dieses aufgeschnürte Leibchen, das den Leib berührt und umfängt – welch bezaubernde Taille – am Vorderteile zwei leichte Wölbungen – o wollüstiger Anblick! – Das Fischbein hat der Gewalt des Drucks nachgegeben – köstliche Spuren; laßt euch tausendmal küssen! – Ihr Götter! Wie wird es werden, wenn – Ach, schon glaube ich, dieses zarte Herz zu fühlen, wie es unter einer glücklichen Hand schlägt! Julie! Meine reizende Julie! Ich sehe, ich fühle Dich überall, ich atme Dich mit der Luft, die Du eingeatmet hast; Du durchdringst mein ganzes Wesen. Wie brennend und schmerzhaft ist Deine Behausung für mich! Sie ist schrecklich für meine Ungeduld. O komm, komm geschwind, oder ich bin verloren!

Was für ein Glück, daß ich Tinte und Papier gefunden habe! Ich suche das, was ich fühle, auszudrücken, um der Empfindung Stärke zu mäßigen; ich dämpfe meine Erregung, indem ich sie beschreibe.

Mich dünkt, ich höre Geräusche. Sollte es Dein unmenschlicher Vater sein? Ich glaube nicht, daß ich verzagt bin – Wie entsetzlich aber wäre mir in diesem Augenblicke der Tod! Meine Verzweiflung würde gleich heftig sein als das Feuer, das mich verzehrt. – Himmel! Nur noch eine Stunde Leben erbitte ich von dir; dann sei das übrige deiner Strenge überlassen! O Verlangen! O Furcht! O grausames Herzklopfen! – Die Türe geht auf! – Es kommt jemand! – Sie! Sie ist's! Ich sehe sie von weitem, ich erblicke sie ganz; ich höre die Türe sich wieder schließen. Mein Herz, mein schwaches Herz, so vielen gewaltsamen Regungen kannst du nicht widerstehen.

Ach suche Kräfte, so viel Glückseligkeit, womit du überhäuft wirst, zu ertragen!

Jean-Jacques Rousseau: Julie oder Die neue Héloïse. In der ersten deutschen Übertr. von Johann
Gottfried Gellius [...]. Vollst. überarb. und erg.
nach der Edition Rey, Amsterdam 1761, sowie mit
einer Zeittaf. von Dietrich Leube. Mit Anm. und
einem Nachw. von Reinhold Wolff. München:
Winkler, 1978. S. 147 f. – © 1978 Artemis & Winkler Verlag, Düsseldorf.

T 9 *Johann Wolfgang Goethe: Die erste Walpurgisnacht
(1799)*

Vgl. den Szenenkommentar zu *Walpurgisnacht*, oben S. 183.

Ein Druide.

Es lacht der Mai!
Der Wald ist frei
Von Eis und Reifgehänge.
Der Schnee ist fort;
Am grünen Ort
Erschallen Lustgesänge.
Ein reiner Schnee
Liegt auf der Höh;
Doch eilen wir nach oben,
Begehn den alten heil'gen Brauch,
Allvater dort zu loben.
Die Flamme lodre durch den Rauch!
So wird das Herz erhoben.

Die Druiden.

Die Flamme lodre durch den Rauch!
Begeht den alten heil'gen Brauch,
Allvater dort zu loben!
Hinauf! hinauf nach oben!

Einer aus dem Volke.

Könnt ihr so verwegen handeln?
Wollt ihr denn zum Tode wandeln?
Kennet ihr nicht die Gesetze
Unsrer harten Überwinder?
Rings gestellt sind ihre Netze
Auf die Heiden, auf die Sünder.
Ach sie schlachten auf dem Walle
Unsre Weiber, unsre Kinder.
Und wir alle
Nahen uns gewissem Falle.

Chor der Weiber.

Auf des Lagers hohem Walle
Schlachten sie schon unsre Kinder.
Ach die strengen Überwinder!
Und wir alle
Nahen uns gewissem Falle.

Ein Druide.

Wer Opfer heut
Zu bringen scheut,
Verdient erst seine Bande.
Der Wald ist frei!
Das Holz herbei,
Und schichtet es zum Brande!
Doch bleiben wir
Im Buschrevier
Am Tage noch im Stillen,
Und Männer stellen wir zur Hut,
Um eurer Sorge willen.
Dann aber laßt mit frischem Muth
Uns unsre Pflicht erfüllen.

Chor der Wächter.

Vertheilt euch, wackre Männer, hier
Durch dieses ganze Waldrevier,
Und wachet hier im Stillen,
Wenn sie die Pflicht erfüllen.

Ein Wächter.

Diese dumpfen Pfaffenchristen,
Laßt uns keck sie überlisten!
Mit dem Teufel, den sie fabeln,
Wollen wir sie selbst erschrecken.
Kommt! Mit Zacken und mit Gabeln
Und mit Gluth und Klapperstöcken
Lärmen wir bei nächt'ger Weile
Durch die engen Felsenstrecken.
Kauz und Eule
Heul' in unser Rundgeheule!

Chor der Wächter.

Kommt mit Zacken und mit Gabeln,
Wie der Teufel, den sie fabeln,
Und mit wilden Klapperstöcken
Durch die leeren Felsenstrecken!
Kauz und Eule
Heul' in unser Rundgeheule!

Ein Druide.

So weit gebracht,
Daß wir bei Nacht
Allvater heimlich singen!
Doch ist es Tag,
Sobald man mag
Ein reines Herz dir bringen.
Du kannst zwar heut,
Und manche Zeit,
Dem Feinde viel erlauben.

Die Flamme reinigt sich vom Rauch:
So reinig' unsern Glauben!
Und raubt man uns den alten Brauch;
Dein Licht, wer will es rauben!

Ein christlicher Wächter.

Hilf, ach hilf mir, Kriegsgeselle!
Ach, es kommt die ganze Hölle!
Sieh, wie die verhexten Leiber
Durch und durch von Flammen glühen!
Menschen-Wölf' und Drachen-Weiber,
Die im Flug vorüberziehen!
Welch entsetzliches Getöse!
Laßt uns, laßt uns alle fliehen!
Oben flammt und saus't der Böse;
Aus dem Boden
Dampfet rings ein Höllen-Broden.

Chor der christlichen Wächter.

Schreckliche verhexte Leiber,
Menschen-Wölf' und Drachen-Weiber!
Welch entsetzliches Getöse!
Sieh, da flammt, da zieht der Böse!
Aus dem Boden
Dampfet rings ein Höllen-Broden.

Chor der Druiden.

Die Flamme reinigt sich vom Rauch:
So reinig' unsern Glauben!
Und raubt man uns den alten Brauch;
Dein Licht, wer kann es rauben!

WA I,1. S. 210–214.

IV. Goethes Faust-Dichtungen: Arbeitsphasen

1. Erste Arbeitsphase: wahrscheinlich 1772–75

Alle Jahresangaben, auch diejenigen über Beginn und Ende dieser Phase, beruhen auf begründeten Annahmen; zusammenfassend s. DjG 3, S. 464–484.

In den Januar 1772, unter dem unmittelbaren Eindruck der Hinrichtung der Kindsmörderin Susanna Margaretha Brandt (am 14. Januar 1772), setzt man die Niederschrift der drei Prosaszenen am Schluss des *Urfaust* nach mehreren Jahren des ›Brütens‹ über dem Faust-Stoff: *Faust, Mephistopheles, Nacht. Offen Feld, Kerker.* Wegen der *Urfaust*-Fassung in Prosa wird *Auerbachs Keller* auf 1772/73 gesetzt, ebenso *Land Strase* (später weggefallen). Alle aus dieser Zeit überlieferten Teile der Gelehrtentragödie (V. 354–597, 603–605, die Schülerszene, *Auerbachs Keller*) waren wohl im Herbst 1773 fertig. Die *Urfaust*-Szenen der Gretchentragödie außer dem Schluss werden in die Jahre 1773–75 gesetzt: *Strase* (1773/74), *Abend, Allee, Nachbarinn Haus* (etwa ab 1773), *Faust, Mephistopheles* (1773/74), *Garten* (wohl Frühjahr 1773), *Ein Gartenhäusgen, Gretgens Stube* (wohl schon 1773/74), *Marthens Garten* (wohl frühestens Herbst 1774), *Am Brunnen, Zwinger* (wohl 1774/75), *Dom, Nacht* (Valentin, wohl 1773/74).

Goethe hat am Weimarer Hof mehrfach aus dem *Faust* vorgelesen. Der Szenenbestand des *Urfaust* (wobei unsicher ist, ob er alle etwa 1775 fertigen Szenen umfasst) ist in einer Abschrift des Hoffräuleins Luise von Göchhausen überliefert und wurde erst 1887 aufgefunden und veröffentlicht.

2. Zweite Arbeitsphase: 1788–90

Am 1. März 1788 schrieb Goethe in einem in die *Italienische Reise* aufgenommenen Brief aus Rom, er habe einen »Plan zu ›Faust‹ gemacht« (s. unten, S. 271), das Stück sollte wie *Egmont, Iphigenia, Tasso* für die Ausgabe der *Schriften* umgearbeitet und fertiggestellt werden.

Neu ausgeführt wurden 1788/89 die Verse 1770–1867, 2051–72, die Szenen *Hexenküche* und *Wald und Höhle* (aus UF 1408–35, platziert nach *Am Brunnen*); umgearbeitet wurden die Schülerszene und *Auerbachs Keller* (Verse statt Prosa, Erweiterungen); der Text dieser neu ausgeführten und umgearbeiteten Szenen blieb in der endgültigen Fassung im Wesentlichen erhalten.

Der bis dahin vorliegende Bestand (ohne *Land Strase* und nur bis einschließlich *Dom*) wurde als *Faust. Ein Fragment* im Band 7 von *Goethe's Schriften* bei Georg Joachim Göschen in Leipzig 1790 veröffentlicht.

3. Dritte Arbeitsphase: 1797–1803

Seit 1794 drängte Schiller auf Vollendung dieses »Torso des Herkules«; Goethe lehnte bis zum Juni 1797 immer wieder ab. Am 24. Juni wurde die *Zueignung* geschrieben, *Vorspiel auf dem Theater* wohl bald danach; der *Prolog im Himmel*, offenbar schon vor 1797 geplant, bleibt bis nach 1800 in Arbeit. In der Hauptsache bis 1801 sind die Ergänzungen und Umarbeitungen zum endgültigen Textbestand des *Faust I* beendet: *Nacht* (V. 598–601), *Vor dem Tor, Studierzimmer I* (1800), *Studierzimmer II* (bis V. 1769, geschrieben wohl 1801), *Nacht* (Valentin, V. 3660–3775), *Walpurgisnacht* (entstanden wohl 1797–1801), *Kerker* (Umarbeitung in Verse). Der *Walpurgisnachtstraum* entstand aus einer im Sommer 1797 für Schillers *Musen-Almanach* geplanten Reihe von Xenien (»Oberons und Titanias goldne Hochzeit«), die seit

| | *1772–75* | *1788–90* | *1797–1803* |

Faust

Zueignung
Vorspiel auf dem Theater
Prolog im Himmel
I Nacht *(bis V. 605)*
     (V. 606–807)
  Vor dem Tor
Studierzimmer I *(bis V. 1769)*
Studierzimmer II *(V. 1770–1867)*
          (V. 1868–2050)
Auerbachs Keller
Hexenküche
Straße I
Abend
Spaziergang
Der Nachbarin Haus
Straße II
Garten / Ein Gartenhäuschen
Wald und Höhle
Gretchens Stube
Marthens Garten
Am Brunnen
Zwinger
Nacht (Valentin)
Dom

Walpurgisnacht
Walpurgisnachtstraum
Trüber Tag. Feld
Nacht, offen Feld
Kerker

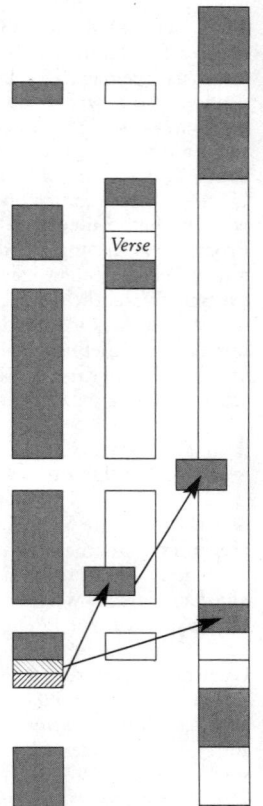

Dezember 1797 für den *Faust* bestimmt wurde. Zu beachten sind ferner die im »Walpurgissack« aufbewahrten Szenenfragmente zur Fortsetzung der *Walpurgisnacht* (s. FD 1, S. 624–631). Endlich wurde *Wald und Höhle* vor *Gretchens Stube* gestellt und bildet nun den Prolog zu ihrer eigentlichen Verführung. Eine geplante Disputationsszene zwischen *Studierzimmer I* und *II* wurde nicht ausgeführt.

Wegen der Kriegswirren verzögerte sich die Herausgabe, bis *Faust. Eine Tragödie* als 8. Band der *Werke* bei J. G. Cotta in Tübingen 1808 erschien.

In die Arbeitsphasen um 1800 ist nicht nur ein Gesamtplan für beide Teile zu setzen (Paralipomenon 5; FD 1, S. 608), sondern auch der Beginn der Arbeit am Zweiten Teil. Im September 1800 entstand *Helena im Mittelalter. Satyr-Drama. Episode zu Faust* (V. 8489–8802 ohne die meisten Chöre, einige Varianten; FD 1, S. 576–585), auch zum 5. Akt müssen im Zuge der Gesamtplanung die Hauptintentionen in dieser Zeit gefasst worden sein (vgl. Goethe zu Eckermann, 2.5.1831). Im Dezember 1816 entwarf Goethe für *Dichtung und Wahrheit* eine in wichtigen Aspekten von der endgültigen Ausführung abweichende Inhaltsskizze des *Faust II* (FD 1, S. 586–590).

4. Vierte Arbeitsphase: 1825–31

Wieder im Zusammenhang mit einer geplanten Ausgabe (»letzter Hand«) entschloss Goethe sich im Frühjahr 1825 zur Vollendung des Zweiten Teils. Zunächst arbeitete er am 5. Akt (*Großer Vorhof des Palastes*, 1826), der jedoch erst 1831 abgeschlossen wurde. Dann konzentrierte sich das Interesse auf die seit 1800 liegen gebliebene *Helena*, für deren »Antezedenzien« (1. und 2. Akt) am 17. Dezember 1826 ein Plan diktiert wurde. In Band 4 der Ausgabe letzter Hand (Stuttgart/Tübingen: J. G. Cotta, 1827) erschien *Helena, klassisch-romantische Phantasmagorie. Zwischenspiel zu*

Faust (d. i. 3. Akt), in Band 12 (ebd., 1828) erschien der Beginn des 1. Akts (V. 4613–6036) unter dem Titel *Faust. Zweiter Teil* mit dem Vermerk »Ist fortzusetzen« am Ende. In zäher Arbeit wurde der 1. Akt beendet, der 2. Akt bis Juni 1830 abgeschlossen. 1831 folgten der 4. Akt, die Philemon-und-Baucis-Szenen des 5. Akts und die Ausfüllung verschiedener Lücken. Eine noch 1827 geplante Rede Fausts, mit der Proserpina zur Herausgabe der Helena bewegt werden sollte, wurde nicht ausgeführt. Noch im Januar 1832 wollte Goethe das 1831 versiegelte Paket mit dem Manuskript noch einmal öffnen, um »Hauptmotive, die ich, um fertig zu werden, allzu lakonisch behandelt hatte« (Tagebucheintrag), weiter auszuführen.

Nach seinem Tod am 22. März 1832 brachten Eckermann und Riemer im 1. Band der *Nachgelassenen Werke* (Stuttgart/Tübingen: J. G. Cotta, 1832) *Faust, der Tragödie zweiter Teil* heraus. Die erste Gesamtausgabe erschien ebenfalls bei Cotta in Stuttgart und Tübingen 1834: *Faust. Eine Tragödie. Beide Teile in einem Bande.*

V. Goethe und Zeitgenossen
über den entstehenden *Faust*

Wann Goethe begonnen hat, sich mit dem Faust-Stoff ernst-
haft zu befassen, liegt im Dunkeln. Eine erste Nennung des
Namens »Docktor Faust« im Zusammenhang mit der Angst
vor der herannahenden Höllenstrafe findet sich 1768 in dem
Drama Die Mitschuldigen *V. 434 (DjG 1, S. 342). Spätere*
Äußerungen Goethes, etwa in Dichtung und Wahrheit
(10. Buch; HA 9, S. 413 f.), datieren den Beginn der Arbeit
an Faust auf 1769/70, wobei die Einbeziehung der Helena
als »eine meiner ältesten Konzeptionen« zu gelten hat (an
Boisserée, 22.10.1826) und deshalb das Gretchendrama, das
ja auch in die erste Konzeption gehört, von vornherein in ei-
ner seiner Lesarten als Vorstufe auf dem Weg zu Helena ge-
dacht war. Das erste Zeugnis von einer Niederschrift
stammt von Friedrich Wilhelm Gotter, mit dem Goethe in
Wetzlar »viele vergnügte Stunden« zugebracht hatte (HA 9,
S. 533 f.; Dichtung und Wahrheit, *12. Buch); 1773 schickte er*
ihm den Götz von Berlichingen, *worauf Gotter ihm in ei-*
nem launigen Briefgedicht eine eigene Publikation ankün-
digte und schloss:

Schick mir dafür den »Doktor Faust«,
Sobald Dein Kopf ihn ausgebraust! Gräf II,2. S. 12.

Heinrich Christian Boie, Tagebuch am 15. Oktober 1774

Einen ganzen Tag allein, ungestört mit Goethen zugebracht,
[...]. Er hat mir viel vorlesen müssen, ganz und Fragment,
und in allem ist der originale Ton, eigne Kraft, und bei allem Sonderbaren, Unkorrekten, alles mit dem Stempel des
Genies geprägt. Sein »Dr. Faust« ist fast fertig, und scheint
mir das Grösste und Eigenthümlichste von Allem.

Gräf II,2. S. 15.

Goethe an Auguste Gräfin zu Stolberg, 17. September 1775
(Motivparallele zum Rattenlied in »Auerbachs Keller«)

Ist der Tag leidlich u. stumpf herumgegangen, da ich auf-
stund war mirs gut, ich machte eine Scene an meinem Faust.
Vergängelte ein paar Stunden. Verliebelte ein paar mit einem Mädgen davon dir die Brüder erzählen mögen, das ein
seltsames Geschöpf ist. Ass in einer Gesellschaft ein Duz-
zend guter Jungens, so grad wie sie Gott erschaffen hat.
Fuhr auf dem Wasser selbst auf und nieder, ich hab die
Grille selbst fahren zu lernen. Spielte ein Paar Stunden Pha-
rao und verträumte ein Paar mit guten Menschen. Und nun
sizz ich dir gute Nacht zu sagen. Mir wars in all dem wie einer Ratte die Gift gefressen hat, sie läuft in alle Löcher,
schlurpft alle Feuchtigkeit, verschlingt alles Essbaare das ihr
in Weeg kommt und ihr innerstes glüht von unauslöschlich
verderblichem Feuer.   DjG 5. S. 258 f.

*Gespräch mit Johann Georg von Zimmermann, Ende Sep-
tember 1775*

Nachdem der Dichter mehreremale [mit der Niederschrift
des *Faust*] angefangen, den Faden fallen lassen, und wieder
aufgenommen hatte, zeigte er seinem damaligen Freunde
Zimmermann einen Haufen Papiere, mit den Worten: »Da
ist mein Faust.«   Gräf II,2. S. 20.

*Zimmermann, 25. Januar 1776 (Bericht über September
1775)*

Sein »Doctor Faust« ist ein Werk für alle Menschen in
Deutschland. Er hat mir einige Fragmente davon in Frankfurt vorgelesen, die mich bald entzückten und dann bald
wieder halb todt lachen machten.   Gräf II,2. S. 21.

*Johann Heinrich Merck, 19. Januar 1776 (Bericht über Juli/
September 1775)*

Sein »Faust« ist [...] ein Werk, das mit der grössten
Treue der Natur abgestohlen ist, und die »Stella« wie

»Clavigo« sind aufrichtig nichts weiter als Nebenstunden. Ich erstaune, so oft ich ein neu Stück zu »Fausten« zu sehn bekomme, wie der Kerl [Goethe] zusehends wächst, und Dinge macht, die ohne den grossen Glauben an sich selbst und den damit verbundenen Muthwillen ohnmöglich wären. Gräf II,2. S. 21.

Friedrich Leopold zu Stolberg, 6. Dezember 1775
Einen Nachmittag las Göthe seinen halbfertigen »Faust« vor. Es ist ein herrliches Stück. Die Herzoginnen [Anna Amalia und Luise von Weimar] waren gewaltig gerührt bei einigen Scenen. Gräf II,2. S. 33.

Siegmund Freiherr von Seckendorff: »Volks- und andere Lieder, mit Begleitung des Forte piano, 3. Sammlung«, 1782
Darin S. 6 »Der König von Thule« mit der Bemerkung »Aus Göthens D. Faust«. Erste Publikation eines Teils von Faust.

Goethe aus Rom, 3. November 1787
Nun liegen noch so zwei Steine [wie *Egmont*] vor mir: »Faust« und »Tasso«. Da die barmherzigen Götter mir die Strafe des Sisyphus auf die Zukunft erlassen zu haben scheinen, hoffe ich auch, diese Klumpen den Berg hinaufzubringen. Gräf II,2. S. 39.

Goethe aus Rom, 8. Dezember 1787
An »Faust« gehe ich ganz zuletzt, wenn ich alles Andre hinter mir habe. Um das Stück zu vollenden, werd' ich mich sonderbar zusammennehmen müssen. Ich muss einen magischen Kreis um mich ziehen, wozu mir das günstige Glück eine eigne Stätte bereiten möge. Gräf II,2. S. 39 f.

Goethe aus Rom, 1. März 1788
Zuerst ward der Plan zu »Faust« gemacht, und ich hoffe, diese Operation soll mir geglückt sein. Natürlich ist es ein

ander Ding, das Stück jetzt oder vor funfzehn Jahren aus-
schreiben; ich denke, es soll nichts dabei verlieren, besonders da ich jetzt glaube, den Faden wiedergefunden zu haben. Auch was den Ton des Ganzen betrifft, bin ich getrö-
stet; ich habe schon eine neue Scene ausgeführt, und wenn
ich das Papier räuchere, so dächt' ich, sollte sie mir niemand
aus den alten herausfinden. Da ich durch die lange Ruhe
und Abgeschiedenheit ganz auf das Niveau meiner eigenen
Existenz zurückgebracht bin, so ist es merkwürdig, wie sehr
ich mir gleiche und wie wenig mein Inneres durch Jahre und
Begebenheiten gelitten hat. Das alte Manuscript macht mir
manchmal zu denken, wenn ich es vor mir sehe. Es ist noch
das erste, ja in den Hauptscenen gleich so ohne Concept
hingeschrieben; nun ist es so gelb von der Zeit, so vergriffen
(die Lagen waren nie geheftet), so mürbe und an den Rän-
dern zerstossen, dass es wirklich wie das Fragment eines alten Codex aussieht, so dass ich, wie ich damals in eine frühere Welt mich mit Sinnen und Ahnen versetzte, mich jetzt
in eine selbstgelebte Vorzeit wieder versetzen muss.

Gräf II,2. S. 41–44.

Goethe am 5. Juli 1789

»Faust« will ich als Fragment geben aus mehr als einer Ursache. Davon mündlich.

Gräf II,2. S. 48.

Goethe, Tagebuch am 10. Januar 1790

»Faust« abgeschickt.

Gräf II,2. S. 51.

Goethe an Schiller, 2. Dezember 1794

Von »Faust« kann ich jetzt nichts mittheilen, ich wage nicht
das Packet aufzuschnüren, das ihn gefangen hält. Ich könnte
nicht abschreiben ohne auszuarbeiten, und dazu fühle ich
mir keinen Muth. Kann mich künftig etwas dazu vermögen,
so ist es gewiss Ihre Theilnahme.

Gräf II,2. S. 55.

Goethe an Schiller, 17. August 1795

Mit diesem letzten [*Faust*] geht mir's wie mit einem Pulver, das sich aus seiner Auflösung nun einmal niedergesetzt hat; so lange Sie dran rütteln, scheint es sich wieder zu vereinigen, sobald ich wieder für mich bin, setzt es sich nach und nach zu Boden.   Gräf II,2. S.57.

Goethe, Tagebuch am 5. Juni 1797

Nach Tische »Oberons goldene Hochzeit«.   Gräf II,2. S. 59.

Goethe an Schiller, 22. Juni 1797

Da es höchst nöthig ist, dass ich mir, in meinem jetzigen unruhigen Zustande, etwas zu thun gebe, so habe ich mich entschlossen, an meinen »Faust« zu gehen und ihn, wo nicht zu vollenden, doch wenigstens um ein gutes Theil weiter zu bringen, indem ich das, was gedruckt ist, wieder auflöse und mit dem, was schon fertig oder erfunden ist, in grosse Massen disponire, und so die Ausführung des Plans, der eigentlich nur eine Idee ist, näher vorbereite. Nun habe ich eben diese Idee und deren Darstellung wieder vorgenommen und bin mit mir selbst ziemlich einig. Nun wünschte ich aber, dass Sie die Güte hätten, die Sache einmal, in schlafloser Nacht, durchzudenken, mir die Forderungen, die Sie an das Ganze machen würden, vorzulegen und so mir meine eignen Träume, als ein wahrer Prophet, zu erzählen und zu deuten.

Da die verschiednen Theile dieses Gedichts, in Absicht auf die Stimmung, verschieden behandelt werden können, wenn sie sich nur dem Geist und Ton des Ganzen subordiniren, da übrigens die ganze Arbeit subjectiv ist, so kann ich in einzelnen Momenten daran arbeiten, und so bin ich auch jetzt etwas zu leisten im Stande.

Unser Balladenstudium hat mich wieder auf diesen Dunstund Nebelweg gebracht, und die Umstände rathen mir, in mehr als in Einem Sinne, eine Zeit lang darauf herum zu irren.   Gräf II,2. S.59 f.

Schiller an Goethe, 23. Juni 1797

Ihr Entschluss, an den »Faust« zu gehen, ist mir in der That überraschend, besonders jetzt, da Sie sich zu einer Reise nach Italien gürten. Aber ich hab' es einmal für immer aufgegeben, Sie mit der gewöhnlichen Logik zu messen, und bin also im voraus überzeugt, dass Ihr Genius sich vollkommen gut aus der Sache ziehen wird.

Ihre Aufforderung an mich, Ihnen meine Erwartungen und *Desideria* mitzutheilen, ist nicht leicht zu erfüllen; aber soviel ich kann, will ich Ihren Faden aufzufinden suchen, und wenn auch das nicht geht, so will ich mir einbilden, als ob ich die Fragmente von »Faust« zufällig fände und solche auszuführen hätte. So viel bemerke ich hier nur, dass der »Faust«, das Stück nemlich, bei aller seiner dichterischen Individualität die Foderung an eine symbolische Bedeutsamkeit nicht ganz von sich weisen kann, wie auch wahrscheinlich Ihre eigene Idee ist. Die Duplicität der menschlichen Natur und das verunglückte Bestreben, das Göttliche und Physische im Menschen zu vereinigen, verliert man nicht aus den Augen; und weil die Fabel in's Grelle und Formlose geht und gehen muss, so will man nicht bei dem Gegenstand stille stehen, sondern von ihm zu Ideen geleitet werden. Kurz, die Anfoderungen an den »Faust« sind zugleich philosophisch und poetisch, und Sie mögen sich wenden, wie Sie wollen, so wird Ihnen die Natur des Gegenstandes eine philosophische Behandlung auflegen, und die Einbildungskraft wird sich zum Dienst einer Vernunftidee bequemen müssen.

Aber ich sage Ihnen damit schwerlich etwas Neues, denn Sie haben diese Foderung in dem, was bereits da ist, schon in hohem Grade zu befriedigen angefangen.   Gräf II,2. S.61.

Goethe an Schiller, 24. Juni 1797

Ich werde nur vorerst die grossen erfundenen und halb bearbeiteten Massen zu enden und mit dem, was gedruckt ist, zusammen zu stellen suchen, und das so lange treiben, bis sich der Kreis selbst erschöpft.

[...] fahren Sie fort mir etwas über Gegenstand und Behandlung zu sagen.   Gräf II,2. S. 65.

Schiller an Goethe, 26. Juni 1797

Den »Faust« habe ich nun wieder gelesen und mir schwin-
delt ordentlich vor der Auflösung. Diess ist indess sehr natürlich, denn die Sache beruht auf einer Anschauung, und so
lang man die nicht hat, muss ein selbst nicht so reicher Stoff
den Verstand in Verlegenheit setzen. Was mich daran ängs-
tigt, ist, dass mir der »Faust« seiner Anlage nach auch eine
Totalität der Materie nach zu erfodern scheint, wenn am
Ende die Idee ausgeführt erscheinen soll, und für eine so
hoch aufquellende Masse finde ich keinen poetischen Reif,
der sie zusammenhält. Nun, Sie werden sich schon zu hel-
fen wissen.
Zum Beispiel, es gehörte sich, meines Bedünkens, dass der
Faust in das handelnde Leben geführt würde, und welches
Stück Sie auch aus dieser Masse erwählen, so scheint es mir
immer durch seine Natur eine zu grosse Umständlichkeit
und Breite zu erfodern.
In Rücksicht auf die Behandlung finde ich die grosse
Schwierigkeit, zwischen dem Spass und dem Ernst glücklich durchzukommen; Verstand und Vernunft scheinen mir
in diesem Stoff auf Tod und Leben miteinander zu ringen.
Bei der jetzigen fragmentarischen Gestalt des »Fausts«
fühlt man dieses sehr, aber man verweist die Erwartung auf
das entwickelte Ganze. Der Teufel behält durch seinen
Realism vor dem Verstand, und der Faust vor dem Herzen
Recht. Zuweilen aber scheinen sie ihre Rollen zu tauschen
und der Teufel nimmt die Vernunft gegen den Faust in
Schutz.
Eine Schwierigkeit finde ich auch darin, dass der Teufel
durch seinen Charakter, der realistisch ist, seine Existenz,
die idealistisch ist, aufhebt. Die Vernunft nur kann ihn glauben, und der Verstand nur kann ihn so, wie er da ist, gelten
lassen und begreifen.

Ich bin überhaupt sehr erwartend, wie die Volksfabel sich dem philosophischen Teil des Ganzen anschmiegen wird.

Gräf II,2. S. 65 f.

Goethe an Schiller, 27. Juni 1797

Ihre Bemerkungen zu »Faust« waren mir sehr erfreulich. Sie treffen, wie es natürlich war, mit meinen Vorsätzen und Planen recht gut zusammen, nur dass ich mir's bei dieser barbarischen Composition bequemer mache und die höchsten Forderungen mehr zu berühren als zu erfüllen denke. So werden wohl Verstand und Vernunft, wie zwei Klopffechter, sich grimmig herumschlagen, um Abends zusammen freundschaftlich auszuruhen. Ich werde sorgen, dass die Theile anmuthig und unterhaltend sind und etwas denken lassen, bei dem Ganzen, das immer ein Fragment bleiben wird, mag mir die neue Theorie des epischen Gedichts zu Statten kommen.

Gräf II,2. S. 66 f.

Goethe an Schiller, 1. Juli 1797

Meinen »Faust« habe ich, in Absicht auf Schema und Uebersicht, in der Geschwindigkeit recht vorgeschoben, [...]. Es käme jetzt nur auf einen ruhigen Monat an, so sollte das Werk zu männiglicher Verwunderung und Entsetzen, wie eine grosse Schwammfamilie, aus der Erde wachsen.

Gräf II,2. S. 68.

Goethe an Schiller, 25. Dezember 1797

[...] indem ich meinen »Faust« zu endigen, mich aber auch zugleich von aller nordischen Barbarei loszusagen wünsche.

Gräf II,2. S. 72.

Goethe an Schiller, 5. Mai 1798

Meinen »Faust« habe ich um ein gutes weiter gebracht. Das alte, noch vorräthige, höchst confuse Manuscript ist abgeschrieben und die Theile sind in abgesonderten Lagen, nach den Nummern eines ausführlichen Schemas hinter einander

gelegt. Nun kann ich jeden Augenblick der Stimmung nutzen, um einzelne Theile weiter auszuführen und das Ganze früher oder später zusammen zu stellen.
Ein sehr sonderbarer Fall erscheint dabei: Einige tragische Scenen waren in Prosa geschrieben, sie sind durch ihre Natürlichkeit und Stärke, in Verhältniss gegen das Andere, ganz unerträglich. Ich suche sie desswegen gegenwärtig in Reime zu bringen, da denn die Idee wie durch einen Flor durchscheint, die unmittelbare Wirkung des ungeheuern Stoffes aber gedämpft wird.   Gräf II,2. S. 79 f.

Schiller an den Verleger Cotta, 16. Dezember 1799
Goethe hat an seinem »Faust« noch viel Arbeit, eh' er fertig wird. Ich bin oft hinter ihm her, ihn zu beendigen, und seine Absicht ist wenigstens, dass dieses nächsten Sommer geschehen soll. Es wird freilich eine kostbare Unternehmung sein. Das Werk ist weitläufig 20–30 Bogen gewiss, es sollen Kupfer dazu kommen, und er rechnet auf ein derbes Honorar. Es ist aber auch ein ungeheurer Absatz zu erwarten. Es wird gar keine Frage sein, dass er Ihnen das Werk in Verlag gibt, wenn Ihnen die Bedingungen recht sind, denn er meint es sehr gut mit Ihnen.   Gräf II,2. S. 82.

Goethe an Schiller, 12. September 1800
[...] meine Helena ist wirklich aufgetreten. Nun zieht mich aber das Schöne in der Lage meiner Heldin so sehr an, dass es mich betrübt, wenn ich es zunächst in eine Fratze verwandeln soll. Wirklich fühle ich nicht geringe Lust, eine ernsthafte Tragödie auf das Angefangene zu gründen; allein ich werde mich hüten die Obliegenheiten zu vermehren, deren kümmerliche Erfüllung ohnehin schon die Freude des Lebens wegzehrt.   Gräf II,2. S. 95.

Schiller an Goethe, 13. September 1800
Ich wünsche Ihnen Glück zu dem Schritt, den Sie in Ihrem »Faust« gethan. Lassen Sie sich aber ja nicht durch den Ge-

danken stören, wenn die schönen Gestalten und Situationen
kommen, dass es Schade sei, sie zu verbarbariren. Der Fall
könnte Ihnen im zweiten Teil des »Faust« noch öfters vorkommen, und es möchte einmal für allemal gut sein Ihr
poetisches Gewissen darüber zum Schweigen zu bringen.
Das Barbarische der Behandlung, das Ihnen durch den
Geist des Ganzen auferlegt wird, kann den höheren Gehalt
nicht zerstören und das Schöne nicht aufheben, nur es anders specificiren und für ein anderes Seelenvermögen zube-
reiten. Eben das Höhere und Vornehmere in den Motiven
wird dem Werk einen eigenen Reiz geben, und Helena ist in
diesem Stück ein Symbol für alle die schönen Gestalten, die
sich hinein verirren werden. Es ist ein sehr bedeutender
Vortheil, von dem Reinen mit Bewusstsein in's Unreinere
zu gehen, anstatt von dem Unreinen einen Aufschwung
zum Reinen zu suchen, wie bei uns übrigen Barbaren der
Fall ist.　　　　　　　　　　　　　　　　Gräf II,2. S. 95.

Goethe an Schiller, 16. September 1800

Der Trost, den Sie mir in Ihrem Briefe geben, dass durch die
Verbindung des Reinen und Abenteuerlichen ein nicht ganz
verwerfliches poetisches Ungeheuer entstehen könne, hat
sich durch die Erfahrung schon an mir bestätigt, indem aus
dieser Amalgamation seltsame Erscheinungen, an denen ich
selbst einiges Gefallen habe, hervortreten.　　Gräf II,2. S. 97 f.

Schiller an Goethe, 23. September 1800, über »Helena im Mittelalter«

Ihre neuliche Vorlesung hat mich mit einem grossen und
vornehmen Eindruck entlassen, der edle hohe Geist der alten Tragödie weht aus dem Monolog einem entgegen und
macht den gehörigen Effect, indem er ruhig mächtig das
Tiefste aufregt. Wenn Sie auch sonst nichts Poetisches von
Jena zurückbrächten, als dieses und was Sie über den fer-
nern Gang dieser tragischen Partie schon mit sich ausge-
macht haben, so wäre Ihr Aufenthalt in Jena belohnt. Ge-

lingt Ihnen diese Synthese des Edeln mit dem Barbarischen,
wie ich nicht zweifle, so wird auch der Schlüssel zu dem übrigen Theil des Ganzen gefunden sein, und es wird Ihnen
alsdann nicht schwer sein, gleichsam analytisch von diesem
Punct aus den Sinn und Geist der übrigen Partien zu be-
stimmen und zu vertheilen. Denn dieser Gipfel, wie Sie ihn
selbst nennen, muss von allen Puncten des Ganzen gesehen
werden und nach allen hinsehen.   Gräf II,2. S. 98 f.

*Goethe an Schiller, 18. November 1800, über »Helena im
Mittelalter«*
Wohin sich die arme Poesie zuletzt noch flüchten soll, weiss
ich nicht, hier ist sie abermals in Gefahr von Philosophen,
Naturforschern und Consorten sehr in die Enge getrieben
zu werden. Zwar kann ich nicht läugnen, dass ich die Herren selbst einlade und auffordere, und der bösen Gewohnheit des Theoretisirens aus freiem Willen nachhänge, und
also kann ich niemand anklagen als mich selbst.
                                                    Gräf II,2. S. 103.

Schiller an Goethe, 16. März 1801
Viel Glück zu den Fortschritten im »Faust«, auf den die
hiesigen Philosophen ganz unaussprechlich gespannt sind.
                                                    Gräf II,2. S. 109 f.

Goethe an Schiller, 18. März 1801
Keinen eigentlichen Stillstand an »Faust« habe ich noch
nicht gemacht, aber mitunter nur schwache Fortschritte. Da
die Philosophen auf diese Arbeit neugierig sind, habe ich
mich freilich zusammen zu nehmen.   Gräf II,2. S. 110.

Goethe an Schiller, 4. April 1801
Ich hoffe, dass bald in der grossen Lücke nur der Disputati-
onsactus fehlen soll, welcher denn freilich als ein eigenes
Werk anzusehen ist und aus dem Stegreife nicht entstehen
wird.   Gräf II,2. S. 110–112.

Goethe, Tagebuch am 21. März 1806
»Faust« angefangen durchzugehen mit Riemer.

Gräf II,2. S. 120.

Goethe, Tagebuch am 25. April 1806
»Faust« letztes Arrangement zum Druck.   Gräf II,2. S. 121.

VI. Poetologisches Glossar

Einige der im Kommentar mehrfach gebrauchten poetologischen Begriffe sollen hier mit Beispielen erläutert und mit Hinweisen zur Verwendung bei Goethe und zu den Konnotationen bestimmter poetischer Mittel bei den Zeitgenossen versehen werden. Das Glossar ist also auf den *Faust* zugeschnitten; die Erläuterungen können nur mit Modifikationen auf andere literarische Texte angewandt werden.

1. Metrik

Wie der *Faust* die ganze Weltliteratur erinnert, so auch alle einigermaßen gängigen Versarten. Die Prosa, die im *Urfaust* noch die Szenen *Auerbachs Keller* und *Kerker* bestimmt, war Goethe schon 1788, vor allem aber 1797/1801 zu distanzlos; zur Umarbeitung in Verse vgl. die Szenenkommentare.

Was die Verwendung bestimmter Versmaße angeht, hielt Goethe es für »wirklich beynahe magisch daß etwas, was in dem einen Sylbenmaße noch ganz gut und charakteristisch ist, in einem andern leer und unerträglich scheint« (Steiger, Bd. 3, S. 587) und glaubte, »daß in Rücksicht auf den Versbau den Foderungen des Moments und der Konvenienz des individuellen Falles weit mehr als einem allgemeinen Gesetz müsse nachgegeben werden« (ebd., S. 436). Die Metren wechseln deshalb ständig; Kriterien sind, besonders bei Sprechversen wie Knittel und Madrigalvers, die rhythmische Ausdruckswirkung einer Versgestalt einerseits, bei der Verwendung besonders charakteristischer Metren ihr kulturhistorischer Assoziationswert (etwa der Trimeter der *Helena*-Tragödie); darauf werde ich im Folgenden hinweisen und ordne deshalb nicht alphabetisch, sondern nach kultureller Herkunft.

Jambus ∪ —, im deutschen Vers unbetonte und betonte Silbe. Charakter ›steigend‹.

Trochäus — ∪, im deutschen Vers betonte und unbetonte Silbe. Charakter ›fallend‹.

Daktylus — ∪ ∪, im deutschen Vers betonte mit zwei unbetonten Silben. Charakter ›tänzerisch‹.

Trimeter, auch jambischer Trimeter ∪ — ∪ — ∪' — ∪' — ∪ — ∪, sechs Jamben, die in der griechischen Metrik zu drei sogenannten Dipodien zusammengefasst werden (daher »Trimeter«). Zäsur möglich vor dritter oder vierter Betonung, auch Doppelsenkungen möglich. Ungereimt. »Die Mädchen welken ' gleich gemähtem Wiesengras« (V. 8948). Für weitere Beispiele s. Szenenkommentar zu *Vor dem Palaste des Menelas zu Sparta*. Sprechvers der attischen Tragödie, verwendet von Goethe im Fragment der Nachbildung einer attischen Tragödie im 3. Akt des Zweiten Teils und in betonter Erinnerung daran (V. 9435–41, 10039–066).

Tetrameter, auch trochäischer Tetrameter — ∪ — ∪ — ∪ — ∪' — ∪ ∪ — ∪ — (∪), achthebiger trochäischer Vers mit Zäsur in der Mitte; ungereimt: »Ehrenwürdigste der Parzen, weiseste Sibylle du« (V. 8957). Sprechvers der attischen Tragödie, Ausdruck erhöhter Spannung. Im 3. Akt des Zweiten Teils auch in Strophen verwendet, vgl. die Szenenkommentare zur ersten und letzten Szene.

Adoneus — ∪ ∪ — ∪, Deutschen aus Daktylus + Trochäus nachgebildeter antiker Versfuß, der aus dem Klageruf um Adonis »Ō ton Ádōnin« entwickelt wurde. Häufig in der deutschen anakreontischen Dichtung; diese wird entsprechend assoziiert beim Geistergesang V. 1447–1505, der durchgängig im Adoneus gehalten ist.

Alexandriner, aus dem altfranzösischen *Alexanderroman* (um 1180) stammender französischer Langvers mit 12 oder 13 Silben und Mittelzäsur. Im Deutschen seit Martin Opitz' Versreform 1624 als sechsfüßiger jambischer gereimter Vers mit Mittelzäsur nachgebildet: ∪ — ∪ — ∪ — ∪ — '∪ — ∪ — ∪ — (∪) »Mit Eifer hab ich mich ' der Studien beflissen« (V. 600);

»Es sei nun wie ihm sei! ' uns ist die Schlacht gewonnen«
(V. 10849). Erinnert im durchgängigen Gebrauch an die
französischen und deutschen Trauerspiele des 17. Jh.s mit
ihren großen rhetorischen Gesten.

Vers commun, wie Alexandriner, jedoch in der ersten
Vershälfte um zwei Silben / einen Jambus gekürzt: ◡ —
◡ — ◡ — ◡ — ◡ — (◡) »Zwar weiß ich viel, ' doch möcht
ich alles wissen« (V. 601); »Vereint euch nun ' ihr Meister
unsres Schatzes, / Erfüllt mit Lust die Würden eures Plat-
zes« (V. 6137 f.). Im 17. Jh. in Frankreich beliebter Vers, im
Deutschen leicht monoton wirkend, weshalb auch Goethe
ihn selten gehäuft verwendet; auch er assoziiert die Atmosphäre des absolutistischen Hofs.

Madrigalvers, von der seit dem 14. Jh. in Italien gängigen
und von da aus über Europa verbreiteten Gedicht- und
Kompositionsgattung des Madrigals, einer im 16. Jh. 6–13-
zeiligen einstrophigen Dichtung mit gereimten Versen un-
terschiedlicher Länge, die musikalisch jeweils mit eigener
Melodie komponiert (›durchkomponiert‹) wurden. Die ei-
gene Gestaltung jedes Verses regt dazu an, dem jeweiligen
Inhalt die Länge und Rhythmik des Verses anzupassen. Die
Fabeln La Fontaines sind große Muster, im Deutschen sind
Fabeln Gellerts und Verserzählungen Wielands Vorbilder
für die Leichtigkeit und geistreiche Poesie des Stils auch für
Goethe, dessen häufigster Sprechvers im *Faust* der aus
Alexandrinern, Vers communs, Zehnsilblern ohne Zäsur,
Vier-, Drei- und sogar Zweihebern gemischte Madrigalvers
ist. Beispiel V. 2009–72.

Blankvers, fünffüßiger jambischer Vers ohne Reimung:
◡ — ◡ — ◡ — ◡ — ◡ — ◡ »Erhabner Geist, du gabst mir,
gabst mir alles« (V. 3217). Der Vers kam im 18. Jh. mit den
neuen englischen Paradigmen, insbesondere Shakespeare,
ins deutsche Drama und erinnerte die Zeitgenossen daran.
Faust, an die »langgeschwänzten« Trimeter (noch nicht ge-
wöhnt, und Helena, um dem Unbekannten diplomatisch
entgegenzukommen, einigen sich zunächst auf den Blank-

vers (V. 9192–9217); dann lernt Helena den Reim und damit die aus dem italienischen **Endecasillabo** entwickelte gereimte Form des fünffüßigen Jambus (V. 9377–84), die Goethe auch in der Stanze und im Madrigalvers verwendet.

Knittelvers, vierhebiger senkungsfreier gereimter Vers, z. B. ◡ ◡ — ◡ — ◡ — ◡ ◡ — »Meine Schüler an der Nase herum« (V. 363), oder — ◡ ◡ — — ◡ ◡ — »Habe nun, ach! Philosophie« (V. 354). Der sogenannte strenge Knittelvers ist ebenfalls vierhebig und gereimt, aber 8- bzw. 9-silbig und bei Goethe in längeren Passagen durchweg jambisch gehandhabt (V. 386–429, mit vier Ausnahmen). Der freie Knittel erinnert Goethes Zeitgenossen an die auf Messen und Märkten gesehenen Puppenspiele, darunter die Spiele über den Erzzauberer Doktor Faust, also die ins Populäre abgesunkene frühbürgerliche Literatur der Hans-Sachs-Zeit, über die sich schon Gryphius im *Peter Squentz* (vgl. V. 10321) lustig gemacht hatte. Mit der Aufwertung der altdeutschen Biederkeit insbesondere durch den jungen Goethe erhält der Vers bei weiterhin belächelter Drolligkeit den nostalgischen Beigeschmack des Treuherzigen, Volks- und Naturnahen; so verwendet ihn auch Schiller in *Wallensteins Lager*, und Goethes Gretchenfigur ist durch den Knittel im Hausgebrauch (V. 3211–16), durch gezierte Madrigalverse mit hohem Anteil an Vers communs und Alexandrinern im Gespräch mit dem vornehmen Herrn gekennzeichnet (Szene *Garten*!).

Freimetrische Verse. Pindars Oden und die Chorlieder der attischen Tragödie galten im 18. Jh. noch als metrisch ungeregelt und wurden deshalb als zeichenhafte Erscheinung des gottbegeisterten Sprechens verstanden. Für die Goethezeit gab Klopstock etwa in seiner Ode *Die Frühlingsfeier* das Muster; Goethes Frankfurter Hymnen stehen in dieser Tradition. Einige Passagen, z. T. gereimt, erinnern daran (V. 468–476, 1607–26).

2. Strophen und Reime

Weitaus der größte Teil des *Faust* ist gereimt; ohne Reime sind nur die antikisierenden Verse und die Blankverspassagen gehalten. Trotz des dramatischen Gesamtcharakters verwendet Goethe viele Liedeinlagen (wie er überhaupt der Musik eine große Rolle zudachte) und lyrische Gedichtformen, z. T. mit festgelegten Strophen. Nach einigen gelegentlich gebrauchten Begriffen für ungewöhnliche Reime ordne ich die Strophen wieder im Kulturzusammenhang.

Reicher Reim, zwei vollvokalige Silben reimen: »Wahrheit« – »Klarheit« (V. 615 f.).

Doppelreim, zwei Wortpaare reimen: »Werdelust« – »Erde Brust«, »Freude kann« – »Leide da« (V. 789–792).

Gleitender Reim, dreisilbiger Reim: »Preisenden« – »Beweisenden« – »Speisenden« – »Reisenden« - »Verheißenden« (V. 801–805), hier zugleich **Reimhäufung**. Gleitender Reim charakterisiert die Engelstrophen auch in *Grablegung* im 5. Akt des *Faust II*.

Binnenreim, Reim zwischen Zeilen auch im Versinnern: »Durchgrüble nicht das einzigste Geschick / Dasein ist Pflicht und wär's ein Augenblick« (V. 9417 f.), parodiert von Phorkyas V. 9420 f.

Schweifreim, Reimstellung a a b c c b, konstituiert die Strophen in Fausts erstem lyrischem Gedicht (V. 7271–7312).

Waise, reimlose Zeile in gereimter Umgebung. Bedeutsames Beispiel: »So geht und schafft sie mir zur Seite! –« (V. 11275).

Strophe, Antistrophe, Epode, Teile des triadischen Chorlieds in der attischen Tragödie, die beiden ersten baugleich, von zwei Halbchören gesungen, die Epode abweichend im Bau und von beiden Halbchören gesungen. Abweichungen vom triadischen Schema schon in der antiken

Tragödie, bei Goethe ebenfalls, vgl. die Szenenkommentare
zum 3. Akt des Zweiten Teils.

Stollenstrophe, Strophe der ›klassischen Kanzone‹, im
Mittelalter und später im geselligen Lied verbreitet: zwei
baugleiche, oft miteinander reimende Teile (Stollen, Aufge-
sang), gefolgt von einem dritten, im Bau abweichenden Teil
(Abgesang), ggf. noch mit Refrain. Beispiel: Rattenlied
(V. 2126–49). Komplizierter ist das Schäferlied (V. 949–980),
obwohl auf der Stollenstrophe aufbauend.

Terzine, von Dante Alighieri für die *Divina Commedia*
entwickelte dreizeilige Strophe im Endecasillabo (s. o. unter
»Blankvers«), d. h. im Deutschen fünffüßigen Jamben, mit
Kettenreimung a b a b c b c d c …; von Goethe für Fausts
Monolog in *Anmutige Gegend* zur Markierung der den
Faust II durchflechtenden intertextuellen Beziehung zur *Di-
vina Commedia* verwendet.

Stanze, auch »ottaverime«, achtzeilige Strophe im Endecasillabo (s. o. unter »Blankvers«), im Deutschen fünffüßigen Jamben mit der Reimung a b a b a b c c. Beherrschende
Form der klassischen italienischen Epik (Tasso, Ariosto)
und deren aus Sicht des späten 18. Jh.s ›romantischer‹ Er-
zählkunst (vgl. etwa den »Ritt ins alte romantische Land« in
den frei behandelten Stanzen von Wielands *Oberon*). Beispiel: V. 1–32.

3. Gattungen

Insbesondere in den Jahren der Zusammenarbeit mit Schiller hat Goethe sich intensiv mit Fragen der »Naturformen
der Dichtung« (HA 2, S. 187 f.) befasst und dabei besonderes
Gewicht auf die Bestimmung des Epischen und des Dramatischen gelegt. Ging es etwa im Briefwechsel um die genaue
Unterscheidung und begriffliche Fassung von »Naturformen« und »Dichtarten«, so waren doch bei den Dichtern
die Möglichkeiten und Funktionen des Zusammenwirkens

von Naturformen und Dichtarten (Gattungen) gerade in dieser Zeit interessant. Im sogenannten Balladenjahr 1797 dichteten beide eine größere Zahl Kunstballaden, und der Ballade bescheinigte Goethe das Zusammenwirken der Naturformen: »In dem kleinsten Gedicht findet man sie oft beisammen, und sie bringen eben durch diese Vereinigung im engsten Raume das herrlichste Gebild hervor, wie wir an den schätzenswertesten Balladen aller Völker deutlich gewahr werden. Im älteren griechischen Trauerspiel sehen wir sie gleichfalls alle drei verbunden« (HA 2, S. 188 f.). Schiller gestaltete 1798 seinen *Wallenstein* als Trilogie aus Komödie, Schauspiel und Tragödie, und Goethe gab im *Vorspiel auf dem Theater* durch den Direktor zu verstehen, dass dramatisch genug geschehen solle, die Lustige Person intendierte einen »Roman«, und der Dichter will ein vollendetes, von Liebe und Freundschaft begeistertes Werk schaffen.

Dasselbe gilt für die Dichtarten oder Gattungen innerhalb der »Naturformen«, wo Goethe wie Schiller innerhalb des Dramas eine große Zahl von Dramenformen mit- und gegeneinander spielen lässt, manchmal sukzessive wie im 3. Akt des Zweiten Teils, wo deutlich unterscheidbar die Fragmente einer Nachbildung der attischen Tragödie, eines Ritterstücks mit mittelalterlichem Dekor und einer Oper einander folgen; auch die Überleitungen und der Schluss lassen sich bestimmten Dramengattungen zuordnen (vgl. die Szenenkommentare). Zweistimmigkeit entsteht hier jeweils dadurch, dass diese Typen von Dramen in Goethes Zeitgenossenschaft historisch vergegenwärtigt wurden, zugleich aber in die Tiefe der Zeiten und Epochen zurück reichten und damit Vergangenheit und Gegenwart nicht nur sukzessiv, sondern auch gleichzeitig gegeneinander profilierten. Diese Gleichzeitigkeit verschiedener Epochen ist im *Faust I* durch die Konfrontation epochenspezifischer Dramentypen aus Renaissance und Gegenwart noch viel fühlbarer gestaltet: im Gelehrtendrama und im Gretchendrama sind charakteristische Dramentypen aus beiden Epochen gleichzeitig verwirklicht und stören einander wie z. B. auch die historischen Konnotationen oder die magischen Verfahren (vgl. die Szenenkommentare zu *Nacht* und *Straße I*). Ich spreche bei diesem gattungsbezogenen Verfahren der dialogischen Poetik von **Gattungssynkretismus** (s. FD 3, S. 836–858).

Goethe hat auch eine Anzahl charakteristischer lyrischer Dichtarten in den *Faust* einbezogen, so dass sich auf dem sogenannten architextuellen Gebiet eine breite Vielfalt miteinander intratextuell dialogierender Phänomene zeigt, jeweils dem spezifischen Gegenstand in geistreicher Weise angemessen. Über die anderen Verfahren des Dialogs mit fremden Texten und Bildern (**D 1–D 18**) geben auch die Akt- und Szenenkommentare im einzelnen Auskunft; die Abbildungen im Kommentar geben Bildvorstellungen wieder, die Goethe im *Faust* in manchmal frappanter Weise genutzt hat. Neben den Sinnschichten (›Lesarten‹, **D 19–D 25**; vgl. auch die Hinweise in den Akt- und Szenenkommentaren) sind diese dialogischen Verfahren ein Hauptanliegen des vorliegenden Kommentars. Im Folgenden sind einige der häufiger gebrauchten Begriffe für Gattungen (Dichtarten) im lyrischen und dramatischen, auch ins Musikalisch-Dramatische hinüberreichenden Gebiet für den Zweck dieses Kommentars kurz erläutert.

Sequenz. Liturgischer lateinischer Chorgesang des Mittelalters für bestimmte kirchliche Anlässe. Die Sequenz *Dies irae* für die Totenmesse wird in *Dom* zitiert, auf die Sequenz *Stabat mater* für das Fest der Sieben Schmerzen (15. September) wird in *Zwinger* angespielt.

Ballade. Im Zuge der Bemühungen Herders um das Volkslied sammelte Goethe selbst in der Straßburger Zeit volksläufige Balladen – Lieder erzählenden Inhalts mit ›dramatischem‹ Dialog und lyrischen Lied-Merkmalen. Goethe schrieb Kunstballaden wie »Es war ein König in Thule …« (1774), in der er den alten Gattungseigenschaften charakteristisch moderne Elemente entgegensetzte oder einbaute (»Trank letzte Lebensglut«, V. 2776 – »Thule« als Bildungssignal).

Arie. Sologesang in Oper, Kantate und Oratorium, von dem Rezitativ durch reichere Gestaltung unterschieden; die Arie hält den Fortgang der Handlung an, um den Seelenzustand einer Figur zu entfalten, und ist deshalb stark affektbetont. Die Da-capo-Arie ist dreiteilig a – b – a, indem nach dem Mittelteil b noch einmal der Anfangsteil a gesungen wird. In die Rondoform geht die Arie über, wo eine Leitstrophe immer wieder gesungen wird (Gretchens »Meine Ruh ist hin«, V. 3374).

Melodrama. Gesprochener dramatischer Text mit instrumentaler Untermalung, eignet sich zur Betonung des Affektiven, Rührenden, Schaurigen. (Das **Monodrama** oder die »scène lyrique« wurde, mit musikalischer Untermalung, durch Rousseau in *Pygmalion* eingeführt.)

Singspiel. Schauspiel mit Gesangseinlagen, je nach musikalischem Anteil Nähe zur Oper (vgl. Mozarts *Zauberflöte*, 1791); Goethe befasste sich von *Erwin und Elmire* (1775) bis zu *Der Zauberflöte zweiter Teil* (in Arbeit 1795–1802) immer wieder mit dem Singspiel. Seine Singspiele sind orientiert an Christian Felix Weißes (1726–1804, Lessings Freund) Singspieltyp, der mit der sozialen Durchmischung des Personals auch die Musiktypen den Gesellschaftsschichten charakterisierend anpasste. Mit seinen vielen Gesangseinlagen lässt sich der *Faust I* insgesamt als Vorlage für ein Singspiel verstehen; wie in den Szenenkommentaren nachgewiesen, dienen insbesondere die Liedeinlagen zur gesellschaftlichen Charakterisierung und/oder der ›chronologischen Markierung‹ in der Geschichte der Neuzeit. Auch der *Faust II* in *Mummenschanz, Klassische Walpurgisnacht*, 3. und 5. Akt lässt sich in weiten Teilen als Singspiel verstehen und verdichtet sich im 3. Akt zur Oper.

Osterspiel. Aus den Osterfeiern am Ostersonntag hervorgegangenes geistliches Spiel des späten Mittelalters mit

Blütezeit im 15./16. Jh. Zugrunde liegt (nach Mt. 28,1–7, Mk. 16,1–8, Lk. 24,1–9) der sogenannte Ostertropus, Teil der Liturgie mit dem Besuch der drei Marien am Grabe, der Verkündigung der Auferstehung durch den Engel und dem Auftrag an die Marien, die Botschaft den Jüngern weiterzugeben. In den sogenannten Osterfeiern wird dieser Grundbestand mit verteilten Rollen gesungen; die Osterspiele fügen Szenen ein, z. B. Salbenkauf beim Apotheker, Wettlauf der Jünger zum Grabe. Eines der ältesten erhaltenen Gemeindelieder »Christ ist erstanden« gehört in diesen Kontext (vgl. Anm. zu V. 737). Am Ende von *Nacht* werden charakteristische Szenen aus dem Kernbestand der Osterspiele zitiert, jedoch so, wie der glaubenslose Faust sie sich zurechthört.

Revue, Maskenzug. Eine in Spätmittelalter und Renaissance entstandene Reihung von lose aneinandergereihten Nummern, charakteristischen Kurzszenen oder allegorischen Darstellungen, die Goethe noch in den von ihm dramaturgisch betreuten Festlichkeiten des Weimarer Hofes einsetzte. Dreimal verwendet er die Form im *Faust*: Gesellschaftsrevue in *Vor dem Tor*, satirischer Maskenzug in *Walpurgisnachtstraum*, *Mummenschanz* im 1. Akt des *Faust II*.

Legendendrama. Biblische Stoffe, Heiligenlegenden und -viten wurden besonders im 16. Jh. vielen Schuldramen zugrunde gelegt; auch die frühbürgerliche Dramatik (Hans Sachs, Jakob Ayrer) griff die erbaulichen Stoffe auf. Das Gretchendrama mit Teufelfigur, Versuchung, Überwindung, Stimme von oben, rettender Erscheinung der Heiligen (*Walpurgisnacht*) kann durchgängig als Legendendrama aufgrund der Viten zweier heiliger Margareten gelesen werden.

Warndrama. Teil der hauptsächlich im gegenreformatorischen Interesse am Ende des 16. / Anfang des 17. Jh.s entstehenden Warnliteratur, die sich gegen die stärker werdende Emanzipation der theoretischen Neugierde der Gelehrten von den Lehren und Wissensquellen der Kirche (Buchgelehrsamkeit) richtete. Im Visier der Warnliteratur

waren der Neustoizismus (z. B. Justus Lipsius), den etwa
Jakob Bidermann im *Cenodoxus* (1602) angriff, und die immer stärker die Empirie einbeziehende Universalwissenschaft der *magia naturalis* (vgl. **D 21**), gegen die als Teufels-
bündelei sich z. B. Jakob Gretsers *Udo* (1587) und vor allem
die *Historia von D. Johann Fausten* (1587) wendet, von der
die prosaische Faust-Literatur, aber auch über Marlowe die
Puppenspiele abstammen. Die Erwartung des zeitgenössischen Publikums an eine Tragödie *Faust* war durch die
Puppenspiele auf eine solche warndramatische Handlung
gerichtet.

Bürgerliches Trauerspiel. Im 18. Jh. in England entstandene Gattung des ernsten Dramas, die die sogenannte Stän-
deklausel abschaffte, d. h. auch den Nicht-Adligen tragische
Schicksale zugestand. Gegenstand war zunächst die Spannung zwischen öffentlicher Funktion und Stellung des
Menschen in einer verfassten Gesellschaft einerseits und seiner Individualität, seinen privaten Interessen, Antrieben,
Schwächen und Hemmnissen andererseits; später, etwa seit
Lessings *Emilia Galotti*, spielen die gesellschaftliche Schichtung, die Privilegien des Adels und das Emanzipationsstre-
ben der Bürger, die verschiedenen Wertwelten eine größere
Rolle. Neben der Lesung als Legendendrama zeigt sich das
Gretchendrama insbesondere als Bürgerliches Trauerspiel.

Comédie sérieuse. In seinen von Lessing übersetzten
Theaterschriften forderte Denis Diderot, die ganze Band-
breite dramatischer Möglichkeiten zwischen hoher Tragödie
und Burleske/Farce auszunutzen, und entwickelte ausgehend von dem in der Mitte zwischen diesen Extremen liegenden »genre sérieux« (ernsthafte Gattung) das dem Bürgerlichen Trauerspiel nahe kommende »drame bourgeois«
und die »comédie sérieuse«, die ernsthafte Komödie. Deren
Gegenstand sollten die durch gesellschaftliche Stellung oder
Berufsstand in einer historischen Situation entstehenden
Probleme und die Kritik der diese Probleme erzeugenden
Verhältnisse sein. Lessings *Minna von Barnhelm oder das*

Soldatenglück ist ein Musterstück dieser Gattung, dessen Soldatenquartett (Tellheim, Werner, Just, Riccaut) Goethe in seinem Gelehrtenquartett (Faust, Wagner, Schüler, Mephisto) und dessen Travestie in *Auerbachs Keller* spiegelt. Hinter dem durch die Publikumserwartung in den Vordergrund gehobenen Warndrama tritt die Comédie sérieuse etwas zurück; die Probleme einer glaubenslosen Wissenschaft, die zwischen radikaler Skepsis, methodischem Weiterfragen auf der Basis des Tradierten, universalem Wissensdurst und Kommerzialisierung der Wissenschaft ausgespannt ist, beherrschen als zeitgenössische Probleme gleichwohl das ganze Gelehrtendrama und kehren kondensiert zu Anfang des 2. Akts im *Faust II* wieder.

VII. Literaturhinweise

Abgekürzt zitierte Ausgaben

DjG   Der junge Goethe. Hrsg. von Hanna Fischer-Lamberg (s. u., 1.)

FA   Goethe: Sämtliche Werke. Frankfurter Ausgabe (s. u., 1.)

FD   Goethe: Faust-Dichtungen (s. u., 1.)

Gräf   Goethe über seine Dichtungen. Hrsg. von Hans Gerhard Gräf (s. u., 1.)

HA   Goethes Werke. Hamburger Ausgabe (s. u., 1.)

KHA   Herder: Werke in zehn Bänden (s. u., 3.)

Steiger   Robert Steiger: Goethes Leben von Tag zu Tag (s. u., 1.)

WA   Goethes Werke. Weimarer Ausgabe (s. u., 1.)

1. Goethe: Texte und Zeugnisse

Goethes Werke. [Weimarer Ausgabe.] Hrsg. im Auftrage der Großherzogin Sophie von Sachsen. (Abt. 1: Werke. Abt. 2: Naturwissenschaftliche Schriften. Abt. 3: Tagebücher. Abt. 4: Briefe.) 133 Bde. (in 143 Tln.). Weimar: Böhlau, 1887–1919. Nachdr. München: Deutscher Taschenbuch Verlag, 1987.

Goethes Werke. Hamburger Ausgabe in 14 Bänden. Hrsg. von Erich Trunz. Hamburg: Wegner, 1948–64. [Überarb. Neuaufl. einzelner Bde. 1952 ff.; seit 1972 München: C. H. Beck.]

Goethe. Gedenkausgabe der Werke, Briefe und Gespräche. [Artemis-Gedenkausgabe.] Hrsg. von Ernst Beutler. 24 Bde., 3 Erg.-Bde. Zürich: Artemis-Verlag, 1948–71.

Johann Wolfgang Goethe: Sämtliche Werke. Briefe, Tagebücher und Gespräche. (Abt. 1: Sämtliche Werke. Abt. 2: Briefe, Tagebücher und Gespräche.) [Frankfurter Ausgabe.] Hrsg. von Friedmar Apel [u. a.]. 40 Bde. (in 45 Tln.). Frankfurt a. M.: Deutscher Klassiker Verlag, 1985 ff. (Bibliothek deutscher Klassiker.)
Bd. 7,1: Faust. Texte. Hrsg. von Albrecht Schöne. 1994.
Bd. 7,2: Faust. Kommentare. Von Albrecht Schöne. 1994.

Johann Wolfgang Goethe: Sämtliche Werke nach Epochen seines Schaffens. Münchner Ausgabe. Hrsg. von Karl Richter [u. a.]. 21 Bde. (in 33 Tln.). München: Hanser, 1985–98.

Bd. 1: Der junge Goethe 1757–1775. Hrsg. von Gerhard Sauder. Tl. 2. 1987. [Enthält: Urfaust.]

Bd. 3: Italien und Weimar 1786–1790. Hrsg. von Norbert Miller und Hartmut Reinhardt. Tl. 1. 1990. [Enthält: Faust. Ein Fragment.]

Bd. 6: Weimarer Klassik 1798–1806. Hrsg. von Victor Lange. Tl. 1. 1986. [Enthält: Faust. Der Tragödie erster Teil.]

Bd. 18: Letzte Jahre 1827–1832. Hrsg. von Gisela Henckmann und Dorothea Hölscher-Lohmeyer. Tl. 1. 1997. [Enthält: Faust. Der Tragödie zweiter Teil.]

Goethes Briefe. Hamburger Ausgabe in 4 Bänden. Hrsg. von Karl Robert Mandelkow. Hamburg: Wegner, 1962–67. [Überarb. Neuaufl. einzelner Bde. 1968 f f.; seit 1976 München: C. H. Beck.]

Goethes Faust. Hrsg. von Georg Witkowski. 2 Bde. Leipzig 1906. 9., vielfach verb. Aufl. Leiden: Brill, 1936. [10]1949–50. [Bd. 2: Kommentar und Erläuterungen, Literatur, Bilderanhang, Faust-Wörterbuch.]

Johann Wolfgang Goethe: Faust-Dichtungen. Stuttgart: Reclam, 1999.

Bd. 1: Texte. Hrsg. von Ulrich Gaier.

Bd. 2: Kommentar I. Von Ulrich Gaier.

Bd. 3: Kommentar II. Von Ulrich Gaier.

Der junge Goethe. Neu bearbeitete [dritte] Ausgabe in fünf Bänden [und 1 Register-Bd.]. Hrsg. von Hanna Fischer-Lamberg. Berlin / New York: de Gruyter, 1963–74.

Goethe, Johann Wolfgang: Satiren, Farcen und Hanswurstiaden. Hrsg. von Martin Stern. Stuttgart 1968. (Reclams Universal-Bibliothek. 8565–67.)

Steiger, Robert: Goethes Leben von Tag zu Tag. Eine dokumentarische Chronik. 9 Bde. Zürich/München 1982 ff.

Johann Peter Eckermann: Gespräche mit Goethe in den letzten Jahren seines Lebens. Hrsg. von Otto Schönberger. Stuttgart 1994. (Reclams Universal-Bibliothek. 2002.)

Goethe über seine Dichtungen. Versuch einer Sammlung aller Äußerungen des Dichters über seine poetischen Werke. Hrsg. von Hans Gerhard Gräf. 3 Tle. (in 9 Bdn.). Frankfurt a. M. 1901–14. Nachdr. Darmstadt 1968.

2. Wörterbücher und Nachschlagewerke

Fischer, Paul: Goethe-Wortschatz. Ein sprachgeschichtliches Wörterbuch zu Goethes sämtlichen Werken. Leipzig 1929. Nachdr. Ebd. 1971.

Goethe-Wörterbuch. Hrsg. von der Deutschen Akademie der Wissenschaften zu Berlin, der Akademie der Wissenschaften in Göttingen und der Heidelberger Akademie der Wissenschaften. Lfg. 1 ff. Stuttgart 1966 ff.

Grimm, Jacob und Wilhelm: Deutsches Wörterbuch. 32 Bde. [Bd. 1–16 in 32 Tln.]. Leipzig 1854–1960. – Erg.-Bd.: Quellenverzeichnis. Ebd. 1971. – Nachdr. München 1984.

Hederich, Benjamin: Gründliches mythologisches Lexicon [...]. Zu besserm Verständnisse der schönen Künste und Wissenschaften [...] sorgfältigst durchgesehen, ansehnlich vermehret und verbessert von Johann Joachim Schwabe [...]. Leipzig 1770 (^{1}1724). Nachdr. Darmstadt 1967.

Ranke-Graves, Robert von: Griechische Mythologie. Quellen und Deutung. 2 Bde. Reinbek bei Hamburg 1960.

Schneider, Wolfgang: Lexikon alchemistisch-pharmazeutischer Symbole. Weinheim 1962.

3. Bezugstexte

Acta Sanctorum. Hrsg. von Jean Bolland, Gottfried Henschen [u. a.]. Antwerpen 1643–1940.

Agrippa von Nettesheim, Heinrich Cornelius: Die Eitelkeit und Unsicherheit der Wissenschaften und die Verteidigungsschrift. Hrsg. [und übers.] von Fritz Mauthner. 2 Bde. München 1913. Nachdr. Wiesbaden 1969.

– Magische Werke sammt den geheimnisvollen Schriften des Petrus von Abano [...] und verschiedenen anderen. Zum ersten Male vollständig in's Deutsche übersetzt. Vollständig in fünf Teilen, mit einer Menge Abbildungen. 5 Bde. Stuttgart 1855–56. (Kleiner Wunder-Schauplatz der geheimen Wissenschaften, Mysterien, Theosophie [...] und schwer begreiflichen Thatsachen. Hrsg. von J[ohann] Scheible. Tl. 7–11.) Nachdr. Meisenheim am Glan [um 1970].

– Opera. 2 Bde. Lyon [um 1660]. Nachdr. Hildesheim / New York 1970.

Ariosto, Ludovico: Orlando Furioso. A cura di Remo Ceserani. Turin 1962.

Arnold, Gottfried: Unpartheyische Kirchen- und Ketzer-Historie, vom Anfang des Neuen Testaments biß auf das Jahr Christi 1688. 4 Tle. in 2 Bdn. Frankfurt a.M. 1729. Nachdr. Hildesheim 1967.

Böhme, Jacob: Sämtliche Schriften. Faksimile-Neudruck der Ausgabe von 1730 in elf Bänden. Beg. von August Faust, neu hrsg. von Will-Erich Peuckert. Stuttgart 1955–60.

Dante Alighieri: La Divina Commedia. Ed. Vincenzo Poggioli. 3 Bde. Rom 1806.

– Die göttliche Komödie. Übers. von Karl Vossler. Zürich 1941.

Diderot, Denis: Œuvres esthétiques. Ed. par Paul Vernière. Paris 1968. (Classiques Garnier.)

Doctor Johannes Faust. Puppenspiel in vier Aufzügen. Hergest. von Karl Simrock. Frankfurt a. M. 1846. – Neudr. Nach der Ausg. von 1872 hrsg., eingel. und um weitere Puppenspieltexte verm. von Robert Petsch. Leipzig [1923]. (Reclams Universal-Bibliothek. 6378/79.)

Faust. Vollständige Dramentexte. Hrsg. von Margret Dietrich. München 1970. [Marlowe, Mountfort, Lessing, Simrock, Goethes *Urfaust*, Weidmann, Maler Müller, Lenz.]

Das Faustbuch des Christlich Meynenden von 1725. Faksimile-Edition des Erlanger Unikats mit Erläuterungen und einem Nachwort. Hrsg. von Günther Mahal. Knittlingen 1983.

Die Faustdichtung vor, neben und nach Goethe. [Hrsg. von Karl Georg Wendriner.] 4 Bde. Berlin 1913. (Goethe-Bibliothek.) Nachdr. Darmstadt 1969.

Ficino, Marsilio: Opera omnia. 2 Bde. Basel 1576.

– (Ficin, Marsile) Théologie platonicienne de l'immortalité des âmes. [Lat./Frz.] Texte crit. ét. et trad. par Raymond Marcel. 3 Bde. Paris 1964–70.

Hamann, Johann Georg: Sokratische Denkwürdigkeiten – Aesthetica in nuce. Mit einem Komm. hrsg. von Sven-Aage Jørgensen. Stuttgart 1968. (Reclams Universal-Bibliothek. 926.)

Helmont, Franciscus Mercurius van: Paradoxal Discourse, oder Ungemeine Meynungen von dem Macrocosmo und Microcosmo. Hamburg 1691.

Herder, Johann Gottfried: Werke in zehn Bänden. Hrsg. von Martin Bollacher [u. a.]. Frankfurt a. M. 1985–2000. (Bibliothek deutscher Klassiker.)

Historia von D. Johann Fausten. Text des Druckes von 1587. Kritische Ausgabe. Mit den Zusatztexten der Wolfenbütteler Handschrift und der zeitgenössischen Drucke. Hrsg. von Stephan Füssel und Hans Joachim Kreutzer. Stuttgart 1988. (Reclams Universal-Bibliothek. 1516.)

Homer: Odyssee. Übers. von Roland Hampe. Stuttgart 1979. (Reclams Universal-Bibliothek. 280.)

Hymnen und Vagantenlieder. Lateinische Lyrik des Mittelalters mit deutschen Versen. Hrsg. von Karl Langosch. Darmstadt ³1961.

Kant, Immanuel: Gesammelte Schriften. Hrsg. von der Königlich Preußischen Akademie der Wissenschaften. Bd. 1 ff. Berlin 1902 ff.

Lavater, Johann Caspar: Physiognomische Fragmente, zur Beförderung der Menschenkenntniß und Menschenliebe. 4 Bde. Leipzig/ Winterthur 1775–78. Nachdr. Zürich/Leipzig 1968–69.

Leibniz, Gottfried Wilhelm: Opera philosophica. Hrsg. von Johann E. Erdmann. Berlin 1840. Nachdr. Hrsg. von Renate Vollbrecht. Aalen 1959.

– Die philosophischen Schriften. Hrsg. von Carl I. Gerhardt. 7 Bde. Berlin 1875–80. Nachdr. Hildesheim / New York 1978.

Löwen, Johann Friedrich: Schriften. 3. Theil. Hamburg 1765.

Marlowe, Christopher: Die tragische Historie vom Doktor Faustus. Dt. Fass., Nachw. und Anm. von Adolf Seebass. Stuttgart 1964. (Reclams Universal-Bibliothek. 1128.)

Molière [d. i. Jean-Baptiste Poquelin]: Œuvres complètes. Préf. de Pierre-Aimé Touchard. Paris 1962. (Coll. L'Intégrale.)

Moritz, Karl Philipp: Schriften zur Ästhetik und Poetik. Kritische Ausgabe. Hrsg. von Hans Joachim Schrimpf. Tübingen 1962. (Neudrucke deutscher Literaturwerke. N. F. 7.)

Oetinger, Friedrich Christoph: Swedenborgs [und Anderer] irdische und himmlische Philosophie. Stuttgart 1858. Nachdr. Hrsg. von Karl Chr. Eberhard Ehmann. Eingel. und neu hrsg. von Erich Beyreuther. Stuttgart 1977. (Sämtliche Schriften. II,2.)

Paracelsus, Theophrastus: Werke. Besorgt durch Will-Erich Peuckert. Bd. 3–5. Darmstadt ²1976.

Petrarca, Francesco: Canzoniere. Ital./Dt. Übers. von Geraldine Gabor und Ernst-Jürgen Dreyer. Basel / Frankfurt a. M. 1989.

Rousseau, Jean-Jacques: Julie ou La nouvelle Héloïse. Ed. par Michel Launay. Paris 1967. (Garnier-Flammarion.)

– Les Rêveries du promeneur solitaire. Ed. par Jacques Voisine. Paris 1964. (Garnier-Flammarion.)

Sachs, Hans: Sämtliche Fastnachtspiele. Hrsg. von Edmund Goetze. Bd. 2: Dreizehn Fastnachtspiele aus den Jahren 1539–1550. Halle 1881. Neu durchges. von Ruth Schmidt-Wiegand. Ebd. 1957.
– Sämtliche Fabeln und Schwänke. Hrsg. von Edmund Goetze. Bd. 1. Halle 1893.
Schiller, Friedrich: Werke. Nationalausgabe. Begr. von Julius Petersen, fortgef. von Lieselotte Blumenthal und Benno von Wiese, hrsg. [...] von Norbert Oellers und Siegfried Seidel [seit 1992 hrsg. von Norbert Oellers]. Bd. 1 ff. Weimar 1943 ff.
Shakespeare, William: The Complete Works. Ed. by William J. Craig. London / New York / Toronto 1955.
Vom Doctor Faustus zu Goethes *Faust*. Mit 595 Abb. Hrsg. von Franz Neubert. Leipzig 1932.
Welling, Georg von: Opus mago-cabbalisticum et theosophicum, darin der Ursprung, Natur, Eigenschaften und Gebrauch des Salzes, Schwefels und Mercurii [...] beschrieben wird. Frankfurt a. M. 1760.
Winckelmann, Johann Joachim: Ausgewählte Schriften und Briefe. Hrsg. von Walther Rehm. Wiesbaden 1948.
Young, Edward: The Complaint: or, Night-Thoughts on Life, Death, and Immortality. Ed. by George Gilfillan. Edinburgh 1853.

4. Kommentare und Literatur zu *Faust*

Anton, Herbert: Goethes Faust als Wette auf Freiheit. In: Geist und Zeichen. Festschrift für Arthur Henkel zu seinem 60. Geburtstag. Hrsg. von Herbert Anton. Heidelberg 1977. S. 9–18.
Arens, Hans: Kommentar zu Goethes Faust I. Heidelberg 1982.
Atkins, Stuart: Goethe's *Faust*. A Literary Analysis. Cambridge (Mass.) 1958.
Bartscherer, Agnes: Paracelsus, Paracelsisten und Goethes Faust. Eine Quellenstudie. Dortmund 1911.
Bennett, Benjamin: Goethe's Theory of Poetry. *Faust* and the Regeneration of Language. Ithaca / London 1986.
Beutler, Ernst: Die Kindsmörderin. In: E. B.: Essays um Goethe. Bremen ⁶1962. S. 87–101.
Böhm, Wilhelm: Faust der Nichtfaustische. Halle 1933.
Boyle, Nicholas: Goethe. The Poet and the Age. Bd. 1. Oxford 1991.

Brown, Jane K.: Goethe's *Faust*. The German Tragedy. Ithaca/London 1986.

Buchwald, Reinhard: Führer durch Goethes Faustdichtung. Erklärung des Werkes und Geschichte seiner Entstehung. Stuttgart [8]1983.

Burdach, Konrad: Faust und Moses. Tl. 1–3. In: Sitzungsberichte der Preußischen Akademie der Wissenschaften. Philosophisch-Historische Klasse. Nr. 23, 35, 38 (1912) S. 358–403, 627–659, 736–789.

– Faust und die Sorge. In: Deutsche Vierteljahrsschrift für Literaturwissenschaft und Geistesgeschichte 1 (1923) S. 1–60.

– Das religiöse Problem in Goethes *Faust*. In: Euphorion 33 (1932) S. 3–83.

Dietze, Walter: Der »Walpurgisnachtstraum« in Goethes *Faust*: Entwurf, Gestaltung, Funktion. In: Publications of the Modern Language Association of America 84 (1969) S. 476–491.

Düntzer, Heinrich: Goethe's *Faust*. Erster und Zweiter Theil. Zum erstenmal vollständig erläutert. 2 Tle. Leipzig 1850–51.

Grumach, Ernst: Zur Erdgeistszene. In: Goethe. Neue Folge des Jahrbuchs der Goethe-Gesellschaft 14/15 (1952/53) S. 92–104.

Keller, Werner: Der Dichter in der »Zueignung« und im »Vorspiel auf dem Theater«. In: Aufsätze zu Goethes *Faust I*. Hrsg. von W. K. Darmstadt 1974. S. 151–191.

Mason, Eudo C.: Goethe's *Faust*. Its Genesis and Purport. Berkeley / Los Angeles 1967.

Minor, Jacob: Goethes *Faust*. Entstehungsgeschichte und Erklärung. 2 Bde. Stuttgart 1901.

Nollendorfs, Valters: Der Streit um den *Urfaust*. Den Haag 1967.

Petriconi, Hellmuth: Die verführte Unschuld. Bemerkungen über ein literarisches Thema. Hamburg 1953.

Pniower, Otto: Goethes *Faust* und das Hohe Lied. In: Goethe-Jahrbuch 13 (1892) S. 181–198.

Rameckers, Jan Matthias: Der Kindesmord in der Literatur der Sturm-und-Drang-Periode. Ein Beitrag zur Kulturgeschichte des 18. Jahrhunderts. Rotterdam 1927.

Requadt, Paul: Goethes *Faust I*. Leitmotivik und Architektur. München 1972.

Roethe, Gustav: Goethe. Gesammelte Vorträge und Aufsätze. Berlin 1932.

Schillemeit, Jost: Das »Vorspiel auf dem Theater« zu Goethes *Faust*.

Entstehungszusammenhänge und Folgerungen für sein Verständnis. In: Euphorion 80 (1986) S. 149–166.

Schings, Hans-Jürgen: Melancholie und Aufklärung. Stuttgart 1977.
– Freiheit in der Geschichte. Egmont und Marquis Posa im Vergleich. In: Goethe-Jahrbuch 110 (1993) S. 61–76.

Schmidt, Jochen: Faust als Melancholiker und Melancholie als strukturbildendes Element bis zum Teufelspakt. In: Jahrbuch der deutschen Schillergesellschaft 41 (1997) S. 125–139.

Schöne, Albrecht: Götterzeichen, Liebeszauber, Satanskult. Neue Einblicke in alte Goethetexte. München 1982. ³1993.
– Goethes Farbentheologie. München 1987.

Schwerte, Hans: Faust und das Faustische. Ein Kapitel deutscher Ideologie. Stuttgart 1962.

Seidlin, Oskar: Is the »Prelude in the Theatre« a Prelude to Faust? In: Publications of the Modern Language Association of America 64 (1949) S. 462–470.

Storck, Willy: Goethes Faust und die bildende Kunst. Leipzig 1912.

Wachsmuth, Andreas B.: Die Magia naturalis im Weltbilde Goethes. In: Goethe. Neue Folge des Jahrbuchs der Goethe-Gesellschaft 19 (1957) S. 1–27.

Wächtershäuser, Wilhelm: Das Verbrechen des Kindesmords im Zeitalter der Aufklärung. Berlin 1973.

Walker, Daniel P.: Spiritual and Demonic Magic from Ficino to Campanella. London 1958.

Warncke, Carsten-Peter: Allegorese als Gesellschaftsspiel. Erörternde Embleme auf dem Satz Nürnberger Silberbecher aus dem Jahre 1621. In: Anzeiger des Germanischen Nationalmuseums 1982. S. 43–62.

Zimmermann, Rolf Christian: Das Weltbild des jungen Goethe. Studien zur hermetischen Tradition des deutschen 18. Jahrhunderts. 2 Bde. München 1969–79.

VIII. Abbildungsnachweis

Erläuterungen und Dokumente

Eine Auswahl

Philipp Reclam jun. Stuttgart

Der »Faust« ist das komplexeste Werk Goethes und wohl der deutschen Literatur überhaupt. Als Menschheitstragödie, als religiöses Mysterium, als Analyse moderner Wirtschaftsprozesse und vieles mehr gedeutet, kann er vor allem als Text über Texte, Dichtungen und Kulturräume betrachtet

werden. Ulrich Gaier hat in seinem über zwei Jahrzehnte entstandenen Kommentar die unterschiedlichen, differenrenden Lesarten des Werkes genau aufgeschlüsselt.

Johann Wolfgang Goethe: Faust-Dichtungen. Hrsg. und komm. von Ulrich Gaier. 3 Bde. in Kassette.

»Ein neues Standardwerk fürs Faust-Verständnis!«
Süddeutsche Zeitung

»Vollständiger kann eine Faust-Ausgabe gar nicht sein!«
Frankfurter Neue Presse

Philipp Reclam jun. Stuttgart